U0964859

之
Balancing
间

平 衡 你 自 己

国民诗词课

〔初阶〕

丁启阵 著

SPM 南方传媒 广东人民出版社
·广州·

图书在版编目（CIP）数据

国民诗词课．初阶 / 丁启阵著．-- 广州：广东人民出版社，2025. 6. -- ISBN 978-7-218-18385-5

I. G634.303

中国国家版本馆 CIP 数据核字第 20250CN703 号

GUOMIN SHICI KE · CHUJIE

国民诗词课 · 初阶

丁启阵　著

出 版 人：肖风华

策划编辑：陈　卓
责任编辑：钱飞遥　陈　卓
责任技编：吴彦斌
封面设计：周伟伟

出版发行：广东人民出版社
地　　址：广州市越秀区大沙头四马路 10 号（邮政编码：510199）
电　　话：（020）85716809（总编室）
传　　真：（020）83289585
网　　址：https://www.gdpph.com
印　　刷：广东信源文化科技有限公司
开　　本：889 毫米 × 1240 毫米　1/32
印　　张：14.125　　　字　　数：310 千
版　　次：2025 年 6 月第 1 版
印　　次：2025 年 6 月第 1 次印刷
定　　价：68.00 元

目录

汉乐府《江南》

荷塘观鱼戏

江南可采莲，

莲叶何田田。

鱼戏莲叶间：

鱼戏莲叶东，

鱼戏莲叶西；

鱼戏莲叶南，

鱼戏莲叶北。

一

《江南》为乐府古题，属相和歌辞。

《乐府诗集》引郗昂《乐府解题》云："江南古辞，盖美芳晨丽景，嬉游得时。"

北京大学中国文学史教研室编《两汉文学史参考资料》载："本诗最主要的内容是歌唱劳动。更有人说此诗寓意在于'讽淫''刺游荡'等等，那完全是对健康的民歌的曲解。"讽淫、刺游荡之类的说法固然牵强附会，歌唱劳动也有人为拔高的嫌疑，实际上这首诗不过是描写劳动期间所见的一种富有趣味的景象。而这种趣味，带有游戏性质和儿童审美特点。

二

田田，有不同的解释：有说指荷叶相连盛密的样子，有说形容荷叶挺出水面、饱满劲秀的样子，有说色泽鲜碧的样子。相对而言，"相连盛密"说较为合理。南朝齐谢朓《江上曲》："莲叶尚田田，淇水不可渡。"可为佐证。

三

作为江南地区一种富有诗意的劳动，采莲因其本身具有的游戏与娱乐性质，也深受帝王妃嫔、文人骚客和恋爱男女的喜爱。梁元帝《采莲赋》："于时妖童媛女，荡舟心许。鹢首徐回，兼传羽杯。櫂将移而藻挂，船欲动而萍开。尔其纤腰束素，迁延顾步；夏始春余，叶嫩花初。恐沾裳而浅笑，畏倾船而敛裾。”朱自清先生对梁元帝笔下的采莲艳事想入非非，在其名文《荷塘月色》中袒露心迹，“那是一个热闹的季节，也是一个风流的季节”，“这真是有趣的事，可惜我们现在早已无福消受了”。

不同于梁元帝的《采莲赋》，《西洲曲》是一首表现男女爱情的思想健康的诗歌：“采莲南塘秋，莲花过人头。低头弄莲子，莲子清如水。置莲怀袖中，莲心彻底红。”

四

此诗通俗易懂，亮点是“鱼戏莲叶东”等四句，写出了一种富有趣味的情景。陈祚明称赞其“文情恣肆，写鱼飘忽”（见《采菽堂古诗选》）。这种趣味在《诗经》中也有诗篇表现过。《诗经·小雅·鱼藻》：“鱼在在藻，依于其蒲。”《诗经》表现的是静态景象，《江南》不但表现了动态景象，而且是频繁、多动的景象，鱼儿的形象栩栩如生。

五

鱼戏莲叶“东/西/南/北”四句诗，乍一看像是简单重复，平淡无奇，实际上这种句法在诗歌史上源远流长：

> 甲骨卜辞：癸卯卜，今日雨。其自西来雨？其自东来雨？其自北来雨？其自南来雨？
>
> 《诗经·小雅·南山有台》：南山有台，北山有莱。南山有

桑，北山有杨。

《木兰辞》：东市买骏马，西市买鞍鞯，南市买辔头，北市买长鞭。

杜甫《杜鹃》：西川有杜鹃，东川无杜鹃。涪万无杜鹃，云安有杜鹃。

龚自珍《行路易》：东山猛虎不吃人，西山猛虎吃人，南山猛虎吃人，北山猛虎不食人，漫漫趋避何所已？

汉乐府《长歌行》

光阴的故事

青青园中葵，朝露待日晞。

阳春布德泽，万物生光辉。

常恐秋节至，焜黄华叶衰。

百川东到海，何时复西归？

少壮不努力，老大徒伤悲！

一

这首诗见于《乐府诗集》，属相和歌辞平调曲。《乐府诗集》收录古诗《长歌行》题下共三首,《青青园中葵》是第一首，还有《仙人骑白鹿》《岧岧山上亭》两首，如下：

仙人骑白鹿，发短耳何长。
导我上太华，揽芝获赤幢。
来到主人门，奉药一玉箱。
主人服此药，身体一日康。
强发白更黑，延年寿命长。

岧岧山上亭，皎皎云间星。
远望使心思，游子恋所生。
驱车出北门，遥观洛阳城。
凯风吹长棘，夭夭枝叶倾。
黄鸟飞相追，咬咬弄音声。
伫立望西河，泣下沾罗缨。

魏明帝曹叡，晋傅玄、陆机，宋谢灵运，梁元帝萧绎、沈约，唐李白、王昌龄等都曾以此为题作诗。

二

《长歌行》是什么意思，有不同说法：

崔豹《古今注》：长歌、短歌，言人寿命长短，各有定分，不可妄求。

李善《文选注》：行声有长短，非言寿命也。

后代学者多肯定后者，而否定前者。其实两者说的不是一回事，前者从思想内容立论，后者就曲调而言。再者，李善“行声有长短”的说法未免过于简单。古诗有云“长歌正激烈”，曹丕《燕歌行》有“短歌微吟不能长”，晋傅玄《艳歌行》亦有“咄来长歌续短歌”。揣摩诗句意思，不是简单的行声长短问题。

《乐府诗集》引《古今乐录》：“王僧虔《大明三年宴乐技录》，平调有七曲：一曰《长歌行》，二曰《短歌行》，三曰《猛虎行》，四曰《君子行》，五曰《燕歌行》，六曰《从军行》，七曰《鞠歌行》。荀氏录所载十二曲，传者五曲。”据此可知，《长歌行》是古代诗歌众多曲调中的一种。

三

对此诗的主旨，有不同说法：

吴兢：言荣华不久，当努力为乐，无至老大乃伤悲也。（语出《乐府古题要解》。《乐府诗集》引《乐府解题》略同："言芳华不久，当努力为乐，无至老大乃伤悲也。"）

《文选》五臣注：当早崇树事业，无贻后时之叹。

北京大学中国文学史教研室《两汉文学史参考资料》：盖此诗以欣欣向荣的园葵起兴，然后产生联翩的感想：由园葵联想到一切草木之盛衰，又想到时间的一去不回。最后做出结论说人应及时努力。其思想是积极的，感情是健康的。

因为诗中有古往今来劝诫青少年努力向上的第一名句"少壮不努力，老大徒伤悲"，于是说它"思想是积极的，感情是健康的"，逻辑上讲得通，还有励志作用。但是，倘若联系同时代的其他作品（包括《古诗十九首》），或其他以"长歌行"为题的作品，不难发现，主旨多样，并不单一。

《文选》所收同题古诗，另外两首，一首是关于治病养生的，一首是关于游子恋乡的。《古诗十九首》中，《青青陵上柏》《生年不满百》是主张及时行乐的。后代以"长歌行"为题的诗歌，陆机、谢灵运的作品，是感慨光阴易逝、人生易老、事业无成的；梁元帝是宣扬及时行乐的；李白则感慨梦想落空，"富贵与神仙，蹉跎成两失"。

著者的意见是，没有必要定于一尊，不妨由读者根据各自的学识、禀赋、阅历、境遇，做出见仁见智、随情随性的解读。

四

前人注释、讲解这首诗歌，有两节文字，言之成理，可供参考，照录如下：

清吴淇《六朝选诗定论》:（此诗）全于时光短处写长。人有一日之时，有一年之时，有一生之时。一日之时在朝，一年之时在春，一生之时在少壮……苟自甘暴弃，谓今日不修而有来日，今年不修而有来年，乃日复一日，年复一年，冉冉老至，恰如逝水赴海，岂有复西之日哉！轻弃重宝，那不悲伤！

清王尧衢《古唐诗合解》：因言春和布泽，万物俱生光辉，恐秋节至而华叶衰，其色焜黄矣。人生盛年之难再，不犹是乎？故又以百川东逝、不复西归为比，而叹少壮蹉跎，至老大而自伤者，真徒然耳。

曹植《七步诗》

你死我活的宫斗缩影

煮豆持作羹，漉菽以为汁。

萁在釜下燃，豆在釜中泣：

本自同根生，相煎何太急？

一

早期的曹植诗文集并没有收录这首诗，因此有人认为它是附会之作。但因为这个故事已经见载于六朝人的文章中，例如任昉《齐竟陵文宣王行状》中就有“陈思见称于七步”一句，故难以断言它是附会之作。

曹集中未收此诗，解释为因事关魏文帝，家丑不可外扬，似合乎情理。曹植诗文，最早是魏明帝曹叡于景初年中（237—239）下令搜集收藏的，“撰录植前后所著赋、颂、诗、铭、杂论，凡百余篇，副藏内外”（《三国志·魏书·陈思王植传》）。曹叡是曹丕的长子、继位者，下诏搜集、保存曹植诗文，已属格外开恩。

二

这首诗有详略两个版本。略版四句，大致是：煮豆燃豆萁，豆在釜中泣。本是同根生，相煎何太急？详版最早见于《世说新语·文学》，比较接近原作；略版通俗易懂，便于青少年诵读。

《世说新语·文学》载：“文帝尝令东阿王七步中作诗，不成者行大法。应声便为诗曰：‘煮豆持作羹，漉菽以为汁。萁在釜下燃，豆在釜中泣：本自同根生，相煎何太急！’帝深有惭色。”

不管哪个版本，最广为人知的都是最后两句，“本是同根生，相煎何太急”。因其适用于指骨肉同胞之间倾轧、厮杀，而被人们频繁引用。小自兄弟纠纷，大到党派相争，都可以引用这两句诗一抒愤懑，或表谴责。

三

后四句容易理解，前两句有点费解。

第二句有不同版本，影宋本第二个字“菽”作“豉”。纠结于“漉”“菽”“豉”的词义，是很难讲通第二句诗的；若从句法入手，就容易了。首联两句，是并列关系。“煮豆持作羹”好理解，就是用豆子烹制菜汤。在著者的家乡，将白扁豆炖烂，加冰糖，就是一道上得正式宴席的菜。准此，“漉菽（豉）以为汁”，也是用豆子（菽，豆类总称；豉，大概是经过发酵的豆子）烹制的一道菜肴。因为接着的两句是“萁在釜下燃，豆在釜中泣”，可知前两句都是将豆子放在釜（锅）中烹制的意思。按照诗歌文法，同一联内的两句诗在语义上不能是简单重复的关系。因此，第二句不妨这样理解：把豆子（豆豉）碾碎、过滤后烹制成浆汁类食品，类似今天的豆浆、豆腐脑。按照淮南王发明豆腐制作技术的说法，曹植生活的时代人们已经会做豆腐了。

四

最后，我们再来说说《七步诗》的真实性，也即曹氏帝王家族兄弟阋墙、你死我活的宫廷内斗的真实性问题。

《三国志·魏书》记载，曹植是曹丕的同胞弟弟，十余岁时，所做诗歌、论文、赋就已经多达数万字。他善于写诗，曹操有一次读了他的诗，问他：“你请他人代做的？”曹植下跪禀告：“说出来的叫论，写下来的叫章，要当面测试的，怎么可能请他人代劳呢？”当时铜雀台刚刚落成，曹操就带着几个儿子一同登台，让他们各自赋诗。曹植拿过笔，当即就写了出来，并且写得很好。曹植其人行为率性，不拘礼节，没有什么威仪；车马服饰，亦不尚华丽。但每次曹操有问题问他，他都应声作答。曹操很宠爱这个儿子，几次想册立他为太子。但最终曹操还是让曹丕继承了王位。从此，曹植从鄄城到雍丘，到东阿，再到漂泊山东、河南一带，做了一个徒有虚名的侯王。曹植有意报国，屡次请求，都未能如愿。由于怀才不遇，郁郁寡欢，四十一岁便死了。

《三国志》上的记载，透露出如下信息：曹植从小有捷才，因为太聪明，对曹丕的地位和处境一直有威胁。曹丕欲找借口（限七步内作诗）置他于死地，合乎逻辑。

《世说新语·尤悔》记载，魏文帝担心骁勇强壮的弟弟任城王曹彰威胁到自己的地位，便利用自己跟他常在卞太后那里下围棋、吃枣子的机会，在枣中下毒。曹丕本人知道哪些枣子有毒，哪些无毒，可以拣无毒的吃。任城王不知就里，有毒没毒的都吃了。任城王中毒后，太后找水救他，曹丕早已安排手下毁坏了所有瓶罐。太后赤脚跑到井边，却找不到打水的器具。曹彰很快毒发身亡。曹丕还想害死东阿王曹植，太后恳求道："你已经杀了我的任城王，不能再害我的东阿王！"

《世说新语》的记载如果属实，足以说明曹丕手段之残忍，宫斗之惨烈。总而言之，曹丕够狠，曹植够聪明；七步成诗，这事可以有。

《敕勒歌》

史上最著名的翻唱诗歌

敕勒川，阴山下。

天似穹庐，笼盖四野。

天苍苍，野茫茫，风吹草低见牛羊。

一

这肯定是我国最广为人知的关于草原的诗歌了。尤其是“风吹草低见牛羊”一句，令多少不曾到过草原的读者心驰神往。

通常所见的草原，并没有“风吹草低见牛羊”的情景。但有一年夏天，作者在内蒙古锡林郭勒盟东乌珠穆沁旗，见识过“风吹草低见牛羊”的草原。那一年，内蒙古大草原雨水丰沛，草卉疯长。据熟悉草原的朋友讲，其实真正适宜放牧的草原，牧草倒不是那么长、那么密的。他们说，山羊、绵羊、奶羊都更喜欢啃食草根。

二

敕勒川，字面意思是敕勒河。敕勒，游牧部族名，北齐时居朔州（今山西境内）。从诗中我们知道，敕勒川位于阴山脚下。但是阴山山脉西端起始于河套西北，绵亘于内蒙古自治区南境，东端跟内兴安岭相接。范围广大，具体位置，不得而知。

有注本在敕勒川究竟是地名还是河流名这一问题上纠结。实际上，这个纠结大可不必。“天似穹庐，笼盖四野”（穹庐，毡帐，即蒙古包），可知其地势是四周高，中间低；“风吹草低见牛羊”，是指一片牧草丰茂的草原。地势、草原这两点，不妨推测是比较开阔的河谷地带。这种草原，在坝上地区（包括河北山西北部、内蒙古一带）相当常见。

有一个问题，不妨作为茶余饭后的话题：是不是真的有一个叫敕勒川的河谷地带？既然敕勒是一个部族名，那“敕勒川”也可以只是

“敕勒部族居住的河谷地带”的意思。

三

这首著名的草原诗歌，有一件许多人不知道的事情：它是一首翻唱诗歌，或者说是翻译作品。原创不是汉语，而是鲜卑语。

《乐府诗集》先引《乐府广题》云：“北齐神武攻周玉壁，士卒死者十四五。神武恚愤，疾发。周王下令曰：‘高欢鼠子，亲犯玉壁，剑弩一发，元凶自毙。’神武闻之，勉坐以安士众。悉引诸贵，使斛律金唱《敕勒》，神武自和之。”然后解释道：“其歌本鲜卑语，易为齐言，故其句长短不齐。”

也就是说，这是一首从鲜卑语歌曲翻唱而来的歌。神武帝高欢是鲜卑化了的汉人，兼通汉语和鲜卑语。

四

《乐府诗集》中，《敕勒歌》名下有两首，这是其一，其二如下：

敕勒金隤壁，阴山无岁华。
帐外风飘雪，营前月照沙。
羌儿吹玉管，胡姬踏锦花。
却笑江南客，梅落不归家。

作者是唐代诗人温庭筠，诗题又作《敕勒歌塞北》。温庭筠的诗歌显然是仿作，但我们不妨说温庭筠是这首诗的一位知音。

五

《敕勒歌》不是我国唯一的翻唱（翻译）诗歌。

现当代，众所周知，有不少流行歌曲，例如《北国之春》《花心》《飘雪》《后来》《跟往事干杯》《让我欢喜让我忧》，都翻唱自日语歌曲。当然也有中文歌曲翻唱为日语歌曲的，例如《夜来香》《何日君再来》等。这类跨语种翻唱，歌词原版是外国语。其实，这种现象不但古已有之，而且历史十分悠久。

《敕勒歌》也不是我国最早的翻唱（翻译）诗歌。

历史上，中国从来不是一个封闭的单一民族的国家，华夏民族是融合众多民族而成的大族群，其文学艺术固然以向周边民族、国家输出为主，但也不乏输入的例子。

乐府古题有《公无渡河》，南朝梁刘孝威，南朝陈张正见，唐李白、李贺、王建、温庭筠等都曾以此为题作诗。

《公无渡河》也叫《箜篌引》，晋崔豹《古今注》记载：《箜篌引》原本是朝鲜一位名叫霍里子高的津卒（在渡口负责摆渡的士兵）的妻子丽玉创作的歌。一天早晨，霍里子高起来去划船，有一个白头发的狂人，披散头发，提着酒壶，在乱流中渡河，他的妻子在后边追着，制止不及，狂人坠河淹死。他的妻子抱着箜篌边弹边唱："公无渡河，公竟渡河。堕河而死，当奈公何！"歌声十分凄怆。弹唱完，女人也投河而死。霍里子高回到家里，把这事跟丽玉说了。丽玉听后，为之伤感，也用箜篌演奏，表现那凄怆之情。听了丽玉演唱的人，没有不哭泣流泪的。后来，丽玉把这首歌曲传授给邻居女子丽容，丽容给它定名为《箜篌引》。

可见,《箜篌引》的原创是朝鲜语诗歌。逯钦立《先秦汉魏晋南北朝诗》将其定为汉诗，据此可知,《箜箜引》的创作时间早于《敕勒歌》。

《箜篌引》当然也还不是最早的，目前所知最早的翻译诗歌是春秋时期的《越人歌》。刘向《说苑》记载，鄂君子皙泛舟新波，越人拥楫而歌。鄂君子皙听不懂，请人翻译成楚语。照录如下：

越语：

滥兮抃草滥予，昌枑泽予，昌州州，𩜱州焉乎，秦胥胥，缦予乎，昭澶秦逾，渗惿随河湖。

汉译：

今夕何夕兮，搴洲中流。
今日何日兮，得与王子同舟。
蒙羞被好兮，不訾诟耻。
心几烦而不绝兮，得知王子。
山有木兮木有枝，心说君兮知不知。

据语言学者研究,《越人歌》的语言可能是某种属于壮侗语族语言的祖语。揆之情理，历史上完全可能有比《越人歌》更早的翻唱诗歌，只是文献没有记载下来，我们还不知道。不过，论知名度和美誉度，古往今来，无出《敕勒歌》之右者。

骆宾王《咏鹅》

神童诗的前世今生

鹅，鹅，鹅，曲项向天歌。

白毛浮绿水，红掌拨清波。

一

这是一首牙牙学语的婴孩都能背诵的诗歌，真正的妇孺皆知。不像有些名诗，婴孩能够鹦鹉学舌、摇头晃脑地背诵，但不一定明白诗歌的意思。这一首，只要稍作解释，两三岁的婴孩都能理解。

文献记载，这首诗是骆宾王孩童时代所作，时年七岁。古人称虚岁，周岁仅六岁。《全唐诗》收骆宾王《咏鹅》诗，诗题下注云："七岁时作。"郗云卿《骆宾王文集序》"年七岁，能属文"。《旧唐书》"少善属文"；《新唐书》和《唐才子传》"七岁能赋诗"。这些记载，大概都源自这条注语。

二

这是一首真正的神童诗。有些所谓神童诗，其实是少年儿童学着成年人的腔调所做的文字游戏或造句练习，充其量只能说是"少年儿童学写的诗"。而《咏鹅》不然，简单，有童趣，成年人反而不一定写得出来。杜甫自称"七龄思即壮，开口咏凤凰"（《壮游》）。可惜的是，杜甫的咏凤凰诗没有保存下来。但从诗题上说，七岁的孩子纵使日后贵为诗圣，以凤凰这种子虚乌有的禽鸟为歌咏对象，恐怕也难以写出儿童的趣味。杜甫咏凤凰诗没能传于后世，大概也说明不是什么成功之作。

骆宾王这首诗之所以受到人们尤其是少年儿童的喜爱，我们认为主要原因有三：一、语言简单，诗意好懂。二、生动有趣。诗中的鹅，会唱歌，会浮水，有动感。三、画面美好。白色的羽毛，红色的双掌；

在碧绿的水面上自由自在地浮游。这红、白、绿三色组成的画面，配上弯曲的脖颈，画面清丽，赏心悦目。

三

读《咏鹅》诗，不能不联想起东晋名士、书圣王羲之。王羲之爱鹅成癖，因此留下许多故事。

故事一：王羲之听说有位乡下老妇养了一只高大英挺的白鹅，大老远跑去观赏。可惜老妇外出，未能如愿，只好请老妇邻居转告，说自己第二天再去。不料，老妇听说王大人要到自己家里来，次日一番洒扫，杀了大白鹅，准备隆重款待王大人。王羲之大失所望，心疼不置。

故事二：有道士养了一群白鹅，漂亮，精神。王羲之闻讯跑去，表示愿意出高价购买。道士心生一计，提出换鹅条件：王羲之替他抄写一份《黄庭经》，他将白鹅悉数相送。王羲之也不含糊，花了半天时间抄写《黄庭经》，换回一群白鹅，自以为得了便宜。

故事三：王羲之凿池养鹅，天天观察鹅的动作。久而久之，他的书法深受启发，大有长进，他写的“鹅”字更是活灵活现。

四

骆宾王跟同时代的王勃、杨炯、卢照邻文名相当，号称“初唐四杰”。初唐四杰，在诗歌创作上继往开来，于文学史上占有一席之地。

段成式《酉阳杂俎》记载：骆宾王为徐敬业作讨伐武则天的檄文，列举武氏大周罪恶，武则天读到“蛾眉不肯让人，狐媚偏能惑主”时，只是微微一笑。但读到“一抔之土未干，六尺之孤安在”时，就很不高兴了，感慨道：“宰相何得失如此人！”这个故事，《新唐书》《资治通鉴》《唐语林》《唐才子传》均有记载。

《咏鹅》因为儿童喜欢，成为名诗。实际上，骆宾王另有多首优秀诗作，如《在狱咏蝉》《畴昔篇》《帝京篇》等。其中《帝京篇》在当时被称为“绝唱”。

五

徐敬业起兵失败后，骆宾王下落不明。有被杀、自杀、逃匿、出家（宋之问从贬所遇赦北返，路过杭州，夜游灵隐寺时，曾与骆宾王月下相遇，相对吟诗。后来，骆宾王乘船去了海外。）等种种传说，莫衷一是。但可以肯定的是，骆宾王作为凡人的生命，只有四十多年（约640—684），英年早逝。骆宾王不但是神童，而且是一位拥有持久创作才情的文学家，倘若天假以年，他一定会写出更多的优秀诗篇。

李峤《风》

诗人风语

解落三秋叶，能开二月花。

过江千尺浪，入竹万竿斜。

一

李峤（645—714），字巨山，赵州赞皇（今属河北）人。李峤少有文名，早年得志，曾三度出任宰相。《新唐书》记载，他十五岁精通五经（《诗经》《尚书》《礼记》《周易》《春秋》），二十岁中进士；“峤富才思，有所属缀，人多传讽”。李峤生前，跟王勃、杨炯交往，与崔融、苏味道齐名，和苏味道并称“苏李”，又与苏味道、杜审言、崔融合称“文章四友”。因为活得比其他人长久，晚年被尊为诗文耆宿，文坛推崇他的人很多。

二

孟启《本事诗》记载：天宝末年，玄宗在一个月夜登上勤政楼，命令梨园弟子唱几首歌曲给他听。有歌者唱李峤的诗：“山川满目泪沾衣，富贵荣华能几时。不见只今汾水上，惟有年年秋雁飞。”（《汾阴行》）当时唐玄宗年事已高，问是谁的诗，回答说是李峤。玄宗凄然泪下，不等歌曲唱完便起身离开，说了句：“李峤真才子也！”第二年，安史乱军占据长安，玄宗仓皇西出，往蜀中避难。途经广元，登上剑门山附近的白卫岭。远眺山河景物，伫立良久。又有人唱起了这首歌，玄宗再一次发出了“李峤真才子”的赞叹。当时宦官高力士站在旁边，也抹了好一会儿的眼泪。

三

这是一首表现风的作用的诗，每句分别讲述风的一种作用：能于秋天使树叶飘落，能于早春二月使草木开出花朵，吹过江河能掀起千尺大浪，穿过竹林能使千万根竹竿倾斜。

四种作用，有好的，有坏的，有无所谓好坏的。比如说，能使草木在二月开花是好的，令人开心；使江河掀起大浪是坏的，妨碍人们行舟；使树叶飘落，使竹竿倾斜，则是无所谓好坏的。好坏因时因地因人因事而异，不能一概而论。可见，这是诗人在较为客观地描写风的作用或者说风的影响力。不妨说，诗人在给风下定义。

科学家对于风的定义可能是这样的：由空气流动引起的一种自然现象，是由于气压分布不均匀而产生的，等等。

两相比较，可以看出诗歌的特点：它不是为了传播知识或讲述某个道理，而是为了好玩。用生动有趣的语言描绘美好画面，让人产生联想，引发悲喜情绪，得到美的享受。

四

这首诗选取了风的四种影响，实际上就是四种情景画面，有声有色，有动有静；有令人愉悦的，有使人惊骇的，有引人感慨的。我国古代诗歌史上，像这首诗一样专门表现某种自然现象的，并不多见。同时，因为这首诗表现的只是几种自然现象，并无高深晦涩的思想感情，语言又通俗易懂，因而很适合少年儿童诵读。

孟浩然《春晓》

梦醒时分，风雅慵懒

春眠不觉晓，处处闻啼鸟。

夜来风雨声，花落知多少。

一

诗的题目，现在通行作《春晓》。但孟浩然诗集唯一的宋本南宋蜀刻本作《春晚绝句》。有人论证过，这个蜀刻本基本保持了王士源所编孟浩然文集的面貌。王士源是孟浩然的同时代人，编辑孟浩然文集时，孟才去世不久。总之，这个版本的文字值得重视。

一早一晚，出入不小。如果《春晚绝句》是原作题目，那么，《春晓》有可能是后人根据第一句以及诗歌表现春天某个早上睡醒时分的心思的内容修改的，意思是“春天的早晨”，指一天中的时间。

其实，按照古汉语的语法，“春晚”有“晚春”“暮春”的意思，指春季将尽的一段时期。如果认为诗中表现了诗人见落花飘零，春日将尽，而产生伤感之情。那么，“春晚”则比“春晓”更加深刻，恰当。

二

有人认为此诗是表现春天景致的。《唐诗鉴赏辞典》评其“通过听觉形象，由阵阵春声把人引出屋外、让人想象屋外”。著者不同意这种说法，而认为这是表现诗人春睡懒起、放浪形骸的名士风度。

晋朝名士嵇康，在《与山巨源绝交书》中罗列了七桩不堪忍受的事情，第一桩就是“卧喜晚起，而当关呼之不置”，即被催迫着去上班处理公务，睡不成懒觉。孟浩然可以为了跟朋友痛快饮酒，放弃他人将其举荐给朝廷的机会，显然是受到了嵇康自由思想的影响。

春眠不觉晓，其实就是睡到自然醒。处处闻啼鸟，说明鸟比人勤快，反衬人的慵懒随性。这两句，足以令全天下一切爱睡懒觉人士产生歆羡与共鸣。

民间俗话劝人早起，有“早起三日当一工”“早起的鸟儿有虫吃”之类的格言。但名士不然，他们不需要考虑谋生和养家糊口的问题。因此很洒脱，只关心风花雪月。孟浩然就只关心一夜的狂风暴雨是否摧残了树上的花瓣。

有人说，春天夜短，又因风雨少睡，故既眠而不觉晓，直到闻啼鸟才知觉。“处处闻啼鸟”意味着晓与晴，含喜晴意。这种说法，跟诗人的名士风度是背道而驰的。孟浩然的不觉晓，是率性自然，无意早醒；“处处闻啼鸟”也没有喜晴之意，而是为了说明醒来时间之晚。

三

此诗的好处，历来有不同说法。例如：

刘辰翁：风流闲美，正不在多。

钟惺：通是猜境，妙！妙！妙！

唐汝询：昔人谓诗如参禅，如此等语，非妙悟者不能道。

吴瑞荣：朦胧臆想，构此幻境。

黄叔灿：诗到自然，无迹可寻。“花落”句含几许惜春意。

徐增：做上二句便煞住笔，复停想到昨夜去，又到花上来，看他用笔不定，瞻之在前，忽然在后矣。

诗无达诂，见仁见智，各有感受，是很正常的事情。著者的看法是：此诗最突出的好处，在于表现了诗人的名士风度——率性、超然、慵懒。

唐王士源《孟浩然集·序》记载：孟浩然到京城，游秘书省。秋月新霁，跟一帮诗友联句赋诗。当浩然说出“微云淡河汉，疏雨滴梧桐”的句子时，举座嗟其清绝，谁都不敢再往下续。当时丞相张九龄、侍御史王维等人都不计身份贵贱之隔，纷纷跟孟浩然结为忘形之交。孟浩然的名士风采，不难想见。

四

孟浩然这首诗所表现的韵致，是很能令人产生向往之情的。宋代的李清照、杨万里，都有诗承袭了孟浩然《春晓》的韵致：

昨夜雨疏风骤，浓睡不消残酒。试问卷帘人，却道海棠依旧。知否？知否？应是绿肥红瘦。

——李清照《如梦令》

梅子留酸软齿牙，芭蕉分绿与窗纱。
日长睡起无情思，闲看儿童捉柳花。

——杨万里《闲居初夏午睡起》

李清照次日酒醒后，首先关心海棠是否安好，够文艺；杨万里午睡醒来后，观看儿童追捉柳絮玩儿，够无聊。

五

有人以当代方言中有称昨夜为“夜来”的（山东省境内有这样的方言），认为跟“夜来风雨声”中的“夜来”二字一脉相承。这种说法固然有趣，但要证明它，还需下一番考证的功夫。孟浩然是湖北襄阳人，语言上跟今天山东地区的方言相去甚远。再者，山东方言中的“夜来”，可能是“夜里”的音讹。还有，《春晓》诗有个版本作“欲知昨夜风，花落无多少”。

把“夜来风雨声”理解成“昨夜刮风下雨了”，当然说得通。但把它解读为“入夜以后，雨疏风狂”，似乎更好一些。“昨夜刮风下雨了”，弄得诗人跟阿Q回到土谷祠似的，倒头便着；而“入夜以后，雨疏风狂”，暗示多愁善感的诗人有一定程度的神经衰弱，没能即刻入睡，这与“春眠不觉晓”的状态也更和谐些。倒头便着的人，睡眠质量高，通常醒来也快。

唐诗中，“夜来”用作“昨夜”和“入夜”的都有。例如，王昌龄“金井梧桐秋叶黄，珠帘不卷夜来霜”，张说“夜来枝半红，雨后洲全绿”，白居易“夜来巾上泪，一半是春冰”，是“昨夜”的意思；而孙逖“夜来江月霁，棹唱此中闻”，李颀“夜来莲花界，梦里金陵城”崔曙“岭外飞电明，夜来前山雨”，则是“入夜”的意思。

孟浩然《过故人庄》

乡村半日游

故人具鸡黍，邀我至田家。
绿树村边合，青山郭外斜。
开轩面场圃，把酒话桑麻。
待到重阳日，还来就菊花。

一

这是一首轻松愉快的诗。轻松愉快的因素有三：一是乡村景色优美，环境舒适。村内绿树环绕，村外青山横斜；室内对饮，窗外正是农家的场院和菜园。二是话题单纯，趣味相投。到乡村，说庄稼种植，应景合情。三是友人殷勤，招待称意。鸡黍泛指饭菜，虽未列出菜肴名目，但显然是有菜有酒，宾主欢畅。“待到重阳日，还来就菊花”两句，可以有友人所言与诗人所言两种解读。但无论是哪种解读，都有“主雅客来勤”的意思。足以说明他们这一次聚会，意犹未尽。

这种轻松愉快，既是诗人的感受，也很容易引起读者的遐想与共鸣。这样的乡村景物，这样的老友会面，这样的吃喝交谈，对居住在城镇中的人，是新鲜有趣；对居住在乡村的人，是熟悉自在；对于生长于乡村而移居于城镇的人而言，更是无尽的乡愁与怀想。

二

鸡黍一词，颇值得一说。孟浩然在另一首诗中也用过这个词。《戏题（一作戏赠主人）》：“客醉眠未起，主人呼解醒。已言鸡黍熟，复道瓮头清。”瓮头清，也叫瓮头春，盛酒容器。这里指酒。

这个词可以追溯到《论语·微子》：“止子路宿，杀鸡为黍而食之，见其二子焉。”讲的是子路跟随孔子周游列国，掉队了，遇到一个用拐杖挑着除草农具的老人。老人留宿、管饭，让子路与他两个儿子相见，热诚款待了子路。

孟浩然使用这个词，应该有两层意思：一是暗指“故人”是“荷蓧丈人”那样的隐士，不是普通的田夫野老。二是说明“故人”对自己的款待，热诚慷慨。

《北史·卢道虔传》：“卢道虔为尚书，会同僚于草屋下，设鸡黍之膳，谈者以为高。”由此可见，邀请他人赴鸡黍膳约，还有风雅的意思。

东汉有鸡黍之约、鸡黍之交的故事。《后汉书·独行列传》记载，范式对挚友张邵一诺千金，不远千里赴鸡黍之约；张邵对范式坚信不疑，死后魂魄等范式赶到，才肯入土为安。这个故事流传甚广，孟浩然应该是知道的。因此，孟浩然可能还有暗喻自己跟“故人”之间友谊深厚的意思。

三

把酒话桑麻，可能出自陶渊明《归园田居五首》之二：“时复墟曲中，披草共来往。相见无杂言，但道桑麻长。”陶渊明说的是自己隐居乡间的生活情形，跟村庄邻里交往相见，只谈论桑麻种植之类的事情。孟浩然的情况跟陶渊明有所不同。陶渊明是弃官归隐，义无反顾地选择了乡村耕种的生活；而孟浩然在隐居与出仕的选择之间相当纠结。因此，这里的话桑麻，只是借用，以表示他跟朋友之间的谈话不涉及功名利禄，都是家常轻松话题。

四

历来评议此诗者，多盛赞这首诗自在、自然与闲适的氛围。例如：

刘辰翁：每以自在相凌厉，极是。

方回：此诗句句自然，无刻画之迹。

屈复：以古为律，得闲适之意。使靖节为近体，想亦不过如此而已。

同时也指出了自然、平淡背后的真情与深情。例如：

沈德潜：语淡而味终不薄。

黄生：全首俱以信口道出，笔尖几不着点墨。浅之至而深，淡之至而浓，老之至而媚。火候至此，并烹炼之迹俱化矣。结句系孟对故人语，觉一片真率款曲之意溢于言外。

但是，正如一句俗话所说的“各花入各眼”。孟浩然这首诗固然有如上所述优点，但也有其遗憾之处：引用“鸡黍”“桑麻”两个典故词语，对表达诗人的真实感情是有副作用的，表现感情的诚挚、真切上略显逊色。

与友人餐聚题材的诗歌中，著者更欣赏杜甫的《赠卫八处士》《病后过王倚饮赠歌》《遭田父泥饮美严中丞》等。杜诗中，有故事情节，有生活细节，有饮食场面，有菜肴名目，有人物言行，是立体、鲜活的生活的写照。相比之下，孟浩然此诗不免有些苍白和单调。

王之涣《登鹳雀楼》

俯瞰黄河大景

白日依山尽，黄河入海流。

欲穷千里目，更上一层楼。

一

关于这首诗的作者，历来有不同说法。唐芮挺章编选的《国秀集》（天宝三载编成）中，作者为处士朱斌，题名《登楼》，最后一句是“更上一重楼”。这首《登鹳雀楼》之外，《全唐诗》收王之涣诗共五首，《送别》《九日送别》《宴词》以及《凉州词》两首（其中“黄沙远上白云间”又题《出塞》），都是绝句。宋代雍熙三年（986）编成的《文苑英华》，最早将此诗归于王之涣名下，题名《登鹳雀楼》。今人多认为是王之涣所作，但张忠纲在《全唐诗大辞典》中把作者改回朱斌。

二

《清一统志》载：“山西蒲州府（今山西永济）：鹳雀楼在府城西南城上。旧志：旧楼在郡城西南，黄河中高阜处，时有鹳雀栖其上，遂名。”沈括《梦溪笔谈》卷十五：“河中府鹳雀楼三层，前瞻中条，下瞰大河。唐人留诗者甚多，唯李益、王之涣、畅诸（当）三篇能状其景。”

鹳雀，又写作鹳鹊。唐郑处诲《明皇杂录》：“宽（裴宽）衣碧衫，疏瘦而长。入门，其家（韦诜家，后来韦诜将女儿嫁给裴宽）大噱，呼为鹳鹊。”清赵翼《飓风歌》：“可怜鹳鹊亦不飞，恐被掀出青天外。”鹳鹊，即鹳，大型水鸟科的通称。鹳是候鸟，善于飞行。鹳有细长的腿和带蹼的爪子，尖喙长且结实，羽毛通常为白色和黑色。鹳形似白鹤，生活在江湖池沼地带，捕鱼虾为食。

三

唐朝关于鹳雀楼的诗，除了王之涣这一首，沈括赞扬过的另外两首佳作如下：

迥临飞鸟上，高出世尘间。
天势围平野，河流入断山。

——畅当《登鹳雀楼》

鹳雀楼西百尺樯，汀洲云树共茫茫。
汉家箫鼓空流水，魏国山河半夕阳。
事去千年犹恨速，愁来一日即为长。
风烟并起思归望，远目非春亦自伤。

——李益《同崔邠登鹳雀楼》

畅当的诗只写鹳雀楼的高峻和所见山河的壮阔，是纯粹的写景之作；李益的诗则是登上鹳雀楼而生忧时怀归之慨，情绪伤感。王之涣的《登鹳雀楼》则是典型的盛唐诗风，前半写景，雄伟壮阔；后半抒情，乐观向上。

四

诗的妙处，前人多有揭示。例如：

唐汝询《唐诗解》：日没河流之景，未足称奇；穷目之观，更在高处。

黄生《唐诗摘钞》：空阔中无所不有，故雄浑而不疏寂。

沈德潜《唐诗别裁》：四句皆对，读来不嫌其排，骨高故也。

黄叔灿《唐诗笺注》：通首写其地势之高，分作两层，虚实互见。上十字大境界已尽，下十字以虚笔托之。

前人所言固然各有道理，但这首诗之所以受到今人的普遍喜爱，主要原因在于“欲穷千里目，更上一层楼”两句所体现的积极进取精神，可以跟杜甫《望岳》诗“会当凌绝顶，一览众山小”相颉颃。

王之涣《凉州词》

盛唐悲壮的边塞情怀

黄河远上白云间，一片孤城万仞山。

羌笛何须怨杨柳，春风不度玉门关。

一

王之涣于唐玄宗开元十四年（726）辞官后，过了十五年的自由生活。《凉州词》当作于其辞官隐居期间，即开元十五年（727）至二十九年（741）。从诗的内容看，王之涣应该是这期间到过凉州。

二

王之涣（688—742），字季凌，晋阳（今山西太原）人，曾任文安县尉。王之涣性情豪放，常与乐工制曲歌唱。《全唐诗》仅保存其诗六首，但《凉州词》《登鹳雀楼》堪称盛唐诗歌的代表作。

三

凉州词，即凉州歌的唱词。郭茂倩《乐府诗集·近代曲词》收录有《凉州歌》，引《乐苑》曰："《凉州》，宫调曲，开元中，西凉府都督郭知运进（引进）。"凉州，唐陇右道凉州姑臧县，今甘肃省武威市。

《凉州词》共二首，这是第一首，又题作《出塞》。第二首为：

> 单于北望拂云堆，杀马登坛祭几回。
> 汉家天子今神武，不肯和亲归去来。

此诗描写唐朝天宝年间西北边疆的军事形势。因为唐朝军事强盛，北边的匈奴首领屡次南犯，皆无功而返。拂云堆，祠庙名，在今内蒙古自治区巴彦淖尔市下辖的五原县。诗的大意是，单于为了出兵侵略唐朝，几次面向北方祠庙祷告，杀了马匹，亲自登坛祭祀。但是唐朝（汉家代指唐朝，这是唐朝人的措辞通例）天子智勇双全，不肯接受匈奴和亲的请求，使得匈奴单于无所收获，空手而回。

四

黄河远上，一作“黄沙直上”。清代学者吴乔以黄河距离凉州千里之遥，不能作为背景，认为当作“黄沙直上”，有一定道理。

一片孤城，指凉州；万仞山，指凉州西边的祁连山脉。

羌笛，古羌族使用的一种乐器。羌族主要分布在今天的甘肃、青海、四川一带。羌笛属横吹式管乐，亦称羌管，适宜独奏，也可为歌舞伴奏。竖着吹奏，两管发出同样的音高，清脆高亢，有悲凉之感。“羌笛何须怨杨柳，春风不度玉门关”是其表现力的最佳写照。岑参的《白雪歌送武判官归京》中也说到了羌笛，“中军置酒饮归客，胡琴琵琶与羌笛”。

怨杨柳，即怨离别，古人有折柳送别的风俗。北朝乐府《鼓角横吹曲》有《折杨柳枝》，歌词云：“上马不捉鞭，反拗杨柳枝。下马吹横笛，愁杀行客儿。”

玉门关，汉武帝时设置，因西域输入玉石取道于此而得名。故址在今甘肃敦煌西北小方盘城，是古代通往西域的要道。六朝时关址东移至今安西双塔堡附近。之所以用“玉门关”入诗以寄托征人思乡之情，应是沿用了前人说法。《后汉书·班超传》：“不敢望到酒泉郡，但愿生入玉门关。”

五

诗的字面意思，是表示凉州地区的偏远、荒凉。但实际另有寓意。

明代著名学者、文学家杨慎《升庵诗话》指出："此诗言恩泽不及于边塞，所谓君门远于万里也。"意思是，地处偏远的凉州（实指戍边的将士），被朝廷和国君遗忘了。

可见，诗的思想内容跟《诗经·小雅·采薇》是一脉相承的。《采薇》中有"忧心孔疚，我行不来""行道迟迟""莫知我哀"等句子。

六

关于这首诗，唐代还有一个著名的故事。薛用弱《集异记》记载：开元中，王昌龄、高适、王之涣三位诗人相约到旗亭（酒楼）饮酒。见有十几个服饰华丽的歌女在酒楼唱曲助兴，三人于是悄悄坐到一旁，听她们唱什么歌。王昌龄提议，根据歌女唱他们诗歌的多少决定三人的高下。结果，第一个出场的歌女唱了王昌龄的《芙蓉楼送辛渐》（寒雨连江夜入吴，平明送客楚山孤。洛阳亲友如相问，一片冰心在玉壶），第二个出场的歌女唱了高适的《哭单父梁九少府》（开箧泪沾臆，见君前日书。夜台今寂寞，犹是子云居）。不出王之涣所料，色艺最佳的歌女，第三个出场，开口唱的是王之涣的《凉州词》。这个故事，后人称之为"旗亭画壁"或"旗亭赌酒"。

七

对这首诗，前人好评不少：

《唐诗正声》引吴逸一：神气内敛，骨力全融，意沉而调响。满目征人苦情，妙在含蓄不露。

王世懋《艺圃撷余》:（唐诗七绝）必欲压卷，还当于王翰“葡萄美酒”、王之涣“黄河远上”二诗求之。

黄生《唐诗摘钞》：王龙标“更吹羌笛关山月，无那金闺万里愁”，李君虞“不知何处吹芦管，一夜征人尽望乡”，与此并同一意。然不及此作，以其含蓄深永，只用‘何须’二字略略见意故耳。

这首诗，前两句写景，后两句抒情。景是典型的西北边疆之景，雄浑，旷远，苍凉；情是典型的盛唐之情，蕴藉，豪迈，悲壮。

贺知章《咏柳》

春天的颂歌

碧玉妆成一树高，万条垂下绿丝绦。

不知细叶谁裁出，二月春风似剪刀。

贺知章是“四明狂客”，不是咏柳专家。不像清初王士禛那样，对柳树情有独钟，一口气做了四首以“秋柳”为题的诗。贺知章只是偶然写了这首《咏柳》，但这首七言绝句毫无疑问是历代咏柳诗中最著名的一首。说它脍炙人口，家喻户晓，一点儿都不夸张。

这首诗，语言浅显，也没有使用什么需要专门注释的典故，但有三个问题，可以稍加讨论。

一

《唐诗鉴赏辞典》:“一开始，杨柳就化身为美人而出现”，“这千条万缕的垂丝，也随之变成了她的裙带。上句的‘高’字，衬托出美人婷婷袅袅的风姿；下句的‘垂’字，暗示出纤腰在风中款摆”。就是说，这首诗使用了拟人的修辞手法。

如此分析，不能说一点道理没有。但认真计较起来，拟人的说法很难落到实处。垂丝裙带，高，婷婷袅袅，垂纤腰，所有这些联系，都不免牵强。整首诗中，人的特点实在是太不明显了。

著者认为，不如说诗人使用了缩微的手法：把自然生长的柳树当盆景来描写。单独的一棵柳树，没有任何自然景物的陪衬与点缀，所用的比喻又是没有生命的玉石；读者品读这首诗，只觉其精美可爱，而忘了它可能是高大挺拔的。所有这些，都跟盆景的特征相符合。

1972 年，陕西乾陵发掘的章怀太子墓，甬道东壁绘有仕女手托盆景的壁画。这不仅说明盆景艺术在唐代已经出现，还可以提示我们，贺知章写作《咏柳》的年代，李唐王朝宫廷里正流行着用盆景装饰居室环境的做法。太子墓建于公元706年，当年贺知章约四十七岁，正是他在朝为官期间。深得玄宗皇帝信任的贺知章，肯定很容易在皇宫大内见到盆景。吟咏之间，把盆景艺术移植到诗歌中，顺理成章。

二

为什么用碧玉比喻柳树？

原因有两点：一是碧玉与柳叶色泽相近，都是绿色有光泽；二是玉质地坚硬，撞击声音悦耳动听，可以表现柳树枝叶的美好。

贺知章以玉比喻柳树，明显有赞美的意思。儒家奉为经典的《礼记》中有“君子比德于玉”的说法，即认为玉温润而有光泽，跟君子仁的品德有相通之处。春柳给了诗人美的享受，诗人报以玉的比喻，合乎情理。

三

为什么是剪刀而不是菜刀？

剪裁细小的叶片，使用剪刀，本不是问题。但既然有人在讲到这首诗时煞有介事地提出了这个问题，也不妨说一下。

读杜甫《赠卫八处士》诗，读到“夜雨剪春韭，新炊间黄粱”时，一般人脑海里浮现的是主人冒雨拿着剪刀到菜园里剪韭菜的画面。可是，偏偏有的地区，有的人，不是拿剪刀而是提着菜刀去割韭菜。大千世界无奇不有，日常生活并非什么事都有统一的规矩。谁规定割韭菜不能用菜刀？

网络上曾流传一张照片：西南地区某少数民族用镰刀剃头，把头皮刮得油光锃亮。乍见之下，不免惊诧，但这是真有其事的。剪裁精细造型，用剪刀还是用菜刀乃至砍刀，其实均无不可。

诗人作诗，尤其是作希望广泛流传的诗，通俗易懂是起码的要求。要做到通俗易懂，使用词语自然要从众、从俗、从传统，不能走生冷偏僻的路子。不用说，使用剪刀，不只是为了画面和谐，更重要的是那个时代剪刀是普遍使用的剪裁工具。唐朝时，并州（今山西太原）以生产剪刀闻名于世。杜甫有诗云“焉得并州快剪刀，剪取吴淞半江水”（《戏题王宰画山水图歌》），可见并州剪刀是那时的名牌，类似当今诞生于浙江杭州的“张小泉”。

四

中国文学史上有过多少首咏柳的诗歌已经无法统计，作过咏柳诗的著名诗人一抓一大把，不少诗的确也写得不坏。例如：

巫山巫峡长，垂柳复垂杨。
同心且同折，故人怀故乡。
山似莲花艳，流如明月光。
寒夜猿声彻，游子泪沾裳。

——萧绎《折杨柳》

杨柳乱成丝，攀折上春时。
叶密鸟飞碍，风轻花落迟。

城高短箫发，林空画角悲。
曲中无别意，并是为相思。

——柳恽《折杨柳》

长条黄复绿，垂丝密且繁。
花落幽人径，步隐将军屯。
谷暗宵钲响，风高夜笛喧。
聊持暂攀折，空足忆中园。

——陈叔宝《折杨柳》

万里音尘绝，千条杨柳结。
不悟倡园花，遥同羌岭雪。
春心自浩荡，春树聊攀折。
共此依依情，无奈年年别。

——江总《折杨柳》

可怜濯濯春杨柳，攀折将来就纤手。
妾容与此同盛衰，何必君恩独能久。

——乔知之《折杨柳》

曾逐东风拂舞筵，乐游春苑断肠天。
如何肯到清秋日，已带斜阳又带蝉。

——李商隐《柳》

乱条犹未变初黄，倚得东风势便狂。

解把飞花蒙日月，不知天地有清霜。

——曾巩《咏柳》

论思想的丰富深刻，论感情的真挚感人，论语言的典雅华丽，贺知章这首只有二十八个字的小诗，都没有任何过人之处。在这些方面比贺知章这首诗好的为数不少，那么，贺诗凭什么秀出其间，千百年来受到人们的普遍喜爱呢？

对于贺知章这首诗，前人“尖巧语，却非由雕琢所得”（明黄周星），“赋物入妙，语意温柔”（清黄叔灿）等评说，固然能道出其中某个妙处，但著者认为，《咏柳》之所以千古流传，主要有两个原因：

表层的原因是它一反咏柳诗歌的抒情传统。什么游子思念家乡，思妇思念戍边的丈夫，拿柳树比拟风尘女子的命运，自比飘荡的人生，所有这些前人做过的事情，他统统不做。一切思念、思考、伤感，都与他无关。他只是简单地刻画了春天柳树的模样。仅此而已！

深层的原因是，这首诗虽然以《咏柳》为题（也有版本题作《柳枝词》），但实际上它真正咏的并非柳树，而是“似剪刀”的春风。可以说，它是春风的赞歌。这首诗真正令读者感到愉悦的，不是漂亮的柳树的风姿，而是使柳树具有美好风姿的春风，它有剪刀一般的巧手，使大地告别肃杀、单调、黯淡的冬天，重新有了生机和希望，美丽放光。这是一首欢快的春之颂歌！

贺知章《回乡偶书》

乡音未改终是客

少小离家老大回，乡音未改鬓毛衰。

儿童相见不相识，笑问客从何处来。

贺知章这首七言绝句，相信很多人都会背诵，字面意思也不难理解。但是，若想准确理解整首诗的意思，细致感受贺知章当年的内心情感，以下五个方面的情况，不能不有所了解。

一

根据各种文献记载，贺知章是一个很有趣的人。《旧唐书》说他性格狂放豁达，善于谈笑。用今天的话讲，是个段子手。当时那些达官贵人都很仰慕他，喜欢跟他交往。杜甫在一首题为《饮中八仙歌》的诗里，用漫画笔法描写了开元、天宝年间长安八位著名爱酒人士的饮酒故事，贺知章排在第一位。杜甫写道："知章骑马似乘船，眼花落井水底眠。"醉酒坠马，掉到水井里，都没能把他摔清醒，还就势在井底睡了一觉。可见贺知章的为人是多么放浪不羁。

还有一个非常有名的故事。李白到长安跑官，贺知章跟他初次见面，读到《蜀道难》，惊叹李白是"谪仙人"。当时因为没带钱，贺知章便解下身上佩带的出入皇宫用的身份凭证金龟，向酒家赊酒，与李白痛饮。

晚年贺知章的性格更加狂放，自号"四明狂客"，在长安的大街小巷（很可能包括平康北里的烟花柳巷）任意穿行、遨游。

二

既然题目是《回乡偶书》，当然得先问一句：贺知章所回的乡在哪里？

贺知章在唐代是一个地位高、名声大的人,《旧唐书》《新唐书》里都有他的传。《旧唐书》说他是“会稽人”,《新唐书》说他是“越州永兴人”。会稽在今天的浙江省绍兴市，永兴在今天的萧山（属杭州市，为萧山区）。根据贺知章生前友人卢象一篇送别诗序言中“仍以山阴旧宅为观”的话，可以知道，贺知章应该出生于永兴，但早年即移居绍兴。也就是说，贺知章所回的乡，是今天的绍兴。

三

贺知章说话有口音，在当时大概是人所共知的事。杜甫《遣兴五首》第四首写贺知章:“贺公雅吴语，在位常清狂。”就是说，贺知章平常说的是吴语。

杜甫到长安谋求仕进的时候，贺知章已经告老还乡，他们可能没有见过面。但是，杜甫的好友李白见过贺知章，有可能跟杜甫谈起过贺知章。再者，贺知章当时是名人，他的事迹必定广泛传播，杜甫也是耳熟能详。杜甫在《饮中八仙歌》中对贺知章酒后神态做了惟妙惟肖的描写，就是很好的佐证。

一个人少年时代离开家乡，去了一个新的地方，在那里生活数十年。告老还乡时，乡音不改，并非难事。难的是，贺知章生活的地方是当时的政治文化中心长安，国际化的大都市，况且他在长安不是生活在同乡小圈子里的下层人士，而是在朝廷做官。贺知章的社会地位和名声，决定了他必须跟来自全国各地（可能还有来自日本、高丽等的外国人，众所周知李白就有很要好的日本朋友）的人交流，使用当时的共同语乃是情理中事。不难想象，爱使用家乡方言跟人交谈的贺知章，念故里、重乡情的个性人设，使他在士林中显得与众不同。

四

《新唐书》说贺知章考上进士的时间是证圣初年（695），证圣是武则天的年号，只用了一年不到，当年腊月就改为“天策万岁”了。可以推测，证圣年是贺知章离开家乡的时间。按照卢象在送别诗序言中所说的天宝三载（744）贺知章告老还乡时已经八十六岁，以及《新唐书》记载贺知章死时八十六岁，可知贺知章在长安参加进士科考试那一年，已经三十九岁了。

贺知章什么时候开始做官，古书上没有记载。最早的记载的是唐中宗神龙年间（705—707），贺知章跟来自越州的贺朝、万齐融，来自扬州的张若虚、邢巨，来自湖州的包融，都是吴越地区的人，“文词俊秀”，“名扬于上京”。也就是说，这几个人在首都长安很有诗名。

贺知章做官，大概是因为他姑父之子（表弟）陆象先的引荐。唐睿宗景云二年（711），官至“同中书门下平章事”即宰相的陆象先，非常欣赏贺知章这个表兄的为人，曾说：“贺兄言论倜傥，真可谓风流之士”，“季真清谭风流，吾一日不见则鄙吝生矣”。《旧唐书》叙述贺知章做官经历，说是最初被授予国子四门博士，不久转为太常博士，都跟陆象先的引荐有关。

唐朝的情况，在今天的我们看来相当奇怪。考中进士后，有可能等上几年甚至十几年才有官做；开始做官后，也不是六十岁就退休，身体允许或者皇帝赏识，可以一直做到七八十岁，甚至做到死。

贺知章就是这样，六七十岁以后，因为受到玄宗李隆基的赏识，官运亨通，开元十三年（725）做到礼部侍郎加集贤院学士，成为副部级官员。后来长时间做着同级别的工部侍郎、太子侍读、太子宾客、秘书监等官职。

天宝二年（743）十二月，贺知章一次病中梦游帝宫（天帝宫殿），醒来后上书玄宗皇帝请求准其出家做道士，将他的宅院改为道观千秋观，请求准其回归乡里。玄宗很想挽留，不希望他回乡，但因贺知章去意已决，玄宗只好同意。于是下诏，将绍兴鉴湖（镜湖）的一部分赏赐给他，供他钓鱼樵采之用。天宝三载（744）正月庚子日，玄宗派遣左右将军以下朝廷官员，在长安长乐坡设宴给贺知章饯行。玄宗亲自赋诗送别，太子、百官会作诗的都写了送行诗，场面壮观，人人艳慕。这一年，贺知章八十六岁了。

贺知章一生为官都在长安，不曾长时间在外地待过。也就是说，贺知章是八十六岁才回到家乡绍兴的。

按照贺知章一生的行踪，所谓“少小离家老大回”，大概就是三十六七岁前后离开家乡，八十六岁回到绍兴。八十六岁称老大，名副其实；三十八九岁称“少小”，则是出于艺术创作的需要进行了夸张。

五

既然诗人乡音未改，按照常理，家乡的儿童看见他时，应该以为他是本乡本土之人，不会称其为“客”。

“客”字的内容相当丰富，可能包括三层含义：一是家乡儿童从来没有见过诗人，不认识他；二是贺知章因为长期在长安做官，面貌、举止、着装，都明显有别于家乡儿童所熟知的本地人；三是贺知章毕竟离开家乡四十多年了，他虽乡音未改，但家乡的语言已经发生变化。所以，在家乡儿童听来，贺知章的乡音已经不像他们的乡音而更像外乡人了。

著者听发源于绍兴嵊州的越剧，发现如今一些年轻的越剧演员，“道稻桃”之类的浊声母字，辅音声母都已经变成清送气类似“套”的音了，很不习惯。

六

诵读《回乡偶书》，很容易得到这样一种印象：贺知章是一个和蔼、旷达的老人，对儿童很有耐心，很愿意跟儿童说话、逗趣。总之，他心情不错。

结合贺知章的为人性格，这样理解当然没有问题。但有一个事实不能忽略：贺知章回到阔别四十多年的家乡，作《回乡偶书》诗的时候，已经八十六岁高龄，距离去世最多只有几个月的时间，即《旧唐书》所说“至乡无几寿终”。风烛残年，疾病缠身，难免会有伤感的一面，并不是一味地傻乐。

贺知章的伤感，在另一首同题诗中有所表现。《回乡偶书》原本有两首，广为流传的是“少小离家老大回”这一首。另外一首因为没有童趣，流传不广。

离别家乡岁月多，近来人事半销磨。
惟有门前镜湖水，春风不改旧时波。

可见，在生命接近终点的时候，一生狂放不羁的贺知章，也难免有了惆怅、沮丧的情绪。

王翰《凉州词》

醉人的西域风情

葡萄美酒夜光杯，欲饮琵琶马上催。

醉卧沙场君莫笑，古来征战几人回。

一

王翰，字子羽，晋阳（今山西太原）人。《旧唐书》称其“枥多名马，家有妓乐”，家境之豪富，不难想象；“发言立意，自比王侯”，可见其性格豪迈，恃才不羁。景云元年（710）中进士，先后举直言极谏、超拔群类，赏识他的张说当政时，召为秘书正字。张说罢相，遭到连累，被贬为仙州（今河南叶县）别驾，仍游乐饮酒，自歌自舞。再贬为道州（今湖南永州道县）司马，卒于道州。

《全唐诗》存其诗一卷，共十三首，风格以风华流丽为主。《飞燕篇》借赵飞燕讽刺唐玄宗和杨贵妃的淫佚生活。

杜甫的《奉赠韦左丞丈二十二韵》中有“李邕求识面，王翰愿卜邻”，杜甫视王翰为标杆式名人，可见王翰在当时诗坛、文坛名声之盛。

二

葡萄美酒，西域盛产葡萄，酿成美酒，汉武帝时已有葡萄酒输入中国。

夜光杯，东方朔《海内十洲记》载：“周穆王时，西胡献昆吾割玉刀及夜光常满杯……杯是白玉之精，光明夜照。”

琵琶，据刘熙《释名·释琵琶》说，琵琶是马上弹奏的乐器。

三

这是一首饮酒作乐的诗，没有争议。但是，在什么情况下饮酒，有不同的理解。

问题出在“催”字上。至少有三种理解：催发，催饮，弹奏（琵琶）。

催发，就是催促将士出征。作为将士之一的诗歌主人公正面对葡萄美酒，准备畅饮一番。但军队出征的琵琶在马背上奏响了。

催饮，即杨炯《送临津房少府》中的“弦奏促飞觞”。意思是，战场归来，军中举行庆祝宴会，琵琶弹奏的乐曲在催促将士们加快饮酒的节奏。

弹奏，即在庆祝宴会上，弹奏琵琶，表示宴饮开始。

催饮、弹奏两种理解意思相近，可以合并，如中国社会科学院文学研究所编《唐诗选》所说：“这是战罢回营，设酒作乐的情景。”

相比之下，催饮、弹奏较为合理。上阵前将士自己用夜光杯饮葡萄美酒不合情理，当时的军队也没有弹奏琵琶催促将士上前线的做法。

四

关于这首诗的情调，也有不同的看法。

诗的后两句，是悲伤语还是谐谑语，理解有分歧。沈德潜《唐诗别裁集》认为是“故作豪饮之词，然悲感已极”。施补华《岘佣说诗》：“作悲伤语读便浅，作谐谑语读便妙，在学人领悟。”

著者的看法是，从阅读的角度讲，两种看法各有道理，可以并存。但如果揣摩诗人本意，谐谑语说较为合理。这是盛唐之作，王翰又是豪迈之人，知人论世，他不太可能作悲伤语。

不过，从人性上说，人死不能复生。“死生亦大矣，岂不痛哉”。即使是自信满满的盛唐人，战死沙场也不是什么喜庆之事，偶尔悲伤一下也是合乎情理的。

五

不少学者对此诗推崇备至，评价很高。例如：

> 胡应麟《诗薮》评此诗为“初唐绝句之冠”。
>
> 王世懋《艺圃撷余》认为要选唐诗七绝第一，“还当于王翰‘葡萄美酒’、王之涣‘黄河远上’二诗求之”。
>
> 王世贞《艺苑卮言》盛赞此诗是“无瑕之璧”。
>
> 宋顾乐《唐人万首绝句选评》：“气格俱胜，盛唐绝作。”

至于这诗的具体妙处，说得并不多。清代学者徐增《而庵说唐诗》有个说法，可以参考。他认为，这首诗的妙绝处在顿挫，即“六顿一挫”，六顿是“葡萄美酒”“夜光杯”“欲饮”“琵琶马上催”“醉卧沙场”“君莫笑”，一挫是“古来征战几人回”。

其实，这首诗的主要魅力，除表现了盛唐人特有的乐观、旷达外，还有通过“葡萄美酒”“夜光杯”“琵琶”等词语营造出的浓郁的西域风情。

王昌龄《出塞》

边关有事思良将

秦时明月汉时关，万里长征人未还。

但使龙城飞将在，不教胡马度阴山。

一

题目又作《从军行》。《出塞》《从军行》都是乐府旧题。《出塞》属横吹曲辞汉横吹曲,《从军行》属相和歌辞平调曲，两者都写军旅生活。

诗中有“明月”和“关”两个词语，相当于《关山月》。《乐府解题》言:“关山月，伤离别也。”例如，徐陵《关山月》“关山三五月，客子忆秦川”；卢思道《从军行》“关山万里不可越，谁能坐对芳菲月”；王维《陇头行》“陇头明月迥临关，陇上行人夜吹笛”。

二

王昌龄《出塞》原作共两首，这是第一首。第二首如下:

> 骝马新跨白玉鞍，战罢沙场月色寒。
> 城头铁鼓声犹振，匣里金刀血未干。

这一首诗表现将军英勇善战，形象生动。但由于缺少意蕴，未能如第一首广为人知。

三

“秦时明月汉时关”，句法错综，实际意思是“秦汉时的明月、关塞”，指筑长城、设关防由来已久。沈德潜《说诗晬语》言:“防边筑城，起于秦汉。明月属秦，关属汉，诗中互文。”杨慎《升庵诗话》

把秦汉拆开理解，“言秦时虽远征而未设关，但在明月之地，犹有行役不逾时之意。汉则设关而戍守之，征人无有还期矣。”这是不对的。

龙城，又作卢城。据阎若璩《潜邱札记》考证，作卢城是对的。“李广为右北平太守，匈奴号曰飞将军。避不敢入塞。右北平，唐为北平郡，又名平州，治卢龙县。”《唐书》有卢龙府，有卢龙军。而龙城（遗址在今蒙古国后杭爱省额勒济特县），据《汉书·匈奴传》“五月大会龙城，祭其先天地鬼神”，属于匈奴领地，跟李广无关。也有人认为，龙城用的是卫青的典故。《汉书·卫青传》记载，汉车骑将军卫青出击匈奴至龙城，斩首数百。诗中“龙城”是修饰李广的，卢城（今河北卢龙县）的说法较可取。

飞将军，指李广。《史记·李将军列传》记载，李广为右北平府太守时，勇猛善战，匈奴称其为“汉之飞将军”。这里借指勇猛善战的边关将领。

阴山，即今天横亘于内蒙古自治区南境、东北接连内兴安岭的阴山山脉。《汉书·匈奴传》记载，汉时匈奴常据阴山侵扰汉朝。

四

除了王夫之批评这首诗有头重脚轻的弊病，历来论者多推崇有加。例如：

> 杨慎《升庵诗话》：此诗可入神品。
>
> 王世贞《艺苑卮言》先是不同意李攀龙评此诗为唐人绝句压卷之作的说法，但经过一番思考，承认“若以有意无意，可解不

可解间求之，不免此诗第一耳”。

施补华《岘佣说诗》称赞这首诗跟王之涣的《凉州词》（黄河远上白云间）、李益的《从军北征》（天山雪后海风寒），“皆边塞名作，意态雄健，音节高亮，情思悱恻，令人百读不厌也”。

黄叔灿《唐诗笺注》称赞“秦时明月汉时关”七字为“天造地设”。

五

沈德潜《说诗晬语》：“盖言师劳力竭，而功不成，由将非其人之故；得飞将军备边，边烽自熄，即高常侍《燕歌行》归重‘至今人说李将军’也。”其实，这首诗的意思可以概括成三个字：思良将。有了李广那样的良将，边防就不成问题了。不再有胡人侵扰之忧，征人也不必常年戍守边关，与家人天各一方。

诗的妙处，廖仲安先生认为主要在于“明月”“关”的前边加了“秦”“汉”两个时间限定词：“平凡的悲剧，平凡的希望，都随着首句‘秦’‘汉’这两个时间限定词的出现而显示出很不平凡的意义。”（见上海辞书出版社《唐诗鉴赏辞典》）

著者认为，这首诗有三层意思：一是为边事胶着、“万里长征人未还”感到忧虑和遗憾；二是怀念、呼唤李广那样英勇善战的将领；三是慷慨间有豪迈之情，并不失望沮丧。整首诗可以感染读者的，是乐观、自信的盛唐格调。毕竟，盛唐时期是有足够的军事力量抵御匈奴入侵的。

王昌龄《芙蓉楼送辛渐》

冰心玉壶诉心曲

寒雨连江夜入吴，平明送客楚山孤。

洛阳亲友如相问，一片冰心在玉壶。

一

这首诗作于王昌龄在江宁（今江苏南京）县丞任上，即天宝元年至天宝六载（742—747）之间。当时，他的朋友辛渐要从丹阳出发前往洛阳，王昌龄从江宁赶去给他送行。

说它作于江宁任上，有两个理由。一是地理位置合乎情理。二是当时王昌龄“晚节不矜细行，谤议沸腾”，他想要向朋友们表明自己的清白。

送行的具体地点，诗题中交代是芙蓉楼。关于芙蓉楼的位置，有两种不同的解读。一说在润州（今江苏镇江）西北，例如《唐诗鉴赏辞典》：“登临可以俯瞰长江，遥望江北。”（葛晓音撰文）一说在丹阳县。著者认为应该是后者。理由有二：一是王昌龄《芙蓉楼送辛渐》题下有两首诗，这是第一首，第二首中“丹阳城南秋海阴，丹阳城北楚云深”，明确说是丹阳；二是《元和郡县志》所载“晋王恭为刺史，改创西南楼名万岁楼，西北楼名芙蓉楼”，出自该书卷二十六《江南道·润州丹阳县》，具体到了丹阳县下。丹阳县城在镇江城的东南方向，并不濒临长江，“俯瞰长江，遥望江北”云云，是不可能的事情。

从《芙蓉楼送辛渐》第二首“高楼送客不能醉”一句看，王昌龄是在芙蓉楼饯别辛渐。

二

从诗中可知，辛渐是王昌龄重视并信任的一位朋友。但是，辛渐这个名字，除了这首诗和《唐才子传》以外，未见任何文献记载，生平情况一概不详。

王昌龄是个喜欢交友的诗人，他的朋友圈相当华丽，包括綦毋潜、李颀、岑参、王维、李白、刘眘虚、常建等。辛文房《唐才子传》称王昌龄与王之涣、辛渐“交友至深”。

李白《闻王昌龄左迁龙标遥有此寄》:“杨花落尽子规啼，闻道龙标过五溪。我寄愁心与明月，随风直到夜郎西。”可见李白跟王昌龄的情谊非同寻常。须知，王昌龄以擅长七绝而名重一时，当时已有“诗家夫子王江宁”的说法。从文学史上看，王昌龄跟李白在七绝上的成就是旗鼓相当的。这样的两个人能够成为好朋友，大概可以说明，王昌龄跟李白一样，没有文人相轻的陋习，是个有胸襟气度的人。

王昌龄跟孟浩然的交往，给他留下了难以磨灭的伤痛。王士源《孟浩然集·序》记载：开元二十八年（740），王昌龄游历襄阳，跟孟浩然相见。当时孟浩然背脊毒疮即将痊愈，二人相处得很愉快，大开宴席，开怀畅饮。结果，“食鲜疾动”，孟浩然旧病复发，不治身亡。好朋友的死跟自己有关，而且死在自己面前，王昌龄内心的悲恸不难想象。

三

王昌龄的一生，开局不错，但很快接踵而至的都是坎坷与不幸。

中进士后，补秘书省校书郎；通过博学宏词科考试后，迁汜水县尉。开元二十七年（739）被贬斥到岭南，返回后做了几年江宁县丞，又被贬斥到龙标。江宁县丞是其一生的最高职位。

王昌龄的人生结局，令人扼腕。《新唐书》记载："以世乱还乡里，为刺史闾丘晓所杀。"辛文房《唐才子传》也有类似记载。所幸，张镐替王昌龄报了仇。据《新唐书》载，张镐负责河南军事指挥，为对付安史乱军，大举集结军队。闾丘晓贪生怕死，逾期不至，导致睢阳失守，主将张巡战死。张镐下令将闾丘晓处死。临终之时，闾丘晓求情说自己有长辈亲人需要奉养，希望留他一条性命。张镐答以："王昌龄之亲，欲与谁养！"

唐代的科举取士跟后来的宋明清大不一样，每科录取的进士非常少，多时不过三五十人，少时只有三五人，以至于中进士者被称为"白衣公卿""一品白衫"。如果不是进士出身，即使位至卿相，也引为憾事。

据《旧唐书·张镐传》，闾丘晓一向刚愎自用，性情暴戾，"驭下少恩，好独任己"。王昌龄遇到他，可谓命运不济。

四

《芙蓉楼送辛渐》一诗之所以流传广泛，跟后两句诗有直接关系。送别诗常见的写法，不是表达思念、歌颂友情，便是宽慰、勉励行者。王昌龄这首与众不同：委托行者替自己传递信息。

有意思的是，所要传递的信息——"一片冰心在玉壶"，含蓄而朦胧，令人好奇，费人思量。

明人唐汝询和清人沈德潜都猜，谜底是诗人表明自己无意仕宦。唐汝询《唐诗解》谓："倘亲友问我之行藏，当言心如冰冷，日就清虚，不复为宦情所牵矣。"沈德潜《唐诗别裁集》说法相似："言己之不牵于宦情也。”这种说法有无道理呢？

谜语的关键字眼是“冰心”。

稍远，陆机《汉高祖功臣颂》：“心若怀冰。”稍近，鲍照《代白头吟》：“直如朱丝绳，清如玉壶冰。”当代，姚崇《冰壶赋》：“夫洞澈无瑕，澄空见底。当官明白者，有类是乎？故内怀冰清，外涵玉润，此君子冰壶之德也。”

从这些前人和当代诗文的用例看，“冰心”就是清白之心。

新旧《唐书》分别有“不护细行，屡见贬斥”和“不护细行，贬龙标尉”的说法。

王昌龄遭贬龙标，路过鄂渚（今湖北武昌），友人常建赠诗《鄂渚招王昌龄张偾》为其辩护：“谪居未为叹，谗枉何由分。午日逐蛟龙，宜为吊冤文。翻覆古共然，名宦安足云。”常建肯定是了解王昌龄情况的，诗中有两个词语值得注意“谗枉”和“名宦”。可见，事关名宦（名声，仕宦），中有谗枉（谗言，冤枉）。联系起来，大意是：王昌龄为了名声、仕宦，有些行为做法招致人们的误会，受到冤枉。

从王昌龄诗歌的声律锤炼、语言洗练等特点和他对诗歌的格律、境思、体例的研究看（相传著有《诗格》《诗中密旨》《古乐府解题》等。其中《诗格》与《诗中密旨》二者是否为两种独立著作、作者是否为王昌龄，学界有不同看法；《古乐府解题》一说为郗昂所作，因此书亡佚已久，究竟是谁所作，目前尚难考定），他应是长于理性思考之人。但是，多种文献都说他“不护细行”。殷璠是欣赏王昌龄的，但他的《河岳英灵集》也有“晚节不矜细行，谤议沸腾”的说法。可见，王昌龄的行为并非无懈可击。只不过他的错误被人有意放大，其中不免掺杂谗言。不然他也不可能有那么多诗坛好友，张镐也不会为他打抱不平。

五

《芙蓉楼送辛渐》之所以脍炙人口，除了“冰心”指向朦胧，令人好奇之外，还有别的过人之处。清人宋顾乐《唐人万首绝句选评》称赞它“情极深，味极永，调极高，悠然不尽”。本书著者最欣赏的是：前两句描写客观情形，凄苦紧迫；后两句事关己身，却优雅舒展。诗人的自我辩解，斯文典雅，从容不迫，貌似漫不经心，其实挺在意亲友的看法。

王维《九月九日忆山东兄弟》

佳节为何倍思亲

独在异乡为异客，每逢佳节倍思亲。

遥知兄弟登高处，遍插茱萸少一人。

一

这首诗有一条原注：时年十七。按照现在通行足岁称龄法，实际上是十六岁。可见，这是王维的少作，神童诗。

虽是少年作品，但得到过不少好评。

顾璘：真意所发，忠厚蔼然。

吴逸一：口角边说话，故能真得妙绝。

唐汝询：词义之美，虽《陟岵》不能加。史以孝友称维，不虚哉！

张谦宜：不说我想他，却说他想我，加一倍凄凉。

黄培芳：情至意新，《陟岵》之思。此非故学《三百篇》，人人胸中自有《三百篇》也。

虽然得到过不少赞扬，但是因为诗歌语言浅显，没有必要诠释一番。只是有些相关情况有必要了解一下，以便更真切地理解这首诗，增加阅读的趣味。

二

我相信多数读者初次接触此诗都想不到这首诗竟然出自一位十七岁少年之手。“每逢佳节倍思亲”，分明是一种常年羁旅异乡、饱受离别之苦的心情。王维这是什么情况呢？

王维祖籍山西祁县；出生于蒲州，即今天的运城永济市。但这位九岁就懂得作诗写文章，后来又善于草书隶书、精通音乐的神童，为了参加科举考试，十五岁便离开了家乡。王维现存最早的诗歌《过秦皇墓》写于十五岁，十八岁写了《洛阳女儿行》，十九岁参加京兆府试，二十岁时作《从岐王过杨氏别业应教》《从岐王夜宴卫家山池应教》《敕借岐王九成宫避暑应教》等诗。可见，王维十五岁时开始游长安、洛阳两座都城，参加科举考试，跟岐王李范等王公贵族、社会名流交往。

唐代参加科举考试跟别的朝代不太一样，分行卷、省试两部分。省试相当于后代的考场考试。行卷则是事先拜访社会名流、文坛前辈，给他们送上自己的诗文作品，因为那些社会名流、文坛前辈对能否考中进士有相当影响。王维提前到了长安、洛阳，基本上是为了行卷。传说王维在欣赏他的岐王李范引荐下，结识了一位有权势且能影响科举考试的公主（有玉真公主即九公主的说法）。在公主的斡旋下，王维状元及第。

王维二十岁进士及第，这在新旧《唐书》中皆有记载，是没有异议的。《历代名画记》说王维十九岁及第，年岁不对。王维《赋得清如玉壶冰》诗题下，原注“京兆府试，时年十九”，接着再参加吏部考试。按照唐朝府试七月举行，吏部考试正月举行，怎么说也得是二十岁及第了。

这样说来，“为异客”“佳节思亲”的滋味，王维已品尝过两年了。因此，“每逢”二字，可算是有了一点切身的体验，不全是“少年不识愁滋味”。

三

重阳节登高插茱萸，大概是东汉时形成的一种风俗习惯。

茱萸，有山茱萸、吴茱萸、食茱萸之分，这里应指山茱萸。古人认为，重阳节登高佩戴茱萸可以避邪消灾。《太平御览》卷三十二引周处《风土记》：“九月九日……尚此日折茱萸房以插头，言辟恶气而御初寒。”王维《山茱萸》诗有“朱实山下开，清香寒更发”。可见，山茱萸有清香味道。

南朝梁吴均的《续齐谐记》，有一则妇人带茱萸囊消除灾祸的故事：“汝南桓景，随费长房游学累年，长房谓曰：‘九月九日，汝家中当有灾。宜急去，令家人各作绛囊，盛茱萸以系臂，登高饮菊花酒，此祸可除。’景如言，齐家登山。夕还，见鸡犬牛羊一时暴死。长房闻之，曰：‘此可代也。’今世人九日登高饮酒，妇人带茱萸囊，盖始于此。”

重阳节插茱萸以避邪消灾的风俗，盛行于唐朝。杜甫《九日蓝田崔氏庄》：“明年此会知谁健，醉把茱萸仔细看。”朱放《九日与杨凝崔淑期登江上山会有故不得往因赠之》：“那得更将头上发，学他年少插茱萸。”

四

唐汝询、沈德潜、黄培芳等人认为，王维这首诗跟《诗经》中的《陟岵》意思一样。

《陟岵》是《诗经·魏风》中的一首，说的是身在异乡的诗人登上山冈，遥望家乡方向，抒发对父母兄弟的思念之情。诗共三章，依次表达对父亲、母亲、兄长的思念。其中第三章如下：

陟彼冈兮，瞻望兄兮。
兄曰：嗟！予弟行役，夙夜必偕。
上慎旃哉。犹来！无死！

参考译文：

登上那山冈，遥望我在家乡的兄长。
兄长叹息道：兄弟！你在外服役，我们日夜牵挂念想。
希望你多保重，不要客死他乡！

相比之下，王维的《九月九日忆山东兄弟》跟《陟岵》还是有所不同:《陟岵》中，在家乡的是兄长，在异乡的是弟弟,《九月九日忆山东兄弟》反之;《陟岵》中，在家乡的兄长对弟弟有明确的关心、叮嘱，情见乎词,《九月九日忆山东兄弟》中，在家乡的弟弟没有说什么话，含蓄蕴藉。

张谦宜的“不说我想他，却说他想我，加一倍凄凉”。“凄凉”一词下得过重，少年王维只是“淡淡的忧伤”。

王维《送元二使安西》

对酒戏言情意长

渭城朝雨浥轻尘，客舍青青柳色新。

劝君更尽一杯酒，西出阳关无故人。

一

王维这首诗，前人评价很高。明代胡应麟称赞它“自是口语，而千载如新”，推它为盛唐绝句之冠；清代王士禛将它跟李白的《早发白帝城》、王昌龄的《长信秋词》、王之涣的《凉州词》并列为唐代七绝的压卷之作；黄生则称赞它“气度从容，风味隽永”。

众所周知，王维是多才多艺之人，擅长书法、绘画，诗歌写得好，音乐造诣也很高深。《唐国史补》、新旧《唐书》、《唐才子传》等文献均有记载：有人画了一幅《奏乐图》，王维能一眼看出画中乐工正在演奏《霓裳羽衣曲》第三叠第一拍，有人不相信，找齐了乐工来演奏，果然如王维所言。

大概是因为王维亲自给这首诗谱了曲，在当时及其后相当长的时期都被广泛传唱，名气很大，以至于后来白居易、刘禹锡都在诗中说到它。白居易《对酒诗》：“相逢且莫推辞醉，听唱《阳关》第四声。”刘禹锡《与歌者诗》：“旧人唯有何戡在，更与殷勤唱《渭城》。”

二

这首诗因为谱曲演唱，所以也被叫作《渭城曲》《阳关三叠》。《渭城曲》好理解，就是王维在渭城送别友人时所作的歌曲。《阳关三叠》，懂音乐的人也许比较了解其来历；而普通读者则大多对这名字是不清楚的。甚至连王维诗歌研究专家也有不甚了然的。中华书局出版的一种《王维集校注》有这样一句注释：“《阳关》第四声，即‘劝君更尽一杯酒，西出阳关无故人’也。”如果不是笔误，那就是注家并没有弄懂“阳关三叠”的意思。

这个问题，苏轼说得很清楚：“旧传《阳关》三叠，今歌者每句再叠而已，若通一首，又是四叠，皆非是。每句三唱，以应三叠，则丛然无复节奏。有文勋者，得古本《阳关》，每句皆再唱，而第一句不叠，乃知唐本三叠如此。乐天诗云：‘相逢且莫推辞醉，听唱阳关第四声。注：第四声：劝君更尽一杯酒。’以此验之，若一句再叠，则此句为第五声，今为第四声，则第一句不叠审矣。”（《仇池笔记·阳关三叠》《东坡题跋·记阳关第四声》均有同样内容的记载，文字略有不同）

也有人说，所谓三叠，指的是末句反复叠唱（唱三遍）。可备一说。

可见，《阳关》第四声，就是“劝君更尽一杯酒”；“西出阳关无故人”，则是《阳关》第六声了。

三

王维的这首名诗有一个问题：格律上有疏漏，即失粘。

所谓粘，是指上联对句跟下联出句的第二个字，平仄相同，平粘平，仄粘仄。说白了，就是第二句和第三句的第二个字应该平仄相同。但是，这首诗里，第二句第二字“舍”是仄声字，而第三句第二字“君”是个平声字，不相粘。

失粘现象，尽管在李白等人的诗中也多见，但终究不能称为优点。

不过还是有人替王维辩护。南宋魏庆之认为其为折腰体，“中失粘而意不断”。明代李东阳更是长篇大论道：“作诗不可以意徇辞，而须以辞达意。辞能达意，可歌可咏，则可以传。王摩诘‘阳关无故人’之句，盛唐以前所未道。此辞一出，一时传诵不足，至为三叠歌之。后之咏别者，千言万语，殆不能出其意之外。必如是，方可谓之达耳。”（《怀麓堂诗话》）参加辩护的还有黄生，他说：“失粘，须将一二倒过，然毕竟移动不得，由作者一时天机凑泊，宁可失粘，而语势不可倒转，此古人神境，未易到也。”

当然没有必要揪住失粘一点，来贬低王维这首诗的艺术价值。我这里想要表达的是：失粘，并非因为王维格律修养方面有欠缺，而是由于他写作此诗时比较随意。换言之，乃是一时高兴，信口咏出。

四

《唐诗鉴赏辞典》这样鉴赏此诗：“这临行之际‘劝君更尽一杯酒’，就像浸透了诗人全部丰富深挚情谊的一杯浓郁的感情琼浆。这里不仅有依依惜别的情谊，而且包含着对远方行者处境、心情的深情体贴，包含着前路珍重的殷勤祝愿。对于送行者来说，劝对方‘更尽一杯酒’，不只是让朋友多带走自己的一分情谊，而且有意无意地延宕分手的时间，好让对方再多留一刻。”

这样的鉴赏文字，堪称声情并茂，令人感动。但是，一下子就把王维跟元二的关系说得上纲上线，把他们的友谊说得惊天动地，从学理上说，是不够严谨的。元二之名，在王维诗中仅此一见，何许人士并不清楚，就说他们有惊天地泣鬼神的友情，实在有些轻率了。

五

总之，根据诗歌一二联对出句的失粘、渭城跟阳关之间遥远的距离、元二其人生平不详这三个特点，著者大胆猜测：王维这首诗可能是在极为轻松的状态下，随口咏出的游戏之作。

苦心经营难遂愿，戏谑之间出佳作。这样的现象，文学史上并不鲜见。李白的《送孟浩然之广陵》、欧阳修的《醉翁亭记》，都属于这种情况。

王维《鸟鸣涧》

令人神往的春夜

人闲桂花落，夜静春山空。

月出惊山鸟，时鸣春涧中。

一

要读懂这首诗，有两个相关信息需要了解。

这是王维题友人皇甫岳别墅的组诗《皇甫岳云溪杂题五首》中的第一首。皇甫岳何许人？《新唐书·宰相世系表》有皇甫岳，父曰恂，弟名嵒。可知此人出身于高门巨族，家庭背景深厚。王昌龄《至南陵答皇甫岳》有“与君同病复漂沦，昨夜宣城别故人”的诗句，可知皇甫岳天宝年间曾在宣州一带为官。皇甫岳的别墅，应该在长安附近。至于此人具体做过什么官职，已经无从了解，但从王维为他家的居所一口气作了五首诗和诗中所咏景物情况可知，皇甫岳当时家境阔绰。

开篇就是“人闲桂花落”，二、四句又有“春山”“春涧”，强调时间是春季。而桂花常见阴历八月开花，因此，注家便有了分歧。至少有两种说法。一说桂花有春、秋或四季开花的不同品种。诗中所写，有说是春天开花的，有说是冬开春谢的。一说春天实际上并没有桂花，文艺创作可以发挥想象，不必拘泥于生活真实。佐证是王维画《袁安卧雪图》，雪中有碧绿的芭蕉。著者倾向于认为诗中的桂花是春天开放的品种，是客观存在的。题咏朋友园林，虚构景物，不合情理。雪中有碧绿的芭蕉，在长江流域司空见惯。

二

“月出惊山鸟”以及由此脱胎而来的辛弃疾《西江月·夜行黄沙道中》的“明月别枝惊鹊，清风半夜鸣蝉”，大概不少读者都会将“惊”字坐实了理解，认为静谧的春夜里，月亮升起仿佛都是有声音的，令惯于静谧的山鸟受到惊吓，边飞边鸣。这样说，当然挺美，也很有诗意。

《唐诗鉴赏辞典》有如下分析：它不同于曹操《短歌行》的“月明星稀，乌鹊南飞”，盛唐不同于建安时期的兵荒马乱，有和平安定的社会气氛，鸟兽不会惊慌失措，“它们与其说是‘惊’，不如说是对月出感到新鲜”。

著者认为，更合理的解释也许是：王维为了表现山鸟深夜飞鸣，故意归因于鸟受到月出的惊吓。自己家有乡村别墅（辋川别业）的王维，不可能不知道山鸟有夜间飞鸣的情况，也不可能不知道个中原因——风吹、树摇、其他禽兽发出动静、躲避天敌偷袭等等。当然，所有山鸟起飞的真实原因，都不如月出受惊的说法新颖有趣。

三

前人多有将这首诗往佛教禅宗方面说的。例如胡应麟：“太白五言绝自是天仙口语，右丞却入禅宗。如‘人闲桂花落……’，‘木末芙蓉花……’，读之身世两忘，万念皆寂，不谓声律之中，有此妙诠。”又如黄周星：“此何境界也，对此有不令人生道心者乎？”

王维因为母亲信佛，本人也对佛教怀有浓厚兴趣，跟佛门有密切联系。他的创作也深受佛教的影响：字“摩诘”取自《维摩诘经》，家里供养若干僧人，写过“一生几许伤心事，不向空门何处销”的诗句，对佛教义理有精深的研究，死后有人赠以“诗佛”桂冠，等等。

然而，王维的思想境界跟真正的佛教徒相比，仍有差距，他骨子里还有着浓重的文人士大夫气息。王维的一生是在半官半隐中度过的，身上更多的是隐士气质。山林、花草、鱼鸟、流水、月光，都是他感兴趣的景物，乡村生活让他感到自在、惬意。

《皇甫岳云溪杂题五首》中的其他四首，依次是《莲花坞》《鸬鹚堰》《上平田》《萍池》。其中《上平田》"朝耕上平田，暮耕上平田。借问问津者，宁知沮溺贤？"引用《论语》中孔子师徒周游列国时向长沮、桀溺问津（探问渡口所在）的故事，显然是隐士情怀。

四

这首诗的妙处，著者认为主要还不在于表现动与静的关系，而是表现了诗人心中对于静谧境界的向往。

花落、月出、鸟惊、鸟鸣，固然是动态，其中鸟惊、鸟鸣还有声音，诗题《鸟鸣涧》（鸟鸣加涧水流淌声）似乎是有意予人以喧嚣之感，但王维显然不是为了表现一个鸟语花香、流水淙淙的山林世界，而是为了更好地表现那个安静的所在。王维用的是反衬法，犹如王籍诗句"蝉噪林逾静，鸟鸣山更幽"所表现的情景。

王维是一个酷爱宁静之人。《积雨辋川庄作》："山中习静观朝槿，松下清斋折露葵。"又《酬张少府》："晚年惟好静，万事不关心。"

灰了心的王维，最爱的生活是岁月静好。

王维《鹿柴》

一个僻静美好的世界

空山不见人，但闻人语响。

返景入深林，复照青苔上。

一

这首诗是王维组诗《辋川集》二十首的第五首。

王维购得宋之问的辋川山庄后，将其营建成拥有多处林泉之胜的天然园林式别墅。自天宝三载至十五载（744—756），王维经常在此隐居。《辋川集》即完成于隐居期间，但《鹿柴》的具体写作时间却无从了解。

二

柴，一作“砦”，通“寨”，木栅篱。鹿柴，辋川别墅内一景点，因用带枝杈的树木搭成的栅栏形似鹿角而得名。

辋川，在今陕西省西安市蓝田县南辋谷内。辋谷是一条长约十五千米、宽二百至五百米的峡谷，辋水（辋谷水）流贯其间。王维《辋川集·序》称辋川山谷中的游览景点有孟城坳、华子冈、文杏馆、斤竹岭、鹿柴、茱萸沜、宫槐陌、临湖亭、南垞、欹湖、柳浪、栾家濑、金屑泉、白石滩、北垞、竹里馆、辛夷坞、漆园、椒园等，王维曾经与裴迪等友人在这里流连赋诗。《旧唐书》记载：“（维）得宋之问蓝田别墅，在辋口，辋水周于舍下，别涨竹洲花坞，与道友裴迪浮舟往来，弹琴赋诗，啸咏终日。尝聚其田园所为诗，号《辋川集》。”

王维喜欢用“空山”一词，例如，“空山新雨后，天气晚来秋”（《山居秋暝》）；“人闲桂花落，夜静春山空”（《鸟鸣涧》）。但是空山具体指什么呢？是没有人的山，还是树木落尽叶子的山？如果是没有人的山，那就不该有“人语响”；如果是树木落尽叶子的山，春山便不空。看来，空山只是王维对安静环境的主观感受，也可能跟佛教的色空观念有关。

三

诗的妙处，前人多有探讨。例如：

刘辰翁《王孟诗评》：无言而有画意。

李东阳《怀麓堂诗话》：淡而愈浓，近而愈远，可与知者道，难与俗人言。

顾璘《王孟诗评》：此篇写出幽深之景。

沈德潜《唐诗别裁集》：佳处不在语言，与陶公“采菊东篱下，悠然见南山”同。

吴瑞荣《唐诗笺要续编》：景到处有情，情到处生景。可思不可象，摩诘真五圣绝境。

黄叔灿《唐诗笺注》：“不见人”“闻人语”，以林深也。林深少日，易长青苔，而反景照入，空山阒寂，真麋鹿场也。诗细甚。

王维这首诗，得禅宗意在言外之秘诀，以简短的语言写出了具有丰富意蕴的“情景理趣”。

李白《静夜思》

小诗背后的大来历

床前明月光，疑是地上霜。

举头望明月，低头思故乡。

一

这首五言绝句，历来都是语文读本里不可或缺的作品，人们甚至拿它让牙牙学语的婴儿背诵。因为它的语言如话，浅显明白。可就是这样一首家喻户晓的小诗，仍有不少值得讨论的问题。

问题之一：作于何时何地？

有一种李白诗文编年集，认为这首诗的思乡感情跟《秋夕旅怀》相似，将其系于开元十五年（727），当年李白二十七岁；因为诗中有“山月”一语，便猜测其为李白山居时所作，将作诗地点定在安陆寿山（即今湖北安陆和广水）。这种做法相当可疑。《秋夕旅怀》被系于开元十四年（726），作于扬州；而《静夜思》却被系于次年，作于安陆。既然情思相近，为何分在两年？天下有山处比比皆是，并非只安陆和广水有山。就是扬州，虽无大山名山，小山包（蜀岗）还是有的，作诗称“山月”完全没有问题。我倒认为，这诗更像是作于越中即今天浙江绍兴、天台一带。理由有二：一是开元十四年秋，李白有越中之游，这期间所作诗《越女词》（其四）中有“相看月未堕”句，《浣纱石上女》中有“两足白如霜”句，说明这一时期李白喜欢用“看月”“霜”之类词语；二是安陆乃是李白归隐、入赘成家之地，跟《静夜思》中的羁旅、怀乡情思相矛盾。

问题之二：是否妙景天成之作？

历代文学史家，多认为李白是天才，他的佳作都是天外飞来，不费力气，自然天成。胡应麟《诗薮》称赞李白绝句“皆天授，非人力也”；钟惺《唐诗归》称这一首诗“忽然妙景，目中口中凑泊不得，所谓不用意得之者”；刘永济《唐人绝句精华》引清李重华言，“天然二十字，如弹丸脱手”，称其为“绝去雕采，纯出天真”。但据我看，李白这一首诗是有来历的，简直可以说是前人作品的改写版。请看：

明月何皎皎，照我罗床帏。
忧愁不能寐，揽衣起徘徊。
客行虽云乐，不如早旋归。
出户独彷徨，愁思当告谁？
引领还入房，泪下沾裳衣。

——《古诗十九首·明月何皎皎》

漫漫秋夜长，烈烈北风凉。
辗转不能寐，披衣起彷徨。
彷徨忽已久，白露沾我裳。
俯视清水波，仰看明月光。
天汉回西流，三五正纵横。
草虫鸣何悲，孤雁独南翔。
郁郁多悲思，绵绵思故乡。
愿飞安得翼，欲济河无梁。
向风长叹息，断绝我中肠。

——曹丕《杂诗二首》之一

秋风入窗里，罗帐起飘飏。

仰头看明月，寄情千里光。

——南朝乐府民歌《秋歌》

季节、环境、月夜，主人公的行为、思乡内容乃至语言，都何其相似乃尔。《静夜思》跟它们之间一脉相承的关系，是非常清楚的。总不能说，李白不熟悉这些前代作品吧。

问题之三：用字孰优孰劣？

第一句“床前明月光”，宋、元、明刻本都是“床前看月光”，“床前明月光”是清初王渔洋修改后的句子。早期版本，第三句是“举头看山月”，“举头望明月”是乾隆钦定《唐宋诗醇》所改。毋庸讳言，清人修改后的诗句，音韵上更加和谐（三个字的改动，明改为看，看改为望，山改为明，都是前鼻音改为后鼻音，跟韵脚字的后鼻音韵相一致），朗读时更加上口悦耳。但是，这种随意改动前人作品的做法，不足为训。为了对李白表示尊重，我们有必要记住原作：

床前看月光，疑是地上霜。
举头望山月，低头思故乡。

问题之四：第一句的“床”指什么？

唐诗中，“床”可以有眠床（睡觉的床）、客厅的床（罗汉床）、胡床（可折叠的马扎）、井栏（井口护栏或辘轳架子）四种意思。依次各举二例：

李白《寄远十二首》(其十一)：美人在时花满堂，美人去后余空床。床中绣被卷不寝，至今三载闻余香。

李白《平虏将军妻》：君心自不悦，妾宠岂能专。出解床前帐，行吟道上篇。

张九龄《登南岳事毕谒司马道士》：分庭八桂树，肃容两童子。入室希把袖，登床愿启齿。

杜甫《少年行三首》(其三)：马上谁家白面郎，临阶下马坐人床。不通姓字粗豪甚，指点银瓶索酒尝。

李白《寄上吴王三首》(其二)：去时无一物，东壁挂胡床。

李白《陪宋中丞武昌夜饮怀古》：庾公爱秋月，乘兴坐胡床。

李白《答王十二寒夜独酌有怀》：怀余对酒夜霜白，玉床金井冰峥嵘。

李白《赠别舍人弟台卿之江南》：梧桐落金井，一叶飞银床。

就是说，单从字面上讲，四种床都有可能，但这里的床以理解为眠床最合适。理由有三：一是客厅之床、胡床、井床，“床”字前通常须有修饰词、限定词，或上下文有明确交代，只有眠床可以独立、自由运用；二是《古诗十九首·明月何皎皎》、曹丕《杂诗二首》之一、南朝民歌《秋夜》等前代同类作品都是诗人夜不能寐、披衣起床、出门徘徊的情节，或隐或现的床都是眠床；三是眠床最能表现羁旅他乡、独宿难眠、思乡情切的意境。

二

学者陈耀南先生所著《唐诗新赏》一书（中国人民大学出版社2011年9月版），对李白的《静夜思》做了与众不同的评价："寥寥二十字，明月一词，无必要地重复，语言浅畅，可惜显露直率而无馀味。"他还非常不客气地认为，沈德潜、俞樾以及推崇此诗的当代学人，都是人云亦云，不真不切，震于大名，曲意回护，造成了"皇帝新衣"式的笑话。

"显露直率而无馀味"八个字，简直把《静夜思》说得一文不值。

著者相信，陈氏这个观点，一定会令很多读者惊愕不已，难以接受。因为大多数读者，都是喜爱这首诗的。他们更容易接受如下说法："短短四句诗，写得清新朴素，明白如话。它的内容是单纯的，但同时却又是丰富的。它是容易理解的，却又是体味不尽的。诗人所没有说的比他已经说出来的要多得多。它的构思是细致而深曲的，但却又是脱口吟成、浑然无迹的。从这里，我们不难领会到李白绝句的'自然''无意于工而无不工'的妙境。"（上海辞书出版社《唐诗鉴赏辞典》，马茂元撰）

显然，马茂元先生的这一番评语采用了沈德潜《唐诗别裁集》"说明却不说尽"的说法。

也许有人会引用"诗无达诂""见仁见智"之类的古语，对此一笑了之。但是，在这个问题上，著者第一时间想起的古语是孔子的"乡愿，德之贼也"，翻译成现代汉语，大致是：和事佬，是败坏道德的强盗。著者认为，李白的《静夜思》不存在“诗无达诂”的问题，两种观点也绝非见仁见智的分歧。

《静夜思》的诗意一点儿也不难理解。整首诗用浅显的语言，表现了游子、客居、月光、无眠、思乡的情景。末句“低头思故乡”，画龙点睛一般，告诉我们这是一首思乡的诗，前边的景物（床、月光）、动作（举头、低头），无不蕴含着诗人的思乡之情。这是一首情景交融的诗，景物、动作只各取两样，措辞何其简洁；表现感情只用“思故乡”三个字，抒情何其淡远。这样的诗，怎能说是无余味呢？

也许陈耀南先生是嫌“思故乡”三字太直白了，他头脑中理想的诗句，可能是像杜甫那样，用“月是故乡明”表现乡愁；或像辛弃疾那样，用“欲说还休，却道天凉好个秋”表现秋思。但是，李白的身上更多了一点孩子气。“低头思故乡”正是孩童的语言。这种孩童的语言，不是直白，是率真。它并没有说以什么样的心情思故乡，更没有说思了故乡的什么，故乡的山，故乡的水，故乡的风，故乡的云，故乡的朋友，故乡的亲娘，故乡的姑娘……一概没说，给读者留下了驰骋想象和填充答案的空间。这样的诗不叫“无余味”而叫“意蕴深长”。沈德潜的“说明却不说尽”，乃中肯之评。

论诗歌渊源，《静夜思》不是李白一次心血来潮的信手涂鸦，不是天外飞来的陨石，而是在前代诗歌基础上的再创作、再提炼。《静夜思》的诗意，跟《古诗十九首·明月何皎皎》、曹丕《杂诗二首》之一（漫漫秋夜长）、南朝乐府民歌《秋歌》等一脉相承。其实，跟与李白同时代的张九龄的《望月怀远》（海上生明月，天涯共此时。情人怨遥夜，竟夕起相思。灭烛怜光满，披衣觉露滋。不堪盈手赠，还寝梦佳期），也颇有几分神似。

了解这个渊源，再读这首《静夜思》时，一定会觉其诗意无穷，韵味深长。

李白《古朗月行》

是童话，也是政治寓言

小时不识月，呼作白玉盘。
又疑瑶台镜，飞在青云端。
仙人垂两足，桂树何团团。
白兔捣药成，问言与谁餐。
蟾蜍蚀圆影，大明夜已残。
羿昔落九乌，天人清且安。
阴精此沦惑，去去不足观。
忧来其如何？凄怆摧心肝。

一

诗的写作时间，《李白全集编年注释》（安旗、薛天纬、阎琦、房日晰）将其系年于天宝十二载（753），安史之乱爆发前两年。

这种系年，基于如下解读："此诗通篇以月喻朝政，托寓对开、天朝政之观感，抒写对天宝季叶时局之殷忧。"这种观点，前人已多有表述。例如：

> 萧士赟《分类补注李太白集》：盖为安禄山之叛，兆于贵妃而作也。
>
> 沈德潜《唐诗别裁集》：暗指贵妃能惑主听。
>
> 陈沆《诗比兴笺》：忧禄山将叛时作。

二

朗月行，乐府古题，属杂曲歌辞。始于鲍照《朗月行》："朗月出东山，照我绮窗前。窗中多佳人，被服妖且妍。靓妆坐帷里，当户弄清弦。鬓夺卫女迅，体绝飞燕先。为君歌一曲，当作《朗月篇》。酒至颜自解，声和心亦宣。千金何足重，所存意气间。"鲍照写的是佳人对月，弹琴唱歌，令听者愉悦。李白虽用乐府旧题，但内容跟鲍照全然不同。

三

沈德潜《唐诗别裁集》指出，这首诗跟《古风》（其二）"蟾蜍薄太清”篇“同意”（内容相同），只是《古风》指武惠妃，这首指杨贵妃。《古风》（其二）诗如下：

蟾蜍薄太清，蚀此瑶台月。
圆光亏中天，金魄遂沦没。
螮蝀泳入紫微，大明夷朝晖。
浮云隔两曜，万象昏阴霏。
萧萧长门宫，昔是今已非。
桂蠹花不实，天霜下严威。
沉叹终永夕，感我涕沾衣。

关于这首诗，前人看法有分歧。不少人认为，诗是开元二十二年（734）为王氏皇后而作。王氏皇后因为无子，担心自己失宠，便诬陷受宠爱的武惠妃，导致被废黜。也有人认为作于天宝年间安史之乱前。方东树《昭昧詹言》：“此似感禄山之乱而作。”曾国藩《求阙斋读书录》：“蟾蜍句暗指杨妃，螮蝀句指禄山陷京师，两曜谓玄宗在蜀，肃宗在灵武。”正如有学者所指出的，开元十二年李白只有二十四岁，且远在蜀中，对武惠妃被废之事未必了解，即使了解，也未必感兴趣。

四

诗中用了多个典故，需要稍作注释。

白兔捣药，虞喜《安天论》：“俗传月中仙人桂树，今视其初生，见仙人之足渐已成形，桂树后生焉。”傅咸《拟天问》：“月中何有？白兔捣药。”

蟾蜍蚀圆月，《淮南子·说林训》：“月照天下，蚀于詹诸。”高诱注：“詹诸，月中虾蟆，食月，故曰食于詹诸。”

羿落九乌，《楚辞·天问》：“羿焉弹日，乌焉解羽。”王逸注，羿射十日，其中九乌被射死，羽翼堕落。《淮南子·本经训》说，尧时十日并出，草木禾稼都被晒枯焦，百姓没有食物，于是尧命羿射日。

五

诗如陈沆所指出，是“危急之际，忧愤之词”。但是，这种忧愤之词并非通过直接的议论或抒情表现出来，而是使用比喻手法，加以含蓄婉转的表达。对此，《李白全集编年注释》有较为细致的说明：

> 此诗盖以月喻朝政。前八句比喻开元前期。彼时开元之治方兴未艾，在白心目中正如朗月在儿童心目中然。后八句比喻天宝后期。蟾蜍，指杨国忠、安禄山、杨玉环之流，此辈昏蔽其君、紊乱朝政，犹如蟾蜍之蚀月。“大明”句，以月之已残喻朝政之日衰。“羿昔”句，思有如后羿之人为国除害，以安社稷。“阴精”句，暗用鲍照《代白头吟》“周王日沦惑”句，言玄宗已如周幽王。“去去”句，言国中既莫足与为美政，则已唯有高举远引。然终以系心君国，情不能已，故忧伤欲绝。

六

诗歌所指的唐玄宗开元（713—741）天宝（742—756），距今已有一千三百多年。时过境迁，当时令李白忧愁至于“凄怆摧心肝”的事情，今天除了文史学者，普通读者已经没有多少了解的兴趣了。

但是，不得不承认，这首诗如今仍然有很多人爱读。这是什么缘故呢？借用一句手机配置用语，李白这首诗是“双核”的：时事政治部分，已经失效，但其比喻本身因具有完整的结构，富有儿童趣味，仍然具有引人入胜的艺术魅力。尤其对于少年儿童，单是其中丰富的想象力、生动的语言，就足以令他们百读不厌。

诗的前八句写儿童关于月亮种种幼稚、谐趣的想象，后八句情绪大变，写月食景象。前八句情绪轻松欢快，后八句感情凝重悲伤。有变化，有映照，构成完整、有机的诗意。

李白《望天门山》

诗人站在哪里望天门山

天门中断楚江开，碧水东流至此回。

两岸青山相对出，孤帆一片日边来。

李白这首诗，描写今天安徽芜湖北郊长江畔天门山一带的山水形胜，不啻为一幅绝佳的山水画。诗的内容不难理解，但若想把它清楚准确地表述出来，有三个问题需要解决。

一

“至此回”，日本影印静嘉堂宋刊本和清缪曰芑刊本作“直北回”。后人一般采纳清代学者毛奇龄的意见：“既东又北，既北又回，已乖句调，兼失义理”，即认为“直北回”文理不通。“直北回”大概是后人篡改而来的版本，但是这个改动并非完全没有根据。

天门山，又叫蛾眉山。实际上是江东岸芜湖市的东梁山（博望山）与江西岸和县的西梁山相对，远远望去像一道门，又像蛾眉，天门、蛾眉二名由此而得。“楚江”即长江，在天门山一带由南向北（略偏东）流淌。

但是，李白是一个具有浓厚浪漫气质的诗人，他不见得有传播“正确地理知识”的意识，当时也未必在意长江流淌方向的问题。况且，按照地理知识认真计较起来，“碧水东流”四个字也讲不通，因为“楚江”在进天门山之前已经向北流淌，并非到了天门山才突然转折向北流淌。更重要的论据是毛奇龄所说的文理的问题：一会儿东流，一会儿直接向北，一会儿又回流，太绕，也太拗口了。

如果是“碧水东流直北回”，“回（迴）”字当作转折讲，九十度角转折。但是，这里的“回”字显然不是转折的意思，而是打漩涡的意思。长江在进入天门山之前，江面宽阔，因二山夹江，水道突然变窄，水流受到阻挡，形成漩涡；出了天门山，江面突然变宽，水流也会形成漩涡。诗句作“至此回”，意思是在这里形成漩涡，文理通顺。但也有一个问题：“碧水东流”不符合实际情况，实际情况是“碧水北流”。这有两种可能：一是李白误以为长江是一直向东流淌的；二是李白把“碧水东流”当作习惯用语，取“江河流淌”之意，而不去计较它在特定地区的具体流向。

相比之下，“至此回”比“直北回”好。

二

李白站在哪里望天门山，历来有两种意见：一种是站在岸上，一种是站在船上。

大概多数读者会不假思索地理解为是站在岸边某处，因而有些文学史家不惜笔墨，洋洋洒洒论证其不妥。

例如，《唐诗鉴赏辞典》相关条目就有如下论述：“诗人并不是站在岸上的某一个地方遥望天门山，他‘望’的立脚点是从‘日边来’的‘一片孤帆’。如果是站在岸上某个固定的立脚点‘望天门山’，那大概只会产生‘两岸青山相对立’的静态感。反之，舟行江上，顺流而下，望着远处的天门两山扑进眼帘，显现出愈来愈清晰的身姿时，‘两岸青山相对出’的感受就非常突出了。‘出’字不但逼真地表现了在舟行过程中‘望天门山’时天门山特有的姿态，而且寓含了舟中人的新鲜喜悦之感。夹江对峙的天门山，似乎正迎面向自己走来，表示它对江上来客的欢迎。”（刘学锴撰）

再如，《李白全集编年注释》诗后按语：“细玩诗意，既云‘两岸青山相对出’，显系作者在江上舟中所见，且舟行甚速，则顺流而下可知。”

论证有逻辑、合情理，但是，借用苏东坡的一句话，“赋诗必此诗，定非知诗人”。其实，理解为李白站在船上所见景物，问题也不少。

首先，诗的后半，“两岸青山相对出”与“孤帆一片日边来”两句，不能同框，无法构成一幅画面。“两岸青山相对出”固然是诗人所见的景物，但“孤帆一片日边来”却是诗人头脑中的感觉，是想象之景，并非眼前所见实景。舟中人眼里是看不到完整的“孤帆一片日边来”的。没有距离，也难以产生美感。

其次，站在岸边和舟中的不同，可以表述为静态站位和动态站位的不同。李白以“望”字命题的诗歌，静态站位和动态站位的都有。凑巧的是，开元十三年（725），也就是写《望天门山》这一年，李白还有四首（组）诗是以“望”字命题的:《望庐山瀑布二首》《望庐山五老峰》《金陵望汉江》《荆门浮舟望蜀江》。从这里可以看到，李白的命题颇为讲究。一般性的静态站位，“望”字前不加修饰限定语；而特指的静态站位和动态站位，他都会加上修饰限定语，如“金陵”“荆门浮舟”。就是说，如果是站在帆船上看到的天门山景象，李白很可能会以“舟中望天门山”“浮舟望天门山”之类的命题。

再次，李白写景，善用蒙太奇手法。以《登金陵凤凰台》为例，“凤凰台上凤凰游”，这是幻想之景；“凤去台空江自流”，这是眼前之景；“吴宫花草埋幽径，晋代衣冠成古丘”，这是时空穿越之景；“三山半落青天外，二水中分白鹭洲”，这是现实之景；“总为浮云能蔽日，长安不见使人愁”，这是心造、象征之景。虚实、今昔、（心）内外，切换自如，没有任何固定的站位。《望天门山》一诗完全可以这样解读：“天门中断楚江开，碧水东流至此回”，是诗人站在岸边某处所见静态之景；“两岸青山相对出，孤帆一片日边来”，是诗人所见加上一点想象的动态之景。“（相对）立”与“（相对）出”的不同，不一定是站位所致，完全可能是诗人推敲用字的结果。

总之，著者认为，理解为诗人站在岸边某处，比理解为站在舟中更好。动静结合，虚实相映，画面完整。

三

主张诗人站位在船上的学者，有认为“日边”指旭日的。

对此，著者亦持不同意见。“日边来”是典型的李白语言，类似“天上来”，极言来处遥远，气势不凡。当时所见，可能有日光照射的真景。如今懂摄影的朋友，都知道“电筒光”“耶稣光”之类的日光构图审美价值。李白的时代，摄影机械还没有发明出来，但道理一定知道。“孤帆一片日边来”完全可以理解为：远处的一艘帆船，在日光的照射与映衬下，由远而近，向我这边驶来。

把“日”字说成旭日，是挺美，谁都喜欢看日出。尤其是朝霞，色彩艳丽，给人以希望，但这跟诗人站在船上的说法相矛盾。旭日远看才美，诗人身在船上，向旭日而行，这是太阳神给人间大地送光明、送温暖的画面，不是浪漫主义诗人的眼中景象。

再者，倘若“日边”是“旭日”，那么站在岸边某处就更加合乎情理了。诗人当然是站在天门山的下游方向也就是北边向南眺望，旭日正好可以出现在诗人的左前上方，正好可以有“日出江花红胜火”的景象，一片孤帆御火驶来，看起来也挺美。其实，孤帆可能是李白信手添上去的，就像摄影师选取镜头或后期制作的效果。他当时看到的真实景象很可能是：江面上有多艘帆船，或者一艘也没有。

著者还没有到安徽芜湖、和县实地考察过，按照字面、情理推测，无论是不是旭日，只要是上午，岸边某处都以长江西岸为宜。也就是说，李白当年正是站在天门山北边、长江西岸某处，眺望“天门中断楚江开”的胜景，写下了《望天门山》这篇名作。

著者的意见，“日边”是指太阳光芒照射下的景象，不一定非得是旭日。这跟李白“将船买酒白云边”（《陪族叔刑部侍郎晔及中书贾舍人至游洞庭湖五首》其二）中的“白云边”不必是五彩祥云一样，只是白云飘浮在酒家附近天空中的意思。

李白《独坐敬亭山》

一座小山的感悟

众鸟高飞尽，孤云独去闲。

相看两不厌，只有敬亭山。

一

解读古代诗歌，有时会听到这样一种批评：一首诗而已，诗人可能就是一时兴起，写着玩的，根本没想那么多。头头是道，说得那么复杂，有什么意义?

这番话至少涉及两个问题。

一是作者原意的问题。有人认为，所谓解读、鉴赏，就是阐述作者的原意。好的解读、鉴赏就是恰如其分地阐述作者的原意，少于作者原意或多于作者原意都不是好的解读、鉴赏。对这个问题，我们赞同“作者不必有，读者不必无”的意见。理由是，文学创作和文学批评是两种截然不同的思维活动。文学创作属于形象思维，讲感性、讲直觉、讲经验；文学批评属于抽象思维，讲理性、讲逻辑、讲理论。文学创作好比种庄稼，文学批评好比农业技术、营养分析。一个种庄稼能手可以根据经验把庄稼种好，年年丰收，品质良好。但是，为什么会丰收、为什么品质好，他却未必说得出多少道理，而农技师、营养师则可以讲出许多道理。对于准备学习种庄稼的人和想要了解农产品品质的消费者而言，农技师和营养师讲的道理，当然是有价值有意义的。

二是文本解读的“度”的问题。文艺作品尤其是诗歌，不同于学术论文，作者不会把自己的思想、感情全都清楚地表达出来；事实上，文艺创作有许多修辞手法就是故意不把思想感情直白地表达出来。多义、歧义是文学作品的普遍现象。纵观古今中外文学史，许多经典之所以是经典，就是因为它们多义、歧义，能够长久吸引读者和批评家的关注和兴趣。但是，人类的想象力是无垠的，不稍加约束，也会出现光怪陆离的局面。正如鲁迅对《红楼梦》研究领域的概括："单是命意，就因读者的眼光而有种种：经学家看见《易》，道学家看见淫，才子看见缠绵，革命家看见排满，流言家看见宫闱秘事……"从文学批评的角度讲，其中有些"眼光"显然已经超出了文学的范畴。红学界三大板块中的两大块——研究曹雪芹家族历史的曹学和《红楼梦》流传情况的版本学，就都已经超出文学研究范畴，而进入谱牒学、文献学领域。红学流派中的索隐派，则已经沦为政治猜谜活动。本应是文学研究核心的文本解读（包括语言艺术、文学形象塑造、故事情节编排、文学成就评价等），反而被冷落了。

我们以为，古代诗歌的解读，只要是文学范畴内的事情，就都是分内之事。至于说疏通字面意思之外，是否有必要揭示出一般人注意不到的思想情感、艺术手法等问题，则应根据读者水平、书刊定位等具体情况而做出相应调整。

说了上面许多话，原因在于，李白这首《独坐敬亭山》就面临着这个问题。

二

关于李白这首诗，历来有两种意见：一种认为它纯写独坐之景，表现山水之趣；一种认为诗人是借山水之景表达愤世之情。

前者如李锳所言："首二句已绘出独坐神理，三四句偏不从独处写，偏曰'相看两不厌'，从不独处写出'独'字，倍觉警妙异常。"（《诗法易简录》）后者如黄生所说："贤者自表其节，不肯为世推移

也。”（《唐诗摘钞》）又如俞陛云所说：“太白愤世之深，愿遗世独立，索知音于无情之物也。”（《诗境浅说续篇》）

李白这首诗，读者需要了解的，究竟是字面的直接意思，还是背后的比喻意义？

三

提供给少年儿童阅读的选本，这首诗除了“敬亭山”（在今天安徽宣城北，原名昭亭山，山上有敬亭，故得名。李白所景仰的前辈、南朝齐诗人谢朓在当地为官，曾在那里观景吟诗），几乎不需要任何注释。无暇品味诗歌含义或“好读书而不求甚解”的成年人，自然也不必看任何赏析的文章。这样的阅读，无可厚非。

但是，有个事实不能忽略：这首诗的写作时间是天宝十二载（753），李白已经53岁了。李白不是儿童文学作家，这首诗也不是为儿童创作，而是为自己而写，字里行间渗透着人生感慨。从这一点来看，借山水之景表达愤世之情的说法，便显得合情合理。

四

此外，前人关于词语、诗句的比喻意义，也有必要了解一些。“众鸟”比喻世间名利之辈；“高飞尽”言皆得意而去；“孤云”比喻世间隐士；“独去闲”是指虽与世相忘，但尚有往来之迹。（朱宝莹《诗式》）后两句以山作比喻，说的是世间已经跟我相互遗忘，只有敬亭山色，我仍爱看，山色也爱我。（俞陛云《诗境浅说续编》）

当然，从学理上讲，这些说法如果不能得到文献上的证明，充其量也只是假设和想当然。

证明这些假设和想当然，至少可以找到两种证据：一种是以“独”字命题的诗，一种是跟敬亭山有关的诗。因为李白特别喜欢以“独”字命题，也特别喜欢写跟敬亭山有关的诗。

五

李白以“独”字命题的诗，除《独坐敬亭山》外，还有《北山独酌寄韦六》《春日独酌二首》《秋夜独坐怀故山》《月下独酌四首》《春日独坐寄郑明府》等。李白写敬亭山的诗还有《游敬亭寄崔侍御》《宣城九日闻崔四侍御与宇文太守游敬亭，余时登响山不同此赏，醉后寄崔侍御二首》《登敬亭北二小山，余时送客，逢崔侍御，并登此地》《登敬亭山南望怀古赠窦主簿》。

著者认为,《独坐敬亭山》不是纯粹的写景之作，心中有感慨，诗人才会不断地作诗表达，如果只是觉得有趣，不会反复歌咏。

有意思的是，以“独”字命题的诗,《春日独酌二首》(其一)，跟《独坐敬亭山》的措辞颇多相似之处：

东风扇淑气，水木荣春晖。
白日照绿草，落花散且飞。
孤云还空山，众鸟各已归。
彼物皆有托，吾生独无依。
对此石上月，长醉歌芳菲。

诗中五六句，不但“孤云”“众鸟”二语相同，孤独之感也是相通的。“相看两不厌，只有敬亭山”，跟“彼物皆有托，吾生独无依”又何尝不是相同的况味与感喟呢！当然，这两首诗都受到了陶渊明的影响，系反用其“众鸟欣有托”诗句的意思。（《读〈山海经〉十三首》其一：“众鸟欣有托，吾亦爱吾庐。”）

李白《黄鹤楼送孟浩然之广陵》

男人之间的离情别绪

故人西辞黄鹤楼，烟花三月下扬州。

孤帆远影碧空尽，唯见长江天际流。

这是一首送别诗，李白在黄鹤楼送孟浩然乘船去广陵。诗人以白描的手法，交代送别场景，叙述送别情形。看起来，好像不难理解。但认真计较起来，问题还不少。

一

送友人远行的诗，送别地点可以在诗题中写出来，也可以不写出来。李白诗歌两种情况都有。相比之下，数量上以不标出送别地点者为多。

李白在诗题中点出黄鹤楼是有原因的。两种可能：一是送别跟黄鹤楼发生了某种关系，比如说在黄鹤楼设宴饯行，临别之际二人曾同登黄鹤楼观景赋诗；二是送别跟黄鹤楼没有发生任何关系，黄鹤楼只是送别附近的代表性景物（地标），但有表情达意的需要。黄鹤楼不是寻常楼阁，相传仙人王子安曾乘坐黄鹤经过此楼。李白或许有将孟浩然比作王子安的意思，孟浩然也是飘然经过黄鹤楼之人，并不在此处停留。

著者认为，两种原因兼而有之。

二

从文字运用的技术层面讲，诗题用“广陵”，诗句用“扬州”，无非是两个原因：一是为避免词语重复，给读者单调的印象；二是诗句有押韵的需要，州字能跟楼字、流字押韵，陵字不能。

广陵一名，始于楚怀王公元前 319 年在邗城（今扬州）基础上筑广陵城。此后一直称广陵，至北朝周改称吴州。公元589年，隋改吴州为扬州（治所在今南京），后改为邗州。唐朝于公元626年，将扬州治所从今天的南京迁至今天的扬州。公元742年又改为广陵郡，公元758年再改为扬州，从此一直沿用此名。

一般认为，李白《黄鹤楼送孟浩然之广陵》作于公元728年。可见，诗题中的广陵用的是古地名，而诗句中的扬州则用的当时地名。

用当时名称，属于正常情况；用古代名称，可能另有深意。我们知道，“广陵散”是乐曲名，传说随着嵇康被处死，“广陵散”成为绝唱。李白可能借此渲染对孟浩然远行、二人离别的惋惜之情，有知音难求的意思。

三

文学史专家郁贤皓、安旗等人把李白这首诗的写作时间认定为唐玄宗开元十六年，即公元728年。那一年李白二十八岁，孟浩然四十岁。但这个时间跟佟培基先生对孟浩然生平轨迹的勾勒相矛盾。佟先生认为，开元十四年（726）前，孟浩然曾漫游襄阳、扬州、宣城，结识李白。开元十五年（727）冬赴京师长安，第二年应进士举，不第，滞留京洛。开元十七年（729）秋，自洛阳经汴水往游吴越。

关于孟浩然第一次到京城的时间，佟培基先生的说法可能不准确。根据唐王士源《孟浩然集·序》所说孟氏卒年及享年推算，孟浩然四十岁游京师那一年应为开元十六年，不是十五年。因此，大概情况可以设想为：开元十六年暮春，孟浩然离开家乡襄阳，在今天武汉蛇山的黄鹤楼做短暂停留后，乘船去往扬州漫游，当年夏秋间返回襄阳，在家乡短暂休整后，秋冬之际再次动身前往京城长安，准备参加次年春天举行的进士科考试。

四

李白跟孟浩然相识，时间不会早于开元十三年（725）。这一年李白才出三峡，离开巴蜀，到了荆州一带。此前，他一直在今天四川、重庆一带活动。即使李白到荆州后，主动跑四五百里路，去襄阳拜访过孟浩然，至开元十六年，两人也才认识了三年。这时称孟浩然为“故人”，不太合乎常理。事实上，李白对比自己大十二岁的孟浩然的态度是相当尊敬的。用今天的话说，李白当时见到孟浩然无异于粉丝见到偶像。开元二十六年（738），即黄鹤楼相送十年之后，李白所作《赠孟浩然》诗，“吾爱孟夫子，风流天下闻……高山安可仰，徒此揖清芬”，崇敬之情，溢于言表。

才认识三年，就称孟浩然为“故人”，是否欠庄重呢？这有两种可能：一是将《黄鹤楼送孟浩然之广陵》认定为开元十六年所作，是错误的，实际创作时间是大大晚于开元十六年的某个年份；二是当时二十八岁的李白见到自己的偶像过于兴奋，急于跟孟浩然套近乎，不知不觉间措辞便过度热烈了。

五

“烟花”一语，历来是学者解读此诗时分歧最大、说法最多的地方。

“烟花”之意，说法甚多。仅著者知道的说法就有：烟雾，柳絮，雨雾，杏花，美女，妓女，繁花如烟，春日美景，等等。烟花三月也有描写黄鹤楼眼前之景和扬州想象之景的不同理解。

检索现存唐诗，“烟花”有“烟＋花”、“如烟之花”、繁花似锦等用法或意思，但大部分用例跟离别有关。因此，解读为柳絮较为贴切。柳谐音留，古时有折柳送别的习俗。李白这里是借此渲染离愁别绪。

沈祖棻先生说，“故人”在阳春烟景之时，出游繁华的扬州，固然可喜可羡，就李白而言，仍难免留恋，故作此诗，以道其依依难舍之情。前半句，阳春烟景、可喜可羡云云，等于是把“烟花”说成了扬州想象之景。著者认为，这不符合李白的粉丝身份和整首诗的离情别绪气氛，跟把“烟花”说成是美女、妓女相去不远，都等于说孟浩然跑扬州快活去了，这难免有戏谑、轻佻之嫌。但是，后半句，留恋、依依难舍之情，说得很到位。

六

诗的第三句，至少有如下几种版本的文字分歧：一、孤帆远映绿山尽（唐写本）；二、孤帆远影碧山尽（两宋刊本，缪曰芑刊本，王琦本）；三、孤帆远影碧空尽（萧士赟补注本，胡震亨注释本，四部丛刊本）；四、征帆远映碧山尽（陆游《入蜀记》引）。

各种版本，韵律无碍，各有意趣。远映、远影，前者动感，后者静穆；绿山、碧山，措辞或有雅俗之别；碧山、碧空，前者朴实，后者空灵，都在伯仲之间，难分轩轾。陆游“帆樯映远山尤可观，非江行久不能知也”，可谓一家之言。所有版本差异，只有陆游所引“征帆”中的“征”字比较突兀，可能是记忆错误所致。

阅读古诗，李白诗歌版本的文字分歧是比较多的，这跟李白作品的编辑、流传情况有关。李白生前不是很在意自己作品的保存，虽然晚年开始搜集编辑自己的作品集，但并未完成，最后是由其家族一位长辈，即唐代著名书法家、当涂县令李阳冰替他完成的。总体而言，李白诗集的编辑质量不高，跟杜甫诗集不能相比。杜甫生前对自己的作品进行过认真、全面的筛选和编辑，因而文字分歧比较少。

李白《望庐山瀑布》

动感瀑布，如临其境

日照香炉生紫烟，遥看瀑布挂前川。

飞流直下三千尺，疑是银河落九天。

一

千百年前的诗歌作品之所以流传至今，家喻户晓，有各种原因：或写出了某处难写的景致，或抒发了某种微妙的情感，或揭示了某个有趣的道理。灵机一动，妙笔生花；家弦户诵，不胫而走。而李白这首《望庐山瀑布》，描写名山胜景，想要成为名作，其实困难多多：它相当于参加选美大会，必须艳压群芳，成为花魁；又好像参加赛诗大会，必须技压群雄，成为冠军。

名山胜景，人人得而见之，诗人见而咏之。因此，古往今来，便有许多诗人于有意无意间凑成了诗歌竞技大会。

李白之前、同时、之后，都有诗人写过庐山瀑布，且不乏佳作秀句。如张九龄《湖口望庐山瀑布泉》："万丈洪泉落，迢迢半紫氛。奔飞下杂树，洒落出重云。日照虹霓似，天清风雨闻。灵山多秀色，空水共氤氲。"又如孟浩然《彭蠡湖中望庐山》："黤黮容霁色，峥嵘当晓空。香炉初上日，瀑布喷成虹。"再如徐凝《庐山瀑布》："虚空落泉千仞直，雷奔入江不暂息。今古长如白练飞，一条界破青山色。"

与此同时，李白本人写庐山瀑布的诗也不止这一首。事实上，同样的题目（《望庐山瀑布》）下，除这首七绝，还有一首五言古体。全诗如下：

西登香炉峰，南见瀑布水。
挂流三百丈，喷壑数十里。
欻如飞电来，隐若白虹起。

初惊河汉落，半洒云天里。
仰观势转雄，壮哉造化功。
海风吹不断，江月照还空。
空中乱潈射，左右洗青壁。
飞珠散轻霞，流沫沸穹石。
而我乐名山，对之心益闲。
无论漱琼液，还得洗尘颜。
且谐宿所好，永愿辞人间。

李白写到庐山瀑布的，还有《庐山谣寄卢侍御虚舟》，其中有“庐山秀出南斗傍，屏风九叠云锦张，影落明湖青黛光。金阙前开二峰长，银河倒挂三石梁。香炉瀑布遥相望，回崖沓障凌苍苍”等诗句。

客观地说，这两首诗写得也非常好。因此可以说，李白这首《望庐山瀑布》成为家喻户晓的名篇，是从前人、后辈以及他自己的众多诗篇中突围而出，成为最终优胜者的。

有了李白《望庐山瀑布》的光荣绽放，便会有他人作品的黯然失色。张九龄、孟浩然诸人的同类作品不必说，晚李白约一百年、元和年间（806—820）的著名诗人徐凝的《庐山瀑布》（尤其是“今古长如白练飞，一条界破青山色”两句），虽然也得到过许多人的夸赞和推崇（据说白居易就有过“赛不得”的评语），但是很不幸，在他之前，已经有李白的“飞流直下三千尺，疑是银河落九天”了。苏东坡在李白与徐凝之间，毫不犹豫地作出云泥有别的评判：“帝遣银河一派垂，古来惟有谪仙词。飞流溅沫知多少，不为徐凝洗恶诗。”（《世传徐凝瀑布诗》）这对徐凝而言，无异于雪上加霜。客观地说，徐凝的诗比起其他人的同类作品，算是不错的，在咏庐山瀑布的赛诗会上，可以得第二名，苏轼本人也没有写出更好的诗句来。

从来就有“文无第一”的说法，但这里我们不得不感慨，还有“诗无第二”的残酷现实。不是周瑜不够智慧，是因为世间已经有了一个诸葛亮。在这两句诗上，徐凝大概也会有“既生白何生凝”之叹吧。

二

不光是徐凝，李白本人也有黯然失色的时刻。他的五言古体《望庐山瀑布》，尤其是“海风吹不断，江月照还空”两句，堪称佳句。跟李白有过交往的诗人任华（此人盛赞李杜诗歌和张旭书法的诗篇保留至今，堪称唐代第一慧眼），就曾说“余爱此两句”；后代有人因为它“凿空道出”，因为它“磊落清壮，语简而意尽”，认为比“飞流直下三千尺，疑是银河落九天”还要好。遗憾的是，因为更多的人喜欢“飞流直下三千尺，疑是银河落九天”，那两句好诗便少有人知了。不知道李白本人更喜欢哪句。

三

当代词作家乔羽先生曾经表示，歌曲《黄果树瀑布》，尤其“人从高处跌落，往往气短神伤；水从高处跌落，偏偏神采飞扬”两句，自己非常得意，却没能流传开来。而《思念》（“你从哪里来，我的朋友，好像一只蝴蝶，飞进我的窗口……”），平白如话，却被广泛传唱。乔羽先生的遗憾，李白没准也有。

总之，李白《望庐山瀑布二首》（其二）可以说是咏庐山瀑布赛诗大会的扛鼎之作。那么，这首诗究竟好在哪里呢？

著者认为，这首诗的好处主要有两点：光影流动，想象有趣。

光影流动主要是跟徐凝的诗比较而来。“虚空落泉千仞直，雷奔入江不暂息”，没有光影；“日照香炉生紫烟，遥看瀑布挂前川”，不仅有光影，还带着色彩。“今古长如白练飞”固然有飘动之感，但观者只是平心静气地一瞥而已；不像“飞流直下三千尺”，必须将目光追着水流自上而下，心中有惊叹，有震撼。

四

客观地说，“银河落九天”的比喻，他人说出，可能会给人浅俗、幼稚的感觉。但是从李白笔下流出，却是如此童心浪漫，趣味盎然。银河的比喻，最妙处不在气势、力量，而在超现实，是典型的儿童思维，充满童趣。如果只有力量和气势，第一效果恐怕是吓人。

李白《望庐山瀑布》的家喻户晓，可以给我们如下启示：诗歌的传播，得儿童者得天下。

李白《赠汪伦》

他不只是请李白喝了顿酒

李白乘舟将欲行，忽闻岸上踏歌声。

桃花潭水深千尺，不及汪伦送我情！

一

这首小诗，没有用一个典故，语言至为浅显。但是，历来解读仍然存在不准确、未尽意的问题。

李白为何说汪伦情意比千尺桃花潭水还要深？诗本身只说在李白将要乘舟离去时，汪伦踏歌相送。《李太白文集》杨齐贤注曰："白游泾县桃花潭，村人汪伦常酝美酒以待白……"，多出了汪伦以自家所酿美酒款待一项。历来注家，涉及汪伦对李白的好处，基本上不出款待美酒、踏歌相送这两点。明末清初学者唐汝询说："伦，一村人耳，何亲于白？既酝酒以候之，复临行以祖之，情固超俗矣。"（《唐诗解》）

单从作诗的角度讲，不要说款待美酒加踏歌相送，就是只踏歌相送一项，惯于使用夸张语言的李白如此慷慨地赞美一下汪伦的情意，也不是不可能的。但是，假如我们从李白当时的年龄、行踪以及汪伦其人等角度看一下，问题就不是这么简单了。

二

一般认为，李白到泾县游览桃花潭，是天宝十四载（755）的事，李白已经五十五岁，他是从秋浦来到泾县的。秋浦在今天安徽贵池，距离泾县有一百多公里的路程。古人行旅，不同于今天有汽车、高铁，一百多公里不啻为长途旅行。古道蜿蜒，跋山涉水，一般情况下需要走三四天，即使坐船（乘舟）大概也无法当天到达。

不用说，以家酿美酒款待、踏歌相送的汪伦，应该是李白的爱慕者。根据今人李子龙的考证，汪伦又名凤林，是越国公汪华的五世孙，曾经做过泾县县令。就是说，汪伦不是唐汝询所说的“一村人耳”，而是家境殷实的士族阶层。

根据上述事实，揆以情理，当时的情况应该是这样的：李白这一次泾县之行，是应汪伦的邀请而来；李白住在汪伦府中，并非只是饮了一两次美酒、游了一下桃花潭即离去；在汪府期间，李白受到了主人非常热情的款待，宾主开怀畅饮；李白离开的时候，汪伦依依不舍，踏歌相送。

著者这样说，还有一个非常有力的证据：李白现存诗歌中有《过汪氏别业二首》。《李白全集编年注释》认为这里的汪氏别业当为汪伦别业，此诗天宝十四载秋作于泾县，跟《赠汪伦》是同一时间。这两首诗中，有如下一些诗句：“汪生面北阜，池馆清且幽。我来感意气，捶炰列珍羞”，“酒酣益爽气，为乐不知秋”（其一）；“畴昔未识君，知君好贤才”，“我行植木落，月苦清猿哀”，“永夜达五更，吴歈送琼杯。酒酣欲起舞，四座歌相催”，“更游龙潭去，枕石拂莓苔”（其二）。

这些诗句透露出如下信息：汪伦家境富裕，有园林式别墅；汪伦是个喜欢结交贤才之人，李白已经久闻其大名；这是李白跟汪伦的初次见面，李白之所以应邀来泾县游玩是感动于汪伦的热情；汪伦奉李白为上宾，予以隆重的款待，烹羊炮羔，歌舞助兴，通宵宴饮；“龙潭”应该就是桃花潭，是最后的游览项目；李白这一次泾县之行，时间为秋天。

三

踏歌，有个著名的唐诗选本注释为“歌唱时以脚踏地为节拍”，有本著名的唐诗鉴赏辞典说是“一群村人踏地为节拍，边走边唱来送行”。著者认为，前者不够清楚，后者不够准确。当时的情形应该是这样的：李白将要离去，汪伦执手相送。为了对李白表达敬意和依依不舍之情，汪伦在未告知李白的情况下，悄悄安排了踏歌送行，给李白以惊喜。不用说，这个踏歌节目的表演者是汪府蓄养的女乐（伎人）班子。既不是汪伦本人跳着踢踏舞送李白，也不是“一群村民踏地为节拍”。只有这样理解，“忽闻”二字才有着落。唐代应该还没有“快闪”这种演唱方式。

可以说，李白是在接受了汪伦的礼遇、款待之后，于意外听到送行歌舞时的惊喜心情下，脱口吟出了“桃花潭水深千尺，不及汪伦送我情”这样的千古名句。

著者承认，说“踏歌”是汪府所蓄养女乐歌舞送行节目，乃是情理推断。但是，就像东坡先生当年在科举考场作《刑赏忠厚之至论》时杜撰皋陶杀人、帝尧救人的故事，是根据情理推断的。我这里的推断也绝非信口雌黄，主要是为了说明汪伦这一次招待李白是相当阔气的，绝非山野村夫的粗茶淡饭、薄酒数杯。

四

著者据以推测的理由有如下数端：

其一，汪伦家世显赫。一般人可能对越国公汪华和汪氏家族不太了解，这里稍微介绍一下：汪华起家于隋末大乱，由郡兵而至歙州代理刺史。占据歙宣杭睦婺饶六州后，拥兵十万，自称“吴王”。归顺大唐，被授方牧，总管六州诸军事兼歙州刺史，封上柱国、越国公。贞观二年（628）奉诏进京，授左卫白渠府统军，掌禁兵，拱卫两京（洛阳和长安）。太宗征辽，汪华留京为“九宫留守”，辅佐朝政。贞观二十三年（649）病逝，唐太宗亲赐谥号“忠烈”，称“忠烈王”。汪华死后，李唐对其家族之恩宠并未人去茶凉。玄宗于开元年间诰封其家族为十大上柱国、名门望族之一。自唐以后直至清朝，汪氏宗族一直兴旺发达，先后出过 807 名进士，其中状元 8 名。宋代政和四年（1114）甚至得到敕建庙宇、赐匾额“忠显”的殊荣。汪华的出生地汪村，于太平兴国五年（980）建汪公庙，庙宇宏伟，有“小金銮殿”之誉，又称“汪王故城”。可以肯定，汪伦在世时，其家族并未式微。

汪伦的为人及其家境，与《赠汪伦》作于同一时期的《过汪氏别业二首》中也有许多生动描写，不难想见汪伦家境之深厚殷实，汪氏结交贤人之热忱慷慨。

其二，李白结交人物的层次。李白固然终身落魄，混迹江湖，三教九流皆可结交成友。但无可否认，其中阔人不少，有些阔人接待这位著名诗人时也相当慷慨。远的不提，单说天宝十四载（755）作《赠汪伦》诗前后，李白交往的人中就有如下几位政府官员：

郑谔，泾县县尉，见《泾溪东亭寄郑少府谔》；

郑晏，溧阳县令，见《游水西简郑明府》；

赵悦，宣城太守，见《赠宣城赵太守悦》；

谢良辅，户部郎中、中书舍人，见《与谢良辅游泾川陵岩寺》；

赵炎，当涂县尉，见《当涂赵炎少府粉图山水歌》《送当涂赵少府赴长芦》。

诗中可见，李白跟他们的关系都不错，他们接待李白也很慷慨。其中宣城太守赵悦地位最高，待李白最大方。李白称其有乃祖平原君赵胜养士遗风，“三千堂上客，出入拥平原。六国扬清风，英声何喧喧”；感谢其对自己接待之优厚，“迁人同卫鹤，谬上懿公轩。自笑东郭履，侧惭狐白温”。

可以说，当时泾县一带的地方官员、头面人物，大多跟李白有交往，李白是他们的座上宾。汪伦以女乐送行，合乎逻辑。

其三，当时有蓄女乐、携妓游的风气。一听女乐、妓女，今人便大惊失色，这是时代隔阂造成的，在唐代特别是开天盛世，那是稀松平常之事。李白携妓游玩的事情，诗里有明白的描写：

> 携妓东土山，怅然悲谢安。
> 我妓今朝如花月，他妓古坟荒草寒。
>
> ——《东山吟》

> 楼中见我金陵子，何似阳台云雨人？
>
> ——《出妓金陵子呈卢六四首》（其一）

> 小妓金陵歌楚声，家僮丹砂学凤鸣。
> 我亦为君饮清酒，君心不肯向人倾。
>
> ——《出妓金陵子呈卢六四首》（其四）

楚歌吴语娇不成，似能未能最有情。

——《示金陵子》

不要说道家信徒李白，就连儒家信徒杜甫也有不少参加有女乐、妓女的冶游机会，并且毫不讳言地写入诗歌。有《陪诸贵公子丈八沟携妓纳凉晚际遇雨二首》《城西陂泛舟》《数陪李梓州泛江有女乐在诸舫戏为艳曲二首》等诗为证。所谓蓄女乐（家妓），说白了就是纳妾。"樱桃樊素口，杨柳小蛮腰"，樊素和小蛮擅长唱歌，说的就是白居易蓄女乐的情况。

其四，"踏歌"一语，或许是用典。《旧唐书·睿宗纪》："上元日夜，上皇御安福门观灯，出内人连袂踏歌，纵百僚观之，一夜方罢。"如果是这样，就等于说汪伦"出内人连袂踏歌"了。皇帝都可以让妃子出来唱歌跳舞娱乐臣属百姓，汪伦自然也不妨让小妾出来为李白来一场歌舞送行秀。

李白《早发白帝城》名诗背后悬疑多

朝辞白帝彩云间，千里江陵一日还。

两岸猿声啼不住，轻舟已过万重山。

一

这首诗有作于开元十三年（725）李白初出夔门、乾元二年（761）李白遇赦准备离开白帝城东下和离开夔门东下过三峡到了荆州三种说法。哪一种说法比较合理呢？郭沫若主张第三种，即作于到荆州后的说法。郭氏的依据有两点：一是“还”字，一是“已过”二字。他说：“那明明是遇赦东下，过了三峡，回到了荆州时做的。”（《李白与杜甫》）

郭氏的说法貌似合理，但他将“还”“已过”坐实了理解，却未必合乎李白本意。按照郭氏的说法，《早发白帝城》是李白的回忆之作；换言之，李白是在相对安定且从容不迫的情景中吟哦出这首诗的。普通人做诗，这也许是可能的，但这首诗的背景非常特殊，有两点可说。

其一，时当李白命运发生逆转之际。《新唐书·肃宗纪》记载，乾元二年三月，“丁亥，以旱降死罪，流以下原之；流民还者给复三年。”因为大旱，肃宗李亨为了祈福，大赦天下罪犯。因参与永王李璘反对朝廷的行动被定为附逆罪，长流夜郎（有两说，一说在今天湖南新晃，一说在今天贵州桐梓）的李白，正好在赦免范围。59岁（那个时代，这是暮年高龄了）的李白，跟众亲友生离死别，前往流放地，走到夔州（白帝城）时突然被告知自己没事了，自由了，这是天大的喜讯！

其二，从白帝城出发到达江陵，不是寻常旅程。《水经注·江水》云：“自三峡七百里中，两岸连山，略无阙处，重岩叠嶂，隐天蔽日，自非亭午夜分，不见曦月。至于夏水襄陵，延泝（溯）阻绝。或王命急宣，有时朝发白帝，暮到江陵。其间千二百里，虽乘奔御风。不以疾也。”可见，这一段行程是相当凶险的，“朝辞白帝彩云间，千里江陵一日还”，也只是特殊情况才可能做到，并非容易之事。

不难想象，这两个特殊情况对李白而言都是非常刺激的。像这样一首小诗，他完全可以脱口而出，根本用不着等安全抵达江陵之后，才以回忆的方式做出。

“还”“已过”都不妨是设想、预想之词。比如说，李白在夔州白帝城得知自己被赦免的喜讯，心情无比激动。于是诗兴勃发，立即设想自己乘船东返江陵的行程，吟出《早发白帝城》（一作《白帝下江陵》）。还有个很好的旁证：李白好友杜甫的《闻官军收河南河北》“即从巴峡穿巫峡，便下襄阳向洛阳”，跟“朝辞白帝彩云间，千里江陵一日还”心情十分相似。所不同的是，杜甫明确交代了自己听到李唐王朝军队（官军）收复了被安史乱军占领的河南河北地区的消息，喜不自胜，准备带着妻子儿女走长江三峡取道襄阳回到故乡洛阳的行动计划；而李白没有说明这是自己的行动计划还是既往行为。

著者认为，除了前人的三种说法，还有一种可能：这首诗也可以是李白在从白帝城回江陵的船上，于情绪激动中吟咏而出的。这时候，“还”和“已过”便是展望之词。这样说，好处是有助于表现李白当时的愉快心情。

总之，从诗歌艺术境界的灵动效果上说，郭沫若的说法失之呆滞，不如白帝城出发时、白帝城至江陵船上两种说法有趣。虚实真假，摇曳生姿，合乎诗歌语言艺术的规律。

二

历代文论家，有一派专门推崇李白的天才。比如清代学者施补华就说过这样的话："太白七绝，天才超逸而神韵随之。如'朝辞白帝彩云间，千里江陵一日还'，如此迅捷，则轻舟之过万山不待言矣。中间却用'两岸猿声啼不住'一句垫之，无此句，则直而无味；有此句，走处仍留，急语仍缓，可悟用笔之妙。"（《岘佣说诗》）诗意鉴赏固然不错，但字里行间把创作之功尽归李白，却是不符合事实的。

实际上，李白这首诗乃是在前人散文妙语的基础上创作出来的，意思、境界全是前人的，只是在语言上稍加裁剪，虚实婉转，动静穿插，押韵合律。南朝宋（一说晋）人盛弘之《荆州记》云：

> 惟三峡七百里中，两岸连山，略无阙处，重岩叠嶂，隐天蔽日，自非亭午夜分，不见曦月。至于夏水襄陵，沿溯阻绝，或王命急宣，有时朝发白帝，暮宿江陵，凡一千二百余里，虽飞云迅鸟，不能过也。春冬之时，则素湍渌潭，回清倒影，绝巘多生怪柏，悬泉瀑布，飞漱其间，清荣峻茂，良多雅趣。每晴初霜旦，林寒涧肃，常有高猿长啸，属引凄异，空岫传响，哀转久绝。故渔者歌曰："巴东三峡巫峡长，猿鸣三声泪沾裳。"

郦道元《水经注·江水》基本上照抄《荆州记》这一段记载，只是文字上略作改动：

自三峡七百里中，两岸连山……至于夏水襄陵……有时朝发白帝，暮宿江陵，其间千二百里，虽乘奔御风不以疾也……每至晴初霜旦，林寒涧肃，常有高猿长啸，属引凄异，空谷传响，哀转久绝。故渔者歌曰："巴东三峡巫峡长，猿鸣三声泪沾裳。"

显然，李白的诗脱胎于《荆州记》或《水经注》的上述文字。所以，若论首创之功，应归盛弘之，郦道元亦有摘引传播之功，而李白的功劳则是将散文语言转化为诗歌语言。因此，著者认为，与其强调李白的天才，不如指出李白的博闻好学，善于锦上添花。其间有天才成分，但更多的是继承和发扬。

三

明代学者杨慎把李白这首诗跟杜甫的《最能行》进行比较，加以优劣评骘："杜子美诗'朝发白帝暮江陵，顷来目击信有征'，李太白诗'朝辞白帝彩云间，千里江陵一日还。两岸猿声啼不住，轻舟已过万重山'，虽同用盛弘之语，而优劣自别。今人谓李杜不可以优劣论，此语亦太愦愦。"（《升庵诗话》）著者认为，主张李白、杜甫可以分出优劣、扬李抑杜的杨慎（升庵）先生，真是愦愦（昏聩）。李白《早发白帝城》专写三峡行舟快速，杜甫《最能行》关注的是峡中风物人情，两诗不具有可比性。再者，诗人纵使有高下优劣，也不能随意抽出一两首诗加以比较，便得出结论。田忌赛马，尚且懂得马匹之间有优劣，学者论诗以甲之名作比乙之寻常之作，难免失之偏颇。

李白的《早发白帝城》固然家喻户晓，但杜甫《最能行》所表现的三峡地区生动形象的社会风貌、百姓生态，也是李白诗所不能相提并论的。

高适《别董大》

离别时分，难作豁达语

千里黄云白日曛，北风吹雁雪纷纷。

莫愁前路无知己，天下谁人不识君。

一

高适《别董大》诗题下共有两首诗，另一首如下：

六翮飘飖私自怜，一离京洛十余年。
丈夫贫贱应未足，今日相逢无酒钱。

这两首诗，一首劝慰行者（“千里黄云白日曛”），一首哀怜自己（“六翮飘飖私自怜”），相辅相成，相反相成。

从“丈夫贫贱应未足，今日相逢无酒钱”两句看，当时的高适还处在到处飘荡的状态，尚未投到哥舒翰幕府。我们知道，“喜言王霸大略，务功名，尚节义”的高适，后来仕途通达，做过成都尹、剑南西川节度使、刑部侍郎、散骑常侍，最后封渤海县侯，食邑七百户，堪称唐代诗人中仕途最通达者。

二

董大，顾名思义，董氏家族兄弟间排行老大的人。值得注意的是，《唐诗选》残卷题作《别董令望》。但董令望何许人，文献无可考。有人猜测是唐玄宗时著名琴师董庭兰，是个“高才脱略名与利”的人。李颀有《听董大弹胡笳声兼寄语弄房给事》，《旧唐书·房琯传》：“听董庭兰弹琴，大招集琴客筵宴。”房琯为给事中是在天宝五载（746），六载春因与李适之相好，被贬为宜春太守。李颀跟董庭兰的交集只能在天宝五载，而这一年高适在今山东、河南一带活动。

董令望跟董庭兰，未必是同一人。因此有人把这首诗的写作时间定为天宝六载（747），是值得商榷的。

三

诗的内容不难理解：前两句写景，后两句抒情。分别的季节是深秋或冬季，一个雪花纷飞、天空昏黄的日子。按古人送别诗的惯例，接下去的两句，应该是抒发因离别而悲伤惆怅的情感。但高适没有这样做，他一改前人哭哭啼啼那一套，用豪言壮语宽慰即将踏上旅途的朋友。

唐汝询《唐诗解》："云有将雪之色，雁起离群之思，于此分别，殆难为情，故以莫愁慰之。言君才易知，所如必有合者。"意思是，由于当时的景物已经令人难抑伤感之情，诗人于是故作宽慰之语。这种分析并不准确，不作伤感离别语，在高适的送别诗中并不少见。例如：

莫怨他乡暂离别，知君到处有逢迎。（《夜别韦司士》）
良时正可用，行矣莫徒然。（《送韩九》）
江山到处堪乘兴，杨柳青青那足悲？（《送田少府贬苍梧》）
少年无不可，行矣莫凄凄。（《送裴别将之安西》）
有才无不适，行矣莫徒劳。（《送柴司户充刘卿判官之岭外》）

可见，以宽慰语作送别诗结尾，是高适诗歌的一大特色。

四

这首诗之所以受到人们的喜爱，主要在于它不落送别必作悲伤缠绵语的俗套，而作旷达宽慰语。殷璠《河岳英灵集》赞其“多胸臆语，兼有气骨”，计有功《唐诗纪事》称其“以气质自高”，徐增《而庵说唐诗》说“此诗妙在粗豪”。追根究底，在于高适是个乐观旷达之人。

古代诗歌有悲别的传统，王勃《送杜少府之任蜀州》，开喜别生面后，效法之人并不多。高适是送别诗以豁达语结尾最多的诗人。王勃的“无为在歧路，儿女共沾巾”，用语失之柔弱；高适的“莫怨他乡暂离别，知君到处有逢迎”用词失之过实，“莫愁前路无知己，天下谁人不识君”措辞虚实得当，因此成为脍炙人口的金句，令人一读难忘。

杜甫《春夜喜雨》

喜从何处来

好雨知时节，当春乃发生。
随风潜入夜，润物细无声。
野径云俱黑，江船火独明。
晓看红湿处，花重锦官城。

这首诗的大概意思不难理解。唐肃宗上元二年（761）春天某夜，成都下了一场绵绵细雨。杜甫心情大好，写了这一首诗，赞扬这场春雨。但认真计较起来，仍有几个问题需要讨论。

一

虽然诗题中有个“喜”字，但诗句中却没有一个喜的同义词语。可是字里行间，又分明洋溢着欢喜的情绪。浦起龙说：“‘喜’意都从罅缝里迸透。”（《读杜心解》）萧涤非说：“全诗不露喜字，但却充满喜意。”（《杜甫诗选注》）《唐诗鉴赏辞典》称这首诗是“描绘春雨夜景，表现喜悦心情的名作”（霍松林撰）。

我们不禁要问：杜甫为什么如此欢喜呢?

欢喜的理由，只有一个，那就是“润物”。“红湿”之花，是春雨润物的一个具体结果。也就是说，因为一场春天的细雨，滋润了草木，锦官城（成都）次日可以看到鲜艳的花朵，杜甫便写了一首充满欢喜的诗。

细思之下，有些不合情理。农谚有“春雨贵如油”的说法，春雨对于春耕、农业的重要性不言而喻，但是，这首诗中并没有提到春耕和农业。如果说那是大旱之年，一场春霖解决了严重缺水的问题，那么，人们更需要的是一场瓢泼大雨，而不是绵绵细雨。久旱的土地，细雨只能打湿一层浮土，解决不了问题。

所以，我们有理由猜测：诗人欢喜，另有缘故。

二

按照阅读古代诗词的经验，夜雨通常都是诗人在室内或床上听的。宋代词人蒋捷，用听雨的不同场所，来表现人生不同阶段的境遇心态。“少年听雨歌楼上，红烛昏罗帐。壮年听雨客舟中。江阔云低，断雁叫西风。　　而今听雨僧庐下，鬓已星星也。悲欢离合总无情，一任阶前，点滴到天明。”（《虞美人·听雨》）

杜甫作这首《春夜喜雨》，因为没有交代，显得难以捉摸。

整首诗，一、二句发表感慨，“三、四属闻，五、六属见”（仇兆鳌《杜诗详注》），七、八两句是诗人想象第二天一场细雨之后的锦官城景物（花卉）情形。一、二,三、四,七、八,三联六句诗，都可以猜测诗人是在室内家中。但五、六句不行。王嗣奭《杜臆》认为，“野径云俱黑”令人知道雨不会突然停止，大概因为“江船火独明”，临江的小道上，借着火光可见天空大片的黑云。照此说来，诗人应该是走在江边的小道上，一边漫步一边感受春雨的滋润。

三

“好雨知时节，当春乃发生”，估计会有不少读者认为这两句诗的主语都是“好雨”。意思是，好雨懂得物候节令，知道在万物生长都离不开它滋润的时候纷纷扬扬，慷慨洒下。

但是，王嗣奭认为，当春发生的并非春雨，而是万物。他说：“谓当春乃万物发生之时也，若解作雨发生则陋矣。”那一场春雨之所以是好雨，是因为它知道春天是最合适的季节。这个季节里万物从沉睡中复苏、萌芽、生长，需要充足的水分。显然，王嗣奭认为一、二句是倒装句法。

王嗣奭把五、六句也看作倒装句法，野径云俱黑，是因为江船上灯火通明。

不得不说，王嗣奭可以自圆其说。如果把一、二两句的主语都理解为春雨，那就等于说：只有春天的降雨才是好雨。这不符合常理。

四

“花重锦官城”，历来学者都解释为花朵（瓣）因为被小雨沾湿，较往日沉重。仇兆鳌引梁简文帝萧纲诗“渍花枝觉重”（《赋得入阶雨》）作佐证，“言经雨红湿，花枝若重也”。李文炜《杜律通解》：“垂垂而湿，较不雨尤加重焉。”萧涤非引张谓诗“柳枝经雨重，松色带烟深”（《郡南亭子宴》）为例，得出“花重，实指雨湿而言”的结论。用今天的话说，“花重锦官城”的“重”字，读 zhòng，轻重的重。

我们知道，“重”字有个同形词，读 chóng，意思是繁多。“花重锦官城”之重，应该是这个“重”字。

这两个字，在中古汉语中并存使用。读 zhòng（去声）、分量大之意的“重”字，《广韵》上声肿韵直陇切，全浊上声字今读去声；读 chóng（阳平）、繁复之意的“重”字，《广韵》平声钟韵直容切，浊声母平声字今读阳平，都合乎音韵演变规律。

把“花重锦官城”的“重”解读为“重复”，有个好处：因为雨水的滋润，鲜花争相开放，表现出成都繁花似锦的景象。《唐诗鉴赏辞典》讲道："整个锦官城（成都）杂花生树，一片'红湿'，一朵朵红艳艳、沉甸甸，汇成花的海洋。"既有"沉甸甸"，又有"汇成花的海洋"，大概是因为意识到，只把"花重"理解为花朵沉重，诗意并不完整，于是不惜添字解诗，加了"重复"的"重"字。如果只是花朵因雨沾湿而显得沉重，也说不上有多少美感。

五

不少人只从《春夜喜雨》的字面上解读，不认为它有什么寄托和象征，但也有前代学者认为此诗不是简单地表达喜欢春雨。王嗣奭说："三、四用意灵幻，昔人以此为相业，有味其言之也。"即把春雨润物比喻为理国政事。这说法跨度太大，难以置信。

这里，著者试着提出一种新的说法：《春夜喜雨》不是在歌颂春雨本身，而是歌颂像春雨一样的人。这样说，有如下几点佐证：

第一，杜甫咏雨诗曾经有用来打比方做象征的。《秋雨叹三首》（其一）："雨中百草秋烂死，阶下决明颜色鲜。著叶满枝翠羽盖，开花无数黄金钱。凉风萧萧吹汝急，恐汝后时难独立。堂上书生空白头，临风三嗅馨香泣。"申涵光认为，"'凉风吹汝'二句，说君子处乱世甚危"（仇兆鳌《杜诗详注》引），仇兆鳌也说"赋中有比"。

第二，《春夜喜雨》一诗作于杜甫一家人初到成都时期。当地为官的众亲友向杜甫伸出援助之手，给予他各种生活上的照顾。有送钱的，有提供居所、土地的，有供给果树苗的，有赠送锅碗瓢盆等生活用品的。杜甫对他们心存感激，于是用这首诗传递感激之情。

第三，跟《春夜喜雨》写作时间相近的《客至》（"舍南舍北皆春水，但见群鸥日日来。花径不曾缘客扫，蓬门今始为君开。盘飧市远无兼味，樽酒家贫只旧醅。肯与邻翁相对饮，隔篱呼取尽余杯。”），写的是欢迎母舅崔明府造访草堂。喜悦之情，在现存全部杜诗中显得相当突出，跟《春夜喜雨》的心情类似。杜甫有可能是为了感谢包括崔明府在内曾经切实帮助过他的亲友。

第四，若单纯从“春雨润物”上解读《春夜喜雨》，诗人异乎寻常的欢喜之情则难以理解。但如果从比喻帮助过自己的亲友角度讲，就没有问题了。

第五，有人说《春夜喜雨》使用了拟人的修辞手法。著者认为，与其说是拟人，不如说是暗指特定人物。“随风潜入夜，润物细无声”，指的就是默默帮助过杜甫的众亲友。

杜甫《绝句二首》

写春天的温馨之作

迟日江山丽，春风花草香。

泥融飞燕子，沙暖睡鸳鸯。

江碧鸟逾白，山青花欲燃。

今春看又过，何日是归年？

一

这两首诗作于广德二年（764），杜甫结束避难的日子从梓州返回成都时。因为严武再次镇蜀任西川节度使，朋友回来了，一家人生活有了依靠，杜甫当时心情不错。

二

迟日，指春天的太阳。《诗经·七月》：“春日迟迟，采蘩祁祁。”

泥融，泥土融化，燕子衔泥筑巢。

沙暖，沙地暖和，鸳鸯傍地栖息。

花欲燃，花红得像火一样要燃烧起来。梁元帝萧绎《宫殿名诗》：“林间花欲然，竹径露初圆。”庾信《奉和赵王隐士》：“野鸟繁弦啭，山花焰火然。”

三

有些诗歌选本、课本只选其中一首，做法不可取。因为这两首诗是一个有机整体，两首仿佛一首；再者，两首诗写得都不错，水平旗鼓相当。

第一首写景，第二首抒情。

第一首“言春景可乐”，第二首“言春过可忧”。第一首“摹写春景，极其工秀，而出语浑成，妙入化工矣”。第二首“江山花鸟，著眼易过，身在他乡，归去无期，所触皆成愁思矣”。（仇兆鳌引周甸注）

两首诗全部用对仗句法，第一首像是律诗中间四句（颔联、颈联），第二首像是律诗后四句（颈联、尾联）。

四

两首诗全用对仗句法，可能有人觉得像是私塾中儿童的对句练习，不像出自大诗人手笔。对此，宋代学者罗大经和清代学者仇兆鳌分别从内涵和文法两方面，作了有说服力的解读。

仇兆鳌《杜诗详注》说第一首诗："上二句，见两间（著者按：指天地间）无非生意。下二句，见万物莫不适情。于此而涵泳之，体认之，岂不足以感发吾心之真乐乎。"

又曰："此诗皆对语，似律诗中幅，何以见起承转阖？曰：江山丽而花草生香，从气化说向物情，此即一起一承也。下从花草说到飞禽，便是转折处，而鸳燕却与江山相应，此又是收阖法也。"

尽管如此，不得不承认，这两首诗在杜甫诗集中确实显得另类，温馨、清新，不见沉郁顿挫，不太像一般人印象中的杜诗。但这也正是杜甫的过人之处，风格多样，无所不能，乃是集大成诗人的本色。

五

其实，仔细品味，诗人也不是一味地陶醉在春天的景色里。萧涤非先生说："景色未尝不美，可惜不是故乡，所以反而引起漂泊之感。"（《杜甫诗选注》）除了漂泊之感，"今春看又过"，美丽的春天马上就要过去，诗人内心恐怕也有年华老去的感慨。

杜甫《绝句》（两个黄鹂鸣翠柳）

杜甫第一美诗

两个黄鹂鸣翠柳，一行白鹭上青天。

窗含西岭千秋雪，门泊东吴万里船。

一

宝应元年（762）六月，杜甫世交好友成都尹严武奉召入朝，回了长安。七月，剑南四川兵马使徐知道纠集蛮夷造反。八月，徐知道被剿灭。其间，杜甫携家往梓州避难。次年，安史之乱平定。又次年，即764年春，严武被委任为剑南节度使，再次镇蜀，杜甫跟着携家回到成都，回到草堂。

这首诗便作于返回成都不久。不难想象，写诗的时候，杜甫心情不错。

杜诗学者王嗣奭便围绕这个心情，展开阐释，称这首诗是杜甫的“自适语”，也即自在开心的话语。他解释道：“草堂多竹树，境亦超旷，故鸟鸣鹭飞，与物俱适，窗对西山，古雪相映，对之不厌，此与拄笏看爽气者同趣。门泊吴船，即公诗‘平生江海心，夙昔具扁舟’是也。公盖尝思吴，今安则可居，乱则可去，去亦不恶，何适如之！”不过，关于《绝句四首》的创作时间，王嗣奭有与众不同的见解。他认为，“作于卜居草堂之后，拟客居此以终老”，即初到草堂时期。（《杜臆》）

王嗣奭这一番话中，“乱则可去”，其实已经有点推测的意思了。多数学者不敢做这样的推测，一般只说到杜甫很开心。例如，仇兆鳌只说这诗“咏溪前诸景”（《杜诗详注》），萧涤非先生只说诗中有“喜悦情调”。

跟王嗣奭差不多的是《杜诗镜铨》的编者杨伦，他说末句“门泊东吴万里船”“亦寓下峡意”，意思是杜甫有走出三峡（离开蜀地）的意思。

浦起龙《读杜心解》的解读，走得更远。浦氏把黄鹂、白鹭、西岭、东吴四种景物都加以坐实，认为分别指严武、杜甫、多变故之地、可游憩所在；认为诗人有希望蜀地安定的意思，因为“蜀安则身安”。浦起龙对只用四种景物阐释此诗的注家很不屑，谓之曰“浅也”。

当然，还有比浦起龙走得更远的。据说，有人把这首诗联系到当时的朝廷政治斗争上去，认为两个黄鹂指两个权倾朝野的小人，而白鹭指远走江湖的高人隐士。

民间更有戏说此诗的。有好事者，把它当作菜名谜语，四句诗分别是谜面，谜底是三菜一汤：两个黄鹂鸣翠柳，是两个蛋黄，上面覆盖一层清香葱叶；一行白鹭上青天，是把熟蛋白切成小块，排成一行，下面垫上一张青菜叶；窗含西岭千秋雪，是清炒蛋白一小撮；门泊东吴万里船，是一碗清汤加调料，上面浮几块蛋壳。

杜甫作这首诗的时候，究竟想到了哪些意思？正确答案只有杜甫本人知道，没准杜甫本人也不知道。正如后来李商隐所说，他也“当时已惘然”。所以，著者的意见是：见仁见智，悉听尊便。诗人只是表达了重返草堂的愉快心情，而杨伦的“寓下峡意”是没有的。理由是，心里有了逃离的算计，就不可能有纯粹的快乐，甚至快乐不起来了。试问：一个做了逃离北上广心理准备的白领，还会有心思认真欣赏北上广的种种美景吗？

佐证自然是有的。杜甫同一时期写的诗歌，《草堂》写到历数离乱景象后，返回时的欢快场面：“入门四松在，步屧万竹疏。旧犬喜我归，低徊入衣裾。邻舍喜我归，酤酒携胡芦。大官喜我来，遣骑问所须。城郭喜我来，宾客隘村墟。”这种情景下，诗人怎么可能会想到退路呢？事实上，杜甫明白说了，“望东吴”是在梓州一带避乱三年间的心思。《破船》中“平生江海心，宿昔具扁舟”二句，说的也是从前的想法。眼前船只年久失修，也懒得修葺，“下愧东逝流”说明此时已经没有从前的念头了。乱后思定，至少相当一段时间内，杜甫是打算在草堂安居下来，不再迁徙的。

二

接下来的一个问题是，这首诗好不好？

我相信，今天绝大多数读者都会不假思索地回答：“好！”

但是，过去是有过微词的。明代杨慎说：“绝句四句皆对，杜工部“两个黄鹂”一首是也，然不相连属，即是律中四句也。”杨慎不喜欢杜甫这首诗，认为四句诗的意思各自独立，互不关联，就像律诗中摘出来的四句，他推崇的是“字句虽对，而意则一贯也”。换言之，杜甫这首诗不是合格的绝句。（《升庵诗话》）

对此，仇兆鳌有很好的反驳，大意是：唐诗绝句有各种作法，有散起散结的，有对起对结的，有似对非对的，有散起对结的，有对起散结的，有全首声律谨严不爽一字的，有平仄不谐而近于七古的，有平仄未谐而并拈仄韵的，有首句不拈韵脚而以仄对平的。总而言之，不像杨慎所说，只有散起散结一种，也有像杜甫这首一样对起对结的。仇兆鳌等于给杨慎上了一堂绝句诗歌做法的基础课。

萧涤非先生可能是出于对杨慎说法的不满，在注释中说了一句：“全诗四句皆对，一句一景，似各不相干，其实是一个整体，因为具有同一的喜悦情调。”

著者认为，就算不替杜甫辩护，就当这首诗是个“四条屏”，也很不错。对书法、绘画有相当研究的大诗人杜甫，不会不知道四条屏本身就是一个整体。屏风古已有之，汉唐时期，富贵人家普遍使用这种东西。

三

参考王嗣奭的“自适”说，萧涤非的“喜悦情调”说，以及浦起龙称《闻官军收河南河北》为“杜老生平第一首快诗”，这里著者姑且提出一种新的说法：这是杜甫平生第一首美诗。具体而言，有数美如下：

对称美。两个对一行，黄鹂对白鹭，鸣对上，翠柳对青天；窗对门，含对泊，西岭对东吴，千秋对万里，雪对船。除了窗对门、西岭对东吴这两组的声调不是平对仄，雪对船不是同类事物之外，其他都对得相当工整。

色彩美。词语上的对称，在色彩上构成了明艳的画面，黄、白，翠、青，白（雪），碧（水）。这是一个阳光明媚的春天。

景物美。黄鹂好声音，白鹭好身形，雪山好景致，渡船好造型。

构图美。四句诗就是四幅画。其中“窗含西岭千秋雪，门泊东吴万里船”，都是我国古代园林艺术中的借景手法，纳天地大景于咫尺之间。

心情美。景语即情语。四句诗不是焦点透视、一眼所见，而是散点透视、环视四周所得，是全景组合。换言之，诗人凡所触目，皆是美景，其心情之美，不言自喻。

范成大《吴船录》:“蜀人入吴者，皆从合江亭登舟，其西则万里桥，杜诗‘门泊东吴万里船’，此桥正为吴人设。”著者认为，“门泊东吴万里船”，在杜甫作诗的当时未必是退路之计，而可能是一种遐想或艳想。“越女天下白”，“思吴胜事繁”，杜甫早年游历吴越地区留下许多美好记忆；此外江东地区有一大批杜甫诗歌的知音，他们在那里刻印杜甫诗集，争相传阅。吴越是一片令杜甫感到愉快的土地，而这，不也是一种心情美吗？

杨慎所诟病的四句皆对、不相连属，其实正是杜甫此诗的妙处所在：触目皆景，画面饱满，完美地表现了诗人当时的愉悦心情。

杜甫《江畔独步寻花七绝句》（其五）

一簇野桃花引发的狂想

黄师塔前江水东，春光懒困倚微风。

桃花一簇开无主，可爱深红爱浅红。

一

这首诗作于上元二年（761）春杜甫五十岁时。这是杜甫从秦州、同谷（今甘肃）出发，拖家带口翻山越岭到达成都的第三个年头。此时，杜家草堂经营已一年有余，因为得到了在当地和附近为官的多位亲友的关照，杜甫一家过上了相对安定的生活。

当时杜甫一家居住的草堂一带，环境清幽，附近住着几位跟他趣味相投的隐者。其中南边两位邻居朱山人和斛斯融（又名斛斯六官），曾多次被杜甫写进诗歌。

由七首绝句构成的这组诗，描写杜甫春天某日在成都浣花溪边独行所见的景物。起因是，春光烂漫，百花盛开，杜甫出门去寻草堂南边的邻居斛斯融，准备对酌一番。不巧的是，这位平时以卖文为生、爱喝酒的邻居出门去找朋友饮酒，已经十多天没有回家了。杜甫于是只能独自在浣花溪边漫步。

二

这一首是组诗的第五首。杨伦《杜诗镜铨》注："又寻到偏僻冷处。"诗写的是黄师塔前的景物。

黄师塔，陆游《老学庵笔记》记载："余以事至犀浦，过松林甚茂，问驭卒，此何处？答曰：'师塔也。'蜀人呼僧为师，葬所为塔，始悟少陵'黄师塔前'之句。"可见，到了陆游生活的宋代，这里是一片松林。大概，僧人墓塔已经颓圮。僧人墓葬而冠以"黄"字，究竟是僧人生前所属教派还是俗姓，现已不得而知。这片墓塔林的前边，浣花溪水东流而去。

“春光”句，杨伦《杜诗镜铨》注：“传出春光之神。”其实这是说诗人春困，在微风中稍作休憩。可以想象，春风和煦，眼前的幽静之景令杜甫身心放松，进入了半睡眠状态。

正在诗人恍惚之际，不经意间一簇桃花映入眼帘。墓塔前的桃花，自然是无主之花，无人打理。但这里的“无主”还有另一层意思，由于开在墓塔林前这样的偏僻之处，人迹罕至，此时此刻，诗人是唯一的观赏者。显然，桃花是寂寞的。

但寂寞中的桃花却是如此鲜艳夺目，诗人立即被它吸引。仇兆鳌《杜诗详注》引朱鹤龄语：“叠用爱字，言爱深红乎，抑爱浅红乎。有令人应接不暇意。”我倒觉得不如这样解读：这簇寂寞中开放的桃花，颜色有深有浅，每一朵都是那么可爱，诗人简直不知道最爱哪一朵了。

这就是传说中的迷失在花丛中的意境吧。

可爱深红爱浅红，第二个“爱”字又作“映”“与”，大概是没有读懂诗意的后人乱改的。

三

组诗第七首，总结了前边六首：

不是爱花即欲死，
只恐花尽老相催。
繁枝容易纷纷落，

嫩叶商量细细开。

原来，诗人不是简单地赏花，而是把花朵视为人生的缩影和象征。少年如花，觉得纵死无憾；老年如花，唯恐其凋谢。“不是爱花即欲死”，杨伦《杜诗镜铨》注：“明明供出，又不肯承认。妙！”没错，诗人在赏花的时候，激动得忘记了年龄，恍惚间回到了年轻时代。恢复理性之后，这才有悲老惜少的想法。

杜甫《江畔独步寻花七绝句》（其六）

黄四娘何许人也

黄四娘家花满蹊，千朵万朵压枝低。

留连戏蝶时时舞，自在娇莺恰恰啼。

一

对这首诗的评价，是有分歧的。从选收它的唐诗选本数量看，多数文学史家、文学评论家对它赞赏有加。南宋词人刘辰翁就明确过表示自己对它的喜爱之情：“每诵数过，可歌可舞，能使老人复少。”清代著名诗人王士禛盛赞诗人风致：“读《七绝》，此老是何等风致！”宋元诗人苏轼、洪咨夔、傅察、乔吉的诗歌作品中都曾经出现过黄四娘这个名字。由此可知，这首诗在宋元时期已经是广为人知的名篇。但是，也有人对它颇有微词。例如，清代诗人、学者施补华曾说它“诗并不佳”（见《岘佣说诗》）。清高宗（乾隆）敕编的《唐宋诗醇》中有“无意求工而别有风致”的评语，在称赞其风致的同时，也有“无意求工”的保留态度。

所谓“无意求工”，指的是诗中有拗句，即第二句“千朵万朵压枝低”，第二字按格律应该是个平声字，但这里用了上声字“朵”。实际上，杜甫并非故意破坏格律，而是另有讲究。有人认为“朵”字跟上句对应的“四”字虽同属仄声，但上声跟去声，声调还是有变化的，吟唱起来不会显得单调。我们认为，这大概跟上句多了个平声字有关。按律，第一句第五字应该是个仄声字，但是用了“花”这个平声字。这也许是杜甫故意为之的独特拗救方法吧。

实际上，这首诗的一大特点，正是音韵上的讲究。刘辰翁指出它“可歌可舞”的特点，施补华也承认它“音节夷宕可爱”。具体表现有：第二句“千朵万朵”同中有异的复叠，第三、四句“流连”“自在”双声，“时时”“恰恰”叠音，都可以营造出音韵上的回旋复沓效果，给人以婉转悠扬的听觉感受。

这首诗对于诗歌艺术有个很大的贡献：以异常密集的线条、秾丽的色彩、炫目的舞蹈、悦耳的声音等多种因素共同构成一幅画面，以表现春天景色。截然有别于传统写景的计白当黑、删繁就简等手法。这种手法是前所未有的，陶渊明、孟浩然、王维那里都不曾有过，后人敢于效法的也不多。扬州八怪中以擅长画竹子著名的郑板桥，给自己书斋题写的对联是“删繁就简三秋树，领异标新二月花”。

二

这首诗之所以千百年来一直受到人们的喜爱，大概还有一个原因，那就是王士禛所说的“可歌可舞，能使老人复少”。用今天的话说，有利于养生。物质生活比较丰富的和平年代，人们普遍贪生怕死，恨不得返老还童，长命百岁。杜甫这一组《江畔独步寻花七绝句》，尤其是这一首“黄四娘家花满蹊”，就特别适合和平年代的人们吟诵。

这七首绝句，正如王嗣奭所指出的，属于“竹枝词”的变调，一以贯之的风格是“癫狂”。第六首“黄四娘家花满蹊”，写活了骀荡春光。据说，杜甫曾戏称自己的诗句有医药之效。比如，“子章髑髅血模糊，手提掷还崔大夫”（《戏作花卿歌》），可以治疗疟疾。那么，这首“黄四娘家花满蹊”，就有返老还童的效果。

三

关于这首诗，还有一个值得八卦一下的话题：黄四娘究竟是什么人？

苏轼有一首作于海南儋州的诗，题目是《正月二十六日，偶与数客野步嘉佑僧舍东南野人家，杂花盛开，扣门求观。主人林氏媪出应，白发青裙，少寡，独居三十年矣。感叹之馀，作诗记之》，诗中有两句云："主人白发青裙袂，子美诗中黄四娘。"可见，在苏轼的想象中，杜甫笔下的黄四娘是个农村老妇人。

元代杂剧作家乔吉《黄四娘沽酒当垆》："黄四娘沽酒当垆，一片青旗，一曲骊珠。滴露和云，添花补柳，梳洗工夫。无半点闲愁去处，问三生醉梦何如？笑倩谁扶，又被春纤，搅住吟须。"黄四娘摇身成了酒家老板娘。

浦起龙《读杜心解》："黄四娘"自是妓人。浦起龙所说的妓人，也作伎人，当然不同于今天的性工作者，而是古代包括音乐歌舞杂技之类的表演者，类似今天的演艺界人士。

萧涤非强调"娘子乃唐时妇女的美称"，意思是，黄四娘是有一定身份的女子。

也有人根据诗意，称黄四娘为杜甫邻家女子。

种种说法，相差甚远。

著者认为，黄四娘乃是花禅，即早年曾经沦落风尘、后来遁入空门的女子。

唐代有称尼姑为"娘"的。例如玄宗为了将儿媳妇变成自己的妃子，让杨贵妃短暂出家为尼，宫中呼为"娘子"。加上《江畔独步寻花七绝句》（其五）"黄师塔前江水东"云云，黄师塔即僧人埋葬处，可知黄四娘居住之处接近佛寺。因此，黄四娘很有可能是尼姑。

稍晚于杜甫的唐代名妓薛涛，居住处在万里桥边，与杜甫草堂距离不远。有可能杜甫家附近有条街巷，曾经是风尘女子聚居之地。

黄四娘是花禅，亦庄亦谐，杜甫才可以用“竹枝词”变调，以“癫狂”心态游逛她的花园。

黄四娘若是有家庭身份的女性，称呼上应该用她丈夫的姓氏。直呼黄四娘家，分明表示她是个无家室的独居之人。

黄四娘若是普通农村妇女，不太可能有一个鸟语花香的园子。“千朵万朵”，可见园子规模不小。

黄四娘若是邻家女子，杜甫独自进入她家庭院，从容不迫地赏花、看蝶、听莺，不合当时礼制。没有任何文献记载，杜甫跟女邻居有染的绯闻。

在唐朝，文人士大夫跟才女尼姑交往，打情骂俏，屡见载籍，显然是当时社会习俗所允许的。比如，王维跟长安崇通寺尼姑有交情，白居易写过《龙华寺主家小尼》，张祜吟过《惠尼童子》，刘长卿更是乐与尼姑、道姑交往，他不但与女道士李季兰共成雅谑（李季兰因刘长卿患疝气病，嘲以“山气日夕佳”。刘长卿也不示弱，以陶渊明诗句作答：“众鸟欣有托。”），还曾对一位妙龄尼姑“云房寂寂”，垂涎欲滴。有可能文人士大夫跟花禅往来、谈笑，在唐朝乃是一件风雅之事。

回到诗歌本身，正如浦起龙所说，“流连戏蝶”“自在娇莺”适合映射妓人，不能用于衬托良家妇女。

需要注意的是，是“黄四娘”，不是“黄四孃”。意思是“黄家大小姐”，而不是“姓黄的大妈”。也就是说，这位花禅的年龄未必有多大。

杜甫《闻官军收河南河北》

第一快诗快在哪里

剑外忽传收蓟北，初闻涕泪满衣裳。

却看妻子愁何在？漫卷诗书喜欲狂。

白日放歌须纵酒，青春作伴好还乡。

即从巴峡穿巫峡，便下襄阳向洛阳。

这首诗作于唐代宗广德元年（763）春，当时杜甫携家人于梓州（今四川三台）躲避战乱。西川兵马使、成都少尹徐知道闹叛乱。

此诗的历史背景是：上一年即宝应元年（762）十月，李唐军队在洛阳附近的横水打了大胜仗，收复了洛阳和郑、汴等州。史朝义的部将薛嵩以相、卫等州降，张忠志以恒、赵等州降。次年正月，史朝义逃至广阳，自缢身亡。其部将田承嗣以莫州降，李怀仙以幽州降。

这首诗有如下几个问题，值得一说。

一

关于这首诗的艺术特点，浦起龙《读杜心解》有很好的概括："八句诗，其疾如飞。题事只一句，余俱写情……生平第一首快诗也。"

韩愈有句名言，"欢愉之辞难工，而穷苦之言易好也"（《荆谭唱和诗序》）。但杜甫这首属于欢愉之辞的作品，却无疑是脍炙人口的好诗。

王嗣奭："此诗句句有喜跃意，一气流注，而曲折尽情，绝无妆点，愈朴愈真，他人决不能道。"（仇兆鳌《杜诗详注》引）

顾宸："此诗之忽传、初闻、却看、漫卷、即从、便下，于仓促间写出欲歌欲哭之状，使人千载如见。"（仇兆鳌《杜诗详注》引）

邵长蘅："一片真气流行，此为神来之作。"（杨伦《杜诗镜铨》引）

沈德潜："一气流注，而曲折尽情，篇法之妙，不可思议。"（杨伦《杜诗镜铨》引）

萧涤非则从内容与艺术形式两个方面指出这首诗的魅力："通过这首诗，我们不仅可以看出杜甫爱国的精神，天真的性格，充沛的热情，而且可以看出他那炉火纯青的工力。"

浦氏没有对"快诗"的"快"和"其疾如飞"的含义做具体说明，其他学者的"一片真气流行""一气流注"等，更是模糊之词。

实际上，杜甫这首快诗的"快"可以分为四个层面：一是连接词语转换之快，二是人物动作切换之快，三是空间转移之快，四是诗人心情之快。

词语转换：忽—初—却—即—便；

人物动作：传（闻）—涕泪—看—卷—喜—放歌—纵酒—还乡—穿—向；

空间转移：剑外—蓟北—巴峡—巫峡—襄阳—洛阳。其中"即从巴峡穿巫峡，便下襄阳向洛阳"两句，只以四个地名的顺序排列，便给人以行旅如飞的感觉，比李白的"千里江陵一日还"还要快。

诗人心情："涕泪满衣裳"是喜极而泣，"漫卷诗书喜欲狂"是快乐的行为化，"放歌""纵酒"是快乐的庆祝形式，"青春作伴""还乡"是快乐的理由，"即从""便向"是快乐的计划。

这首诗写快乐，有个过人之处：以诗人一瞥，带出妻子、儿女（却看妻子愁何在）。这种快乐具有普遍性，不是独乐，而是众乐，是全家之乐。

有两句老话，一句叫"萝卜快了不洗泥"，一句叫"天下武功唯快不破”。对一般人来说，仓促之间，快乐的心情来不及推敲词语，很容易写出粗疏之作；但对诗圣杜甫来说，再快的动作和情绪，也能做到严丝合缝，滴水不漏。

四个层面的快，因为安排合理、编织巧妙，丝毫不会给读者以眼花缭乱之感，而是呈现为有条不紊的丰富多彩，有点像好莱坞的动画片。

二

第五句有两种版本，一作“白日放歌须纵酒”，一作“白首放歌须纵酒”。

《唐诗鉴赏辞典》注：“如果作‘白日’，就与下句中的‘青春’显得重复，故作‘白首’较好。”著者不赞同这种说法，理由有二：

“白日”跟“青春”并不重复。白日指时间，无须解释；青春指景色，即花明柳媚的春天景色。两句合起来，表现且歌且行的快乐旅行情景。

白首，往往表示年龄大，有迟暮、垂老等意思，偏于悲伤情绪，这跟整首诗的欢乐气氛显然是格格不入的。

三

听到李唐王朝的军队收复了洛阳与河北的部分地区，杜甫为什么会欣喜欲狂？因为他可以马上回到有自家田园的洛阳去了。“便下襄阳向洛阳”句末，杜甫有个自注：“余田园在东京。”

杜甫自己给出的这个答案，显然不能算是标准答案。

仇兆鳌注：“初闻而涕，痛忆乱离。破愁而喜，归家有日也。”

(《杜诗详注》)这是转述杜诗原意。

萧涤非注:“杜甫是一个热爱祖国而又饱经丧乱的诗人，听到这消息，不禁惊喜欲狂，手舞足蹈，并冲口而出地唱出了这一首有名的七律。”(《杜甫诗选注》)这是说杜甫“喜欲狂”是因为祖国转危为安，自己可以结束丧乱。

大概，不少读者都是这种想法：杜甫为战争即将结束，自己可以马上回到家乡，不再遭受与家人分离之苦，而欣喜若狂。

就诗论诗，这么讲并没有问题，但一结合实际情况，问题就来了。

首先，虽然洛阳是杜甫儿时和青年时代生活的地方，家族宗祠、祖先坟茔也在洛阳。但诗歌中他既没有表现过离开洛阳的痛苦，也没有表达过回到洛阳的强烈愿望。事实上，杜甫更想去的是江东地区。

其次，安史之乱平定之后，杜甫并没有着手实施“便下襄阳向洛阳”的返乡计划。他不久后回到成都，甚至有在那里安居终老的打算。要不是跟严武有过睚眦，差一点被杀害，要不是严武英年早逝，他真有可能一直定居在成都浣花溪畔万里桥附近。

杜甫在写作《闻官军收河南河北》一诗前，代宗宝应元年(762)夏，严武奉召入朝，杜甫从成都出发一路相送，一直送到绵州奉济驿。跟严武分别之际，杜甫对此后的生活感到迷茫。《奉济驿重送严公四韵》:“远送从此别，青山空复情……江村独归处，寂寞养残生。”《远游》:“似闻胡骑走，失喜问京华。”杜甫真正关心的是朝廷。《悲秋》:“始欲投三峡，何由见两京。”杜甫想回去的是京城长安。

因为安史之乱爆发，杜甫弃官后，原定隐居秦州的计划宣告破产，只得漂泊西南。对杜甫而言，最痛苦的事情是寄人篱下。跟《闻官军收河南河北》同一时期的作品《客夜》，有“计拙无衣食，途穷仗友生”，心中的苦闷不难想见。《春日梓州登楼二首》（其二）：“厌蜀交游冷，思吴胜事繁。应须理舟楫，长啸下荆门。”杜甫离开蜀地后最想去的其实是今天江浙地区。在梓州一带避难的三年间，杜甫一直期望买舟东下，再游吴越（江浙）。因为那里有他早年游历留下的美好回忆，有不少喜爱他诗歌的粉丝，刻印了他的诗选，广泛流传。换言之，吴越地区有不少杜甫的知音，这对感慨“百年歌自苦，未见有知音”的杜甫而言，魅力巨大。

孤立地阅读《闻官军收河南河北》，会觉得这是杜甫人生的一大快事：历时七年多的安史之乱终于结束，杜甫可以携家人回到有田园财产的家乡洛阳，安度晚年。实际上，杜甫此后的人生轨迹绝非坦途：先是满怀希望回到成都住了一年，然后在失望中买船东下，到夔州过了两年相对安定的生活；离开夔州后，计划去长沙投奔亲戚，出三峡，经湖北，入湖南境内后遭遇变乱，一度生活无着；最后贫病交加死于衡阳至耒阳途中的自家小船上。

因为贫穷，杜甫的后人甚至无力扶柩回洛阳安葬。也就是说，杜甫死后成了异乡的游魂。从这个角度看《闻官军收河南河北》，所谓杜甫生平第一首快诗，记录的，不过是一次短暂而虚幻的快乐。杜甫此后七年的真实遭遇，比在安史之乱中的颠沛流离还要悲惨。

四

“青春作伴好还乡”的“青春”一词，深究起来不免可疑。

历来学者对这句诗的解释大致是这样的："青春"指春天的景物，整句诗的意思是在春天里跟家人相伴，返回故乡洛阳。例如，仇兆鳌《杜诗详注》引黄生："剑外见地，青春见时。曰作伴者，风和景明，能助行色也。"杨伦《杜诗镜铨》引黄生："谓一路花明柳媚，更不寂寞也。"中国社会科学院文学研究所编《唐诗选》："'青春'，春天。'青春作伴'，言一路春光明媚，可助行色。"萧涤非《杜甫诗选注》："春日还乡，一路之上，柳暗花明，山青水秀，毫不寂寞，故曰青春作伴好还乡。"上海辞书出版社《唐诗鉴赏辞典》："'青春'指春季，春天已经来临，在鸟语花香中与妻子儿女们'作伴'，正好'还乡'。"

对历来学者并无分歧的解释，我一直心存疑惑。"青春"一词，在杜甫诗集里，仅此一见。因而说青春指春天、春景，实在有些勉强。刘希夷《出塞》诗有相近的意思，但他用的是"春色"："晓光随马度，春色伴人归。"杜甫写作《闻官军收河南河北》的时间是代宗广德元年，这一年杜甫五十二岁，已是个衰弱多病的老人。同时或稍前的诗里多充斥着"老""病"之类的字眼，心态苍老，心境苍凉。例如"老妻书数纸，应悉未归情"（《客夜》），"圣朝无弃物，老病已成翁。多少残生事，飘零似转蓬"（《客亭》）。这个年龄，突然冒出"青春"这样的词语，太有违和感了。

但是，苦于没有文献证据，一直没能想到更合理的解释。直到不久前，随手翻阅已经翻阅过多遍的《东坡题跋》，这个在心中郁积多年的疑惑才涣然冰释。《东坡题跋》卷二"记退之抛青春句"：

韩退之诗曰："百年未满不得死，且可勤买抛青春。"《国史补》云："酒有郢之富春，乌程之若下春，荥阳之土窟春，富平之石冻春，剑南之烧春。"杜子美亦云："闻道云安曲米春，才倾一盏即醺人。"近世裴铏作《传奇》记裴航事，亦有酒名松醪春。乃知唐人名酒多以春，则"抛青春"，亦必酒名也。

韩愈《感春四首》中的"青春"是酒名，杜甫《闻官军收河南河北》中的"青春"又何尝不可以是酒名呢？

把"青春作伴"理解为"携酒而行"，诗意、句法，一下子都畅通无碍了。上句说"白日放歌须纵酒"，下句接"青春作伴好还乡"，若"青春"指春天、春景，则诗意扞格。酒后之人，哪还有心思欣赏一路的花明柳媚？醉眼蒙眬，早已自拟羲皇上人，谁还在意路途是否鸟语花香？把"青春"理解为酒名，就不存在这个问题了。律诗讲究对对子，颔联"却看妻子愁何在，漫卷诗书喜欲狂"，句法结构是：出句设问，对句解答。即：

问：妻子愁何在？

答：漫卷诗书喜。

颈联自然也得设为问答结构：

问：白日放歌须痛饮吧？

答：还乡怎能不携酒呢！

如果把"青春"解读为春天，则破坏了这种对称的句法结构：

问：白日放歌须痛饮吧？

答：春天跟家人回老家。

小而言之是答非所问，大而言之是破坏了诗意的完整。

此外，把“青春”理解为酒名，既符合杜甫“性豪业嗜酒”的为人特点，也符合曹操所说“何以解忧，唯有杜康”的诗歌表现愁去乐来的惯用手法。

张志和《渔歌子》

大唐歌者的另类人生

西塞山前白鹭飞，桃花流水鳜鱼肥。

青箬笠，绿蓑衣，斜风细雨不须归。

一

喜爱自然景物，向往自由生活，对垂钓有兴趣的人，一定会喜欢张志和这首词。

远眺青山，近观流水，桃花开，白鹭飞，在斜风细雨中，钓鱼人戴着青箬笠，穿着绿蓑衣，在鳜鱼肥美的季节垂钓。这是一个美丽富足、充满诗意的天地。然而，在这诗意天地背后，诗人的人生故事却十分另类有趣。

二

张志和，出生于天宝二年或三载（743—744），婺州金华（今属浙江）人。本名龟龄，十六岁时明经及第。曾因上书肃宗，受到赏识，待诏翰林——李白也有过这种待遇。跟李白不同的是，张志和得到了实授左金吾卫录事参军。因犯事被贬为南浦（今江西南昌西南）县尉，后遇赦。父亲过世，借守孝之名，回到故乡，从此无意仕宦。

摆脱了名缰利锁的张志和，开启了勇闯江湖的人生模式：乘扁舟，握钓竿，浪迹三江，泛舟五湖，自称“烟波钓徒”。

兄长张鹤龄担心弟弟遁入空门，不再回家，在越州（今浙江绍兴）东城外给他修筑了一座居所。张志和住进去后，闭门十年不出，茅屋顶上长满了杂草，椽子、栋梁也都未曾修葺。豹皮做席，棕榈做鞋，用斑螺做杯子饮酒，拄桄榔杖，靠在白木几案上休息……豪车华服，如同草芥；美酒佳肴，无异泥沙。日常所需，随意取用，全不讲究。

他性格孤僻，率性淡泊，他人根本无法接近，更无人能窥见他的喜怒哀乐。他想要一件粗布缝制的棉袄，嫂子徐氏得知后，亲手为他纺织了丝绵布，制成棉袄。结果，这件棉袄张志和一穿十年，夏日酷暑都不脱下来。

颜真卿做湖州刺史时，张志和曾跟“茶圣”陆羽同在颜府寄食。颜真卿见张志和的小船破旧不堪，想给他换一条新船。张志和谢绝道：“愿为浮家泛宅（以船为家之意），往来苕、霅间。”苕溪、霅溪，湖州境内两条溪流，张志和曾在那里隐居。

虽号称“烟波钓徒”，但实际上张志和钓鱼并非为了满足口腹之欲。他钓鱼不用鱼饵，可见其志不在得鱼。他钓的是烟波，是自由自在的人生。

肃宗李亨欣赏张志和的为人，为了照顾他的隐居生活，曾赏赐给他一奴一婢。不料，张志和把他们配为夫妻，男的取名渔童，女的取名樵青。有人问取名的道理，他说：“渔童负责手持钓竿，收线，在苇塘中划船；苏子当兰草，柴火如桂树，樵青负责在竹林里烹煎茶水。”

三

行为怪异的张志和，其实是个才子。他善于画山水，酒酣耳热之时，击鼓吹笛之际，笔墨飞舞，随着音乐节拍，画作一气呵成。他曾为自己创作的《渔歌子》配了一幅画，画作有奇思妙想。

宪宗皇帝听说张志和为《渔歌子》画了像，派人到处寻访，可惜一直没能找到。李德裕亲眼看见宪宗为没能得到《渔歌子》而遗憾叹息的情形。后来，李德裕终于找到了《渔歌子》图画，如获至宝。

张继《枫桥夜泊》

客船钟声，半夜乡愁

月落乌啼霜满天，江枫渔火对愁眠。

姑苏城外寒山寺，夜半钟声到客船。

一

张继，字懿孙，襄州（今湖北襄阳）人，天宝十二载（753）进士。曾官检校祠部员外郎、洪州盐铁判官。关心民生，诗风爽利激越，有佛道意味。

二

历来读者多将诗题“枫桥夜泊”四字坐实，即把枫桥当作地名。并由此出发，对这首诗做出如下解读：张继当年客游时，乘坐的小船夜泊至寒山寺外枫桥边，夜半闻听寒山寺的钟声，有感而作此诗。

如此解读，大有问题。

诗题又作“夜泊枫江”“夜宿松江”。松江，亦称松陵江，今称吴淞江，发源于苏州市太湖瓜泾口，下游进入上海市区后被称为苏州河。张继作诗的年代，松江一带并无一座名叫枫桥的桥。枫桥的名字是北宋仁宗嘉祐二年（1057）王珪书写张继这首诗时，顺手把封桥改名为枫桥。

有人认为，松江一带也并没有一座寒山寺。今天的寒山寺位于苏州市姑苏区，始建于南朝梁武帝天监年间（502—519），初名“妙利普明塔院”。有个说法，唐太宗贞观（627—649）初，名僧寒山子来此缚茆起居，唐玄宗时著名禅师希迁（700—790）在此创建伽蓝，题额曰寒山寺。但有人考证，寒山寺之名始自明初。还有文献记载，南宋绍兴年间（1131—1162）名叫枫桥寺。

有学者干脆认为：“近处没有寺庙，也没有桥，只有月落乌啼，江枫渔火，荒寒的远山传来隐约的梵钟，伴随诗人无眠的夜晚。如是而已。”（陈尚君《〈春晚〉还是〈春晓〉？》,《行走大唐》引）

愁眠，有人说是苏州的一座山名。这是望文生义，没有任何文献可以证明苏州郊区曾经有过一座叫愁眠的山。

总之，诗中压根就没有寺、桥、山的专名。

三

夜半钟声的说法，北宋文豪欧阳修曾提出疑问：“诗人贪求好句而理有不通……再如唐人有云：‘姑苏台下寒山寺，半夜钟声到客船。’说者亦云句则佳矣，其如三更不是打钟时。”（《六一诗话》）这个说法后来受到了叶梦得、陈岩肖的批评。叶梦得在《石林诗话》中指出，宋代苏州一带寺庙有夜半打钟的；陈岩肖则根据自己在姑苏为官时“每三鼓尽四鼓初，即诸寺钟皆鸣”，由此推测“唐时已然”，并举出若干记载夜半鸣钟的唐人诗歌，例如，于鹄《送宫人入道归山》：“定知别后宫中伴，应听缑山半夜钟。”白居易《宿蓝溪对月》：“新秋松影下，半夜钟声后。”（《庚溪诗话》）

从做学问的角度看，指出欧阳修的错误，是应该的。但是，诗歌创作毕竟不同于做学问，读一首诗，在地名问题上过于较真，并不可取。

明人胡应麟指出：“张继‘夜半钟声到客船’，谈者纷纷，皆为昔人愚弄。诗流借景立言，惟在声律之调，兴象之合，区区事实，彼岂暇计？无论夜半是非，即钟声闻否，未可知也。”（《诗薮》）清人黄生也有同样的意见：“夜半钟声，或谓其误，或谓此地故有半夜钟声，

俱非解人。要之，诗人兴象所至，不可执着。”（《唐诗摘钞》）

四

诗的妙处，前人有所论述。例如：

沈德潜《唐诗别裁集》：尘市喧阗之处，只闻钟声，荒凉寥寂可知。

乔亿《大历诗略》：高亮殊特，青莲遗响。

宋宗元《网师园唐诗笺》：写野景夜景，即不必作离乱荒凉解，亦妙。

著者认为这首诗的妙处，主要有三点：

一是十分含蓄地表现了客夜思乡之情。它不像李白“低头思故乡”那样，直抒胸臆。整首诗，字里行间浸透了思乡之情，但明说的只有“客船”一词，主要通过“夜半钟声”透露诗人深夜难眠，暗示诗人客愁满怀。

二是传神地表现了江边夜景。“月落乌啼霜满天”传递了冷落清秋的信息，说明时间是令人悲愁伤感的秋天。诗歌紧扣一个“夜”字展开描写。月亮落下，地面漆黑一片，但诗中的夜景仍然是丰富多彩的：乌啼、钟声，是耳闻之声；江枫、渔火，是目见之色。二者合起来，便是有声有色。再加上含蓄的思乡，可说是有情。

三是禅意入诗。历代表现月夜思乡的诗很多，但是像张继这首以富有禅意的佛寺钟声入诗，却是别人所没有的。

一言以蔽之,《枫桥夜泊》为我们描写了一个有声、有色、有情的夜。只不过诗中的“乌啼”“愁眠”“寒山”等词语，风格凄婉，情调萎靡，明显有别于盛唐诗歌。

韦应物《滁州西涧》

两大分歧费思量

独怜幽草涧边生，上有黄鹂深树鸣。

春潮带雨晚来急，野渡无人舟自横。

一

这首诗，上海辞书出版社版《唐诗鉴赏辞典》说作于建中二年（781），中国社会科学院文学研究所编《唐诗选》说作于建中四年（783）。

沈作喆《补韦刺史传》："建中二年，拜尚书比部员外郎。明年，出为滁州刺史。"据此，韦应物离开长安前往滁州是在建中三年（782）。据韦应物《郡斋感秋寄诸弟》："首夏辞旧国，穷秋卧滁城。方如昨日别，忽觉徂岁惊。"又可知韦应物前往滁州的具体时间是初夏。既然是建中三年初夏离开京城到滁州赴任，写《滁州西涧》的时间则应是建中四年。

二

滁州西涧，位于今安徽滁州城西，俗称上马河。

跟韦应物一样，也在滁州做过刺史的欧阳修，根据宋时滁州城西乃是丰山，并没有西涧，只城北有一涧，但水很浅，容不下船只，且又是江潮到不了的地方，提出了"诗人务在佳句而实无此景"的疑问。

胡应麟《诗薮》对欧阳修的疑问，表面上是批评，实际上是坐实："韦苏州：'春潮带雨晚来急，野渡无人舟自横。'宋人谓滁州西涧，春潮绝不能至。不知诗人遇兴遣词，大则须弥，小则芥子，宁此拘拘？痴人前政自难说梦也。"胡应麟的意思是，西涧、春潮，完全可以是诗人的想象，不必实有。

著者的看法不同于以上两种，介于有无之间。西涧是确有其地，但不在滁州。

韦应物《始除尚书郎别善福精舍》诗题下自注：建中二年四月十九日，自前栎阳令除尚书比部员外郎。诗云："除书忽到门，冠带便拘束。愧忝郎署迹，谬蒙君子录。俯仰垂华缨，飘飖翔轻毂。行将亲爱别，恋此西涧曲。"请注意，善福精舍有个西涧。

善福精舍在长安西郊。韦应物在栎阳县令任上时，以身体有疾为由辞去官职，到善福精舍隐居。"诸生时列坐，共爱风满林。"（《善福精舍示诸生》）"滁州西涧"有可能是韦应物使了乾坤挪移法，借用了一下善福精舍附近的西涧。

春潮，不必是江潮，也可以是雨中水涨、风起浪涌的夸张说法；至于野渡、舟，可以只是小河流水，独木扁舟。

三

宋人谢枋得云："'幽草''黄鹂'比君子在野，小人在位；'春潮带雨晚来急'，乃季世危难多，如日之已晚，不复光明也；末句谓宽闲寂寞之滨，必有贤人如孤舟之横渡者，特君不能用耳。此诗人感时多故而作，又何必滁之果如是也。"（高棅《唐诗品汇》引）

清人沈德潜对此说法不以为然："起二句与下半无关。下半即景好句。元人谓刺君子在下，小人在上，此辈难与言诗。"（《唐诗别裁集》）

上述两种说法，《唐诗鉴赏辞典》都不同意："说有兴寄，诚然不错，但归结为讥讽'君子在下，小人在上'，也失于死板；说偶然赋

景，毫无寄托，则割裂诗、人，流于肤浅，都与诗人本意未洽。”（倪其心撰）

著者认为，“幽草”“春潮”，既不是兴寄，也不是纯粹的景物，诗人用它们来渲染怅惘落寞的情绪，表现无人之境的野趣。

韦应物的艺术手法，跟杜甫有相似之处。杜甫《春望》：“国破山河在，城春草木深。”宋人司马光指出：“山河在，明无余物矣；草木深，明无人矣。”又杜甫《蜀相》：“映阶碧草自春色，隔叶黄鹂空好音。”碧草、黄鹂，都是为了烘托贤人已逝的落寞气氛。韦应物的“独怜幽草涧边生，上有黄鹂深树鸣”，句法与此相似。

四

所谓知人论世，想要真正读懂这首诗，必须对韦应物其人有所了解。

韦应物不同于一般书斋文士出身的诗人，他是武官出身，而且人生命运几经起落。早年曾做过唐玄宗的扈从侍卫，得到玄宗的信任；玄宗驾崩后，开始折节读书，学习诗歌写作。他的一首《逢杨开府》，对自己的人生经历有比较全面的介绍：

少事武皇帝，无赖恃恩私。
身作里中横，家藏亡命儿。
朝持樗蒲局，暮窃东邻姬。
司隶不敢捕，立在白玉墀。
骊山风雪夜，长杨羽猎时。

一字都不识，饮酒肆顽痴。

武皇升仙去，憔悴被人欺。

读书事已晚，把笔学题诗。

两府始收迹，南宫谬见推。

非才果不容，出守抚茕嫠。

忽逢杨开府，论旧涕俱垂。

坐客何由识，唯有故人知。

可见，韦应物是一个率真无心机的人。加上李肇《国史补》“韦应物立性高洁，鲜食寡欲，所至焚香扫地而坐”的说法，可知他还是一个清心寡欲的人。

这样一个人，不可能大费周章用幽草比喻君子在野、用黄鹂比喻小人在朝。更何况，用草比喻君子，用黄鹂比喻小人，均无例可援。众所周知，孔子说过：“君子之德风，小人之德草。草上之风，必偃。”（《论语·颜渊》）

五

诗的妙处，前人有如下说法：

桂天祥《批点唐诗正声》：沉密中寓意闲雅，如独坐看山，淡然忘归，诗之绝佳者。

黄叔灿《唐诗笺注》：闲淡心胸，方得领略此野趣。所难尤在此种笔墨，分明是一幅画图。

宋顾乐《唐人万首绝句选评》：写景清切，悠然意远，绝唱也。

这些说法各有道理，但至少还可以补充一点：诗句表义的模糊与含蓄。模糊，所以有分歧，读者不妨各持己见，各取所需；含蓄，所以有韵味，读者可以各有所悟，各有所感。

卢纶《塞下曲》

边塞将军多神勇

林暗草惊风，将军夜引弓。

平明寻白羽，没在石棱中。

月黑雁飞高，单于夜遁逃。

欲将轻骑逐，大雪满弓刀。

一

塞下曲，唐新乐府，属横吹曲。

诗又题作《和张仆射塞下曲》，是组诗，共六首。张仆射，一说为张延赏（726—787），一说为张建封（735—800）。

张延赏，早年以门荫入仕，唐德宗贞元三年（787），官至左仆射同平章事。遗憾的是，张延赏没有诗歌作品保存下来，卢纶和的是他的什么诗，已不得而知。

张建封，唐代宗时历佐使府。贞元四年（788），授徐泗节度使，累加检校尚书右仆射。张建封慷慨尚武，常以武功自许。镇守徐州十年间，治军有方。他还善于作诗，权德舆称其“歌诗特优，有仲宣（王粲）之气质，越石（刘琨）之清拔”。张建封礼敬文士，秦系、于良史、韩愈等皆为其幕客，经常唱和。

从存诗情况看，“张仆射”指张建封的可能性比较大。

卢纶（约742—约799），字允言，河中蒲（今山西永济西南）人，大历十才子之一。天宝末年曾参加进士考试。安史之乱爆发后，为避难移居江西鄱阳。代宗大历（766—779）初，又几次到长安应试，均未及第。后因宰相元载、王缙举荐，先后任阌乡尉、集贤学士、秘书省正字、监察御史等职。776年元载遭刺杀，王缙遭贬，卢纶受牵连落职。德宗建中元年（780），又被起用为昭应县令。

二

《塞下曲》共六首，分别描写发号施令、射猎破敌、奏凯庆功、论功封爵等军营生活。因为是和作，语多溢美。这六首诗内容相应，显然是一个整体，创作于同一时间。但其余四首的水平明显低于其二、其三。

“林暗草惊风”一首，背后有汉武帝时抗击匈奴名将李广的故事。《史记·李将军列传》：“（李）广出猎，见草中石，以为虎而射之。中石没镞，视之石也。因复更射之，终不能复入石矣。”如果不了解这个历史典故，射虎误中岩石的情节，也可以从民间“云从龙，风从虎”的说法中猜到一二。

三

诗的妙处，李攀龙《唐诗训解》、顾璘《批点唐音》、钟惺《唐诗归》、贺裳《载酒园诗话又编》等，不厌其烦，均强调一点：虽是中唐大历诗人的作品，但风格可与盛唐诗歌媲美。例如李攀龙《唐诗训解》：“中唐音律柔弱，此独高健，得意之作。此见边威之壮，守备之整，而惜士卒寒苦也。允言语素卑弱，独此绝雄健，堪入盛唐乐府。”

著者认为，这两首诗最重要的艺术特点是含蓄委婉。“林暗草惊风”一首，隐去虎的形象，用“草惊风”三字表示；“月黑雁飞高”一首，隐去将军的形象，用“逐”和“弓刀”等词语表示。虎与将军虽然没有正式出场，但二者的形象却贯穿诗歌，鲜明夺目。诗是和作，有歌颂唱作者（张延赏或张建封）的意思，隐去虎有更能凸显将军沉着性格的作用，隐去将军有避免赞颂过于直露肉麻的好处。

孟郊《游子吟》

慈母的颂歌

慈母手中线，游子身上衣。

临行密密缝，意恐迟迟归。

谁言寸草心，报得三春晖。

一

题下自注："迎母溧上作。"也就是说，这是孟郊做溧阳（今江苏省常州西南）县尉时所写的诗。

孟郊四十六岁（贞元十二年）考中进士，随即返回故里。四年之后，即五十岁上才得了个溧阳县尉之职。孟郊五十岁时，母亲至少也接近古稀之年了。可见，这首诗是一位知天命之年的儿子为古稀母亲所唱的慈母颂歌。

虽然写出过"春风得意马蹄疾，一日看尽长安花"这样的名句，但孟郊并无意于仕进，他最感兴趣的是游山玩水和作诗。可以想象，这是孟郊又一次出门游山玩水之前，年届古稀的母亲给他缝补衣裳，孟郊触景生情，写下这首诗歌。

二

因为孟郊耽于游山玩水，苦吟诗歌，县令只好另外找了个人替他行县尉之职，只给孟郊发一半俸禄。《唐才子传》载"（孟）郊拙于生事，一贫彻骨"，大概是实情。

众所周知，孟郊是中晚唐苦吟派诗人的代表，苏轼有"郊寒岛瘦"的概括。苦吟诗人，不光是在作诗的时候搜肠刮肚，苦心焦虑，诗歌也多表现艰苦生活，"借车载家具，家具少于车"（《借车》），"吹霞弄日光不定，暖得曲身成直身"（《答友人赠炭》），诗人自己的生活往往也如诗中所描写的那样捉襟见肘，艰难苦寒。

贫家出孝子，还真是。

三

吟，诗体之一。《唐诗三百首》将《游子吟》归入五言古诗“乐府”类。

寸草心，指子女。心，双关，既指草木茎干，又指子女孝心。

三春晖，一年四季，一季三月，三春即春季三月；三春晖即春天的阳光，比喻母亲对子女的爱。

四

这首诗的妙处，前人有如下一些说法：

苏轼《读孟郊诗》：诗从肺腑出，出辄愁肺腑。

钟惺《唐诗归》：仁孝之言，自然风雅。

邢昉《唐风定》：仁孝蔼蔼，万古如新。

岳端《寒瘦集》：此诗从苦吟中得来，故辞不烦而意尽，务外者观之，翻似不经意。

贺裳《载酒园诗话又编》：真是“六经”鼓吹，当与退之《拘幽操》同为全唐诗第一。

沈德潜《唐诗别裁集》：即“欲报之德，昊天罔极”意，与昌黎“臣罪当诛，天王圣明”同有千古。

归纳起来，无非三点：一是感情真挚，二是思想正确，三是语言简练。

这三点，一、三两点著者都赞成，第二点，贺裳、沈德潜都把《游子吟》跟韩愈的《拘幽操》相提并论，实在是有些莫名其妙。韩愈《拘幽操》诗如下：

目掩掩兮，其凝其盲。耳肃肃兮，听不闻声。朝不日出兮，夜不见月与星。有知无知兮，为死为生。呜呼！臣罪当诛兮，天王圣明。

韩愈诗是借周文王因崇侯虎进谗言而被商纣王囚禁羑里的故事，表达自己的思君忠君之情。只是因为两首诗的思想都关乎忠孝，便将其相提并论，这不是真正的文艺评论。依今天的文艺批评标准看，韩愈的《拘幽操》实在算不得好诗。

《游子吟》最动人的地方，是其即小见大、见微知著的艺术手法：古稀母亲手中的针线，知天命儿子胸中的寸草之心，因为细微，益显真实。此外，密密、迟迟两个叠音词，使音律节奏变得缓慢，诗意更加绵长，令读者于注目凝神间，低徊悱恻，怦然心动。

李贺《马诗》

驰骋疆场的唐朝青年

大漠沙如雪，燕山月似钩。

何当金络脑，快走踏清秋。

一

李贺（790—816），字长吉，福昌（今河南宜阳西）人。父亲名晋肃，因晋、进同音，身为宗室后裔的李贺，便不能参加进士考试。仕进之路因此受到严重影响，只做了个奉礼郎（在宗庙中掌管君臣版位，祭祀时向导跪拜仪式）的小官。相应而来的家庭经济状况也乏善可陈，有时甚至不免于饥寒交迫。悲愤抑郁，营养不良，加上吟诗太刻苦，伤害了身体，才二十七岁便英年早逝了。

《唐摭言》《新唐书》《唐才子传》等文献中均有李贺七岁能作诗的故事：听说七岁的李贺能作诗，韩愈、皇甫湜亲自到李贺家当面验证。李贺旁若无人，一首《高轩过》（华裾织翠青如葱，金环压辔摇玲珑。马蹄隐耳声隆隆，入门下马气如虹。云是东京才子，文章钜公。二十八宿罗心胸，九精照耀贯当中。殿前作赋声摩空，笔补造化天无功。庞眉书客感秋蓬，谁知死草生华风。我今垂翅附冥鸿，他日不羞蛇作龙），提笔一挥而就。韩愈、皇甫湜大加赞赏。

《李贺小传》《新唐书》《唐才子传》等文献亦记载了李贺苦吟的故事：带着仆人，骑着毛驴，背着一个破旧锦囊，一旦想出诗句就写在纸片上投入锦囊。傍晚回家，母亲让婢女打开锦囊，看到许多诗句，常常生气地说："这孩子是要呕出心来才肯罢休啊！"

李贺的诗具有独特的艺术风格，和《楚辞》的浪漫主义精神、汉魏六朝乐府萧梁艳体诗一脉相承，以丰富的想象力和诡谲的语言，表现奇幽神秘的意境。

二

李贺以《马诗》为题的咏马诗共有二十三首，这是第五首。

这首咏马诗相对于他自己的其他诗而言，语言是比较朴素、直接的。

前两句写景，大景，远景。有人说这首诗跟李贺生活的贞元、元和时期的藩镇割据现象有关，意思是李贺有反对藩镇割据的思想。但从大漠、燕山这两个地理名词看，诗人关注的只是唐王朝北方边疆的情况，即北方游牧民族入侵的问题。远眺是如雪的茫茫沙漠，仰望是如钩的弯弯月亮。虽然不是满月，但显然这是一个天气晴朗的夜晚。后两句抒情，更准确地说是表达愿望：什么时候能够得到一匹装饰精美的骏马，骑着它驰骋在边疆清冷的秋天！

这其实可以算是一首边塞诗，但由于诗人没有边塞从军的亲身经历，写得比较空泛，并不深刻。

三

这首诗艺术上有一个明显的特点：形象先行，时间后置，给人以惊诧、惊奇的感觉。大漠沙似雪，上来就令读者惊诧：沙漠怎么能像白雪呢？原来是月如钩的夜晚，秋夜月光下的沙漠景象。何当金络脑，要金笼头的骏马干什么呢？原来是诗人想要骑着它在大漠上飞驰。

四

这首诗并不是孤立现象，李贺还有类似的诗歌作品。《马诗》(其一)："龙脊贴连钱，银蹄白踏烟。无人织锦韂，谁为铸金鞭？"《南园》(其五)："男儿何不带吴钩，收取关山五十州？请君暂上凌烟阁，若个书生万户侯！"都表达过自己有立功边关的志向。

李贺写马，跟杜甫有一个明显的不同：李贺喜欢写马身上鞍辔之类的漂亮装饰和配置，而杜甫则喜欢写马本身的样貌和才能。例如《房兵曹胡马》："胡马大宛名，锋棱瘦骨成。竹批双耳峻，风入四蹄轻。所向无空阔，真堪托死生。骁腾有如此，万里可横行！"既有马的奇伟相貌，又有马的出众才能。

柳宗元《江雪》

景清绝，心不屈

千山鸟飞绝，万径人踪灭。

孤舟蓑笠翁，独钓寒江雪。

一

这首诗作于柳宗元被贬永州（今属湖南）期间。唐顺宗永贞元年（805），柳宗元参加的王叔文发动的旨在内抑宦官、外制藩镇的“永贞革新”运动失败后，被贬为永州司马。柳宗元谪居永州，历时十年（805—815）。不难想象，这期间柳宗元的处境是糟糕的，内心是苦闷的。

二

诗歌用高度夸张的手法，营造了一个广阔、凄清、寒冷、孤独的世界：因为下雪，天地一片银白，山间空中没有一只飞鸟，地面道路不见一个行人，自然景物是如此广阔。但是，这个广阔的世界里意外地出现了一只小船、一个穿着蓑衣戴着笠帽的渔翁，人间的形象是如此渺小。自然景物的广阔，跟人间形象的渺小，构成了强烈对比。

这是一首寓情于景的诗，表面上写的是寒江垂钓图，实际上表现了诗人内心世界的清高与孤傲。

前人已经注意到，千山、万径这两个大数量的词语跟孤舟、独钓这两个单数词语构成惊人的对照艺术效果。其实，这首诗的用韵，也是非常有讲究的。绝、灭、雪都是入声字，入声调的特点是“短促急收藏”，吟咏时无法拉长，只能戛然而止；入声韵不同于阴声韵和阳声韵能够表现舒缓、从容的意境，它通常只能表现凄绝、孤独的意境。言为心声，用入声韵，表现的是诗人内心的决绝，不求和解，不留余地，不惧对立。塑造的人物形象，具有遗世独立的品性。

柳宗元作于同一时期的另一首脍炙人口的作品《渔翁》，押的也是入声韵。

渔翁夜傍西岩宿，晓汲清湘燃楚竹。
烟销日出不见人，欸乃一声山水绿。
回看天际下中流，岩上无心云相逐。

巧的是，这首诗的主人公也是渔翁。不同的是，这首诗表现的不是白雪覆盖的寒冷冬季，而是山水皆绿的春夏时节。不过，渔翁遗世独立的心境是一样的。

三

李白的《独坐敬亭山》《月下独酌》也是表现孤独的，但李白的孤独，人与景物之间是有交流的，是可以同乐的。“相看两不厌，只有敬亭山”，“举杯邀明月，对影成三人”。柳宗元的孤独，人是超然物外的，跟景物之间没有交流。

四

《江雪》诗的妙处，前人已说得不少，归纳起来，无非趣味、格调、画面三点。

苏轼《东坡题跋》：人性有隔也哉。殆天所赋，不可及也已。
《唐诗品汇》引刘辰翁：得天趣，独由落句五字道尽矣。

顾璘《批点唐音》：绝唱。雪景如在目前。

胡应麟《诗薮》：骨力豪上，句格天成。

黄生《唐诗摘钞》：此等作真是诗中有画，不必更作寒江独钓图也。

沈德潜《唐诗别裁集》：清峭已绝。

韩愈《早春呈张十八员外》

一时心情成就千古赞歌

天街小雨润如酥，草色遥看近却无。

最是一年春好处，绝胜烟柳满皇都。

一

这首诗作于长庆三年（823），当年韩愈五十六岁，次年病逝。上一年九月，韩愈被任命为吏部侍郎，次年六月升任京兆尹兼御史大夫。可见作这首诗时韩愈正在吏部侍郎任上。这可以从同题的另一首诗中“莫道官忙身老大”一句得到印证。

二

张十八员外郎即张籍，是中唐时期跟韩愈齐名的诗人。张籍跟韩愈同龄或略长一二岁，但在仕途上多次得到韩愈的举荐擢拔。换言之，韩愈于张籍有知遇之恩。贞元十四年（798），在孟郊的介绍下，张籍在汴州得识时任进士科考官的韩愈。在韩愈的举荐下，次年进士及第。长庆元年（821），韩愈又举荐张籍为国子博士，先后迁水部员外郎、主客郎中，最后官至国子司业（国子监副校长）。长庆三年，张籍在水部员外郎任上，二人同在长安为官，过从亲密，诗歌唱和频繁。

三

《早春呈水部张十八员外》题下共有二首，这是其一，其二如下：

莫道官忙身老大，即无年少逐春心。
凭君先到江头看，柳色如今深未深。

官居高位（吏部侍郎在唐朝时是正四品上，相当于今天的副部长）、疾病缠身的韩愈，仍然对生活充满了热情，有着少年一般追寻春信的兴致，甚至作诗动员好友张籍先去江边看看柳色是否已加深转绿。

四

烟柳，有些版本作花柳。清代学者王元启说："此对草色言之，只当作'烟'。"（《读韩记疑》）今天的选本也多作"烟柳"。"烟柳"显然比"花柳"好。"草""柳"比较的是绿色之深浅，并非花色品种之多少；若用"花"字，诗意会显得驳杂不纯。

五

韩愈作诗，有"奸穷怪变得，往往造平澹"（韩愈《送无本师归范阳》）的主张。他的写景诗可以印证这一主张。

"草色遥看近却无"是公认的佳句，赞美的人很多：

胡仔在《苕溪渔隐丛话后集》称赞此诗跟苏轼的初冬诗——"荷尽已无擎雨盖，菊残犹有傲霜枝。一年好景君须记，最是橙黄橘绿时"，意同词殊，"皆曲尽其妙"。

朱彝尊《批韩诗》："景绝妙，写得亦绝妙。"

黄叔灿《唐诗笺注》："'草色遥看近却无'，写照工甚。正如画家设色，在有意无意之间。"

《唐诗鉴赏辞典》："这首诗咏早春，能摄早春之魂，给读者以无穷的美感趣味，甚至是绘画所不能及的……他用诗的语言描绘出极难

描摹的色彩——一种淡素的、似有似无的色彩。”（钱仲联、徐永端撰）

除了“草色遥看近却无”之外，韩愈还有一些写景诗句，也很能曲尽其妙。例如，“新年都未有芳华，二月初惊见草芽”（《春雪》）；“草树知春不久归，百般红紫斗芳菲”（《晚春》）。早春草色之淡，晚春花色之繁，都表现得合乎情理。宋人张栻大概是受韩愈的启发，其《立春偶成》诗中有“律回岁晚冰霜少，春到人间草木知”的句子。

韩愈说若有若无的草色“绝胜烟柳满皇都”，《唐诗鉴赏辞典》如是分析：“诗人认为初春草色比那满城处处烟柳的景色不知要胜过多少倍。因为，‘遥看近却无’的草色，是早春时节特有的，它柔嫩饱含水分，象征着大地春回、万象更新的欣欣生意。而烟柳呢？已经是‘杨柳堆烟’时候，何况‘满’城皆是，不稀罕了。到了暮春三月，色彩浓重，反倒不那么惹人喜爱了。”

张籍《秋思》

心细如发的思乡之情

洛阳城里见秋风，欲作家书意万重。

复恐匆匆说不尽，行人临发又开封。

一

洛阳、秋风，首句显然是化用了晋人张翰的典故。《晋书·列传·张翰》："因见秋风起，乃思吴中菰菜、莼羹、鲈鱼脍，曰：'人生贵得适志，何能羁宦数千里，以要（邀）名爵乎？'遂命驾而归。"张翰因为思念家乡的几样美食，不惜放弃仕途前程，这是历代文人墨客津津乐道的名士行为。其中，唐代就有不少诗人引用张翰这个典故。

崔颢《维扬送友还苏州》：渚畔鲈鱼舟上钓，羡君归老向东吴。

元稹《酬友封话旧叙怀十二韵》：莼菜银丝嫩，鲈鱼雪片肥。

白居易《偶吟》：犹有鲈鱼莼菜兴，来春或拟往江东。

皮日休《西塞山泊渔家》：雨来莼菜流船滑，春后鲈鱼坠钓肥。

张翰的弃官回乡，不完全是因为嘴馋，还有政治上的原因。他预见到庇护他的司马冏可能败亡，弃官还乡是为了避祸保全。后来的事实证明，张翰的选择是明智的。

二

想要读懂这首诗，必须对诗人张籍有所了解。

韩愈跟张籍（有说在长安，其实是在汴州即开封）一见如故，韩愈举荐张籍为国子监博士。按常理，如此知遇之恩，张籍理应对韩愈感激犹恐不及，但张籍性情狷直，反而对韩愈常加指责、讥讽。例如，张籍《上韩昌黎书》："比见执事，多尚驳杂无实之说，使人陈之于前以为欢，此有以累于令德。又商论之际，或不容人之短，如任私尚胜者，亦有所累也。"一般人，心知肚明但不会说出来，即使说出来，也会尽量含蓄。张籍不是，他喜欢知无不言，言无不尽，是钢铁直男。更难得的是，韩愈并不以为忤。

有文学才华的人，无论公卿名士，张籍都乐意与之交游。"公卿裴度、令狐楚，才名如白居易、元稹，皆与之游"（《旧唐书》），"当时有名士皆与游"（《新唐书》），"朝野名士皆与游，如王建、贾岛、于鹄、孟郊诸公集中，多所赠答"（《唐才子传》）。喜欢交游者，表面原因是性格开朗，爱凑热闹；深层原因大多是不耐寂寞，惧怕孤独。

《唐才子传》有一番说张籍的话值得重视："情爱深厚，皆别家千里，游宦四方，瘦马羸童，青衫乌帽，故每邂逅于风尘，必多殷勤之思。"由此可见，张籍是一个有情有义之人。

三

王安石在《题张司业诗》中这样评价张籍的诗歌："看似寻常最奇崛，成如容易却艰辛。"这个评语用在这首诗上，也很恰当。通过家信表现思乡之情，张籍之前，杜甫有"烽火连三月，家书抵万金"（《春望》）的名句。但是，张籍并不怯场，以细致的观察、敏锐的感受，抓住了写家书者唯恐言未尽意的心理，不经意间自然流露在送信人即将登程出发的时候，又打开信封，再写上几句。

“复恐匆匆说不尽，行人临发又开封”两句，跟杜甫的“烽火连三月，家书抵万金”一样，成为千古流传的思乡名句。只不过他们的风格截然不同：杜诗苍凉，张诗温情。

刘禹锡《望洞庭》

梦境般的大湖景致

湖光秋月两相和，潭面无风镜未磨。

遥望洞庭山水翠，白银盘里一青螺。

一

刘禹锡《历阳书事七十韵》序言称："长庆四年（824）八月，予自夔州刺史转历阳，浮岷江，观洞庭，历夏口，涉浔阳而东。"刘禹锡任监察御史期间参加王叔文的政治革新运动，运动失败后被贬出京，长期在南方各地辗转。先是朗州司马，接着是连州刺史、夔州刺史、和州刺史等。二十年间往来南北各地，多次经过洞庭湖地区。可以考证的有六次，六次中只有一次是在秋天。这首《望洞庭》，写的是洞庭湖秋景。由此可知，这首诗作于唐穆宗长庆四年八月。

二

范仲淹在名文《岳阳楼记》中，根据想象（范仲淹并没有亲身到过岳阳楼）描写岳阳楼上所见洞庭湖景色："予观夫巴陵胜状，在洞庭一湖。衔远山，吞长江，浩浩汤汤，横无际涯；朝晖夕阴，气象万千。此则岳阳楼之大观也。前人之述备矣。"

著者也未曾到过岳阳楼，不知道范仲淹描写的巴陵胜状是否准确到位。"前人之述备矣"这句，却能肯定，大致合乎事实。

别的不说，单说诗歌一端，就有不少描写岳阳楼、洞庭湖的名篇：

八月湖水平，涵虚混太清。
气蒸云梦泽，波撼岳阳城。
欲济无舟楫，端居耻圣明。

坐观垂钓者，徒有羡鱼情。

——孟浩然《望洞庭湖赠张丞相》

划却君山好，平铺湘水流。

巴陵无限酒，醉杀洞庭秋。

——李白《陪侍郎叔游洞庭醉后三首》(其三)

昔闻洞庭水，今上岳阳楼。

吴楚东南坼，乾坤日夜浮。

亲朋无一字，老病有孤舟。

戎马关山北，凭轩涕泗流。

——杜甫《登岳阳楼》

这几首显然都是顶级诗人的优秀作品。其中，孟浩然的“气蒸云梦泽，波撼岳阳城”，杜甫的“吴楚东南坼，乾坤日夜浮”，堪称震铄古今的名句。

刘禹锡到洞庭湖的时候，应是熟知这些前人诗篇和名句的。传说李白到黄鹤楼游览，看到题写在墙壁上的崔颢《黄鹤楼》诗，敛手无作而去。刘禹锡到洞庭湖能写出这首《望洞庭》，首先是勇气可嘉。

三

刘禹锡这首《望洞庭》写得与众不同。

首先，不同于孟浩然、李白、杜甫的白日之景，刘禹锡描写的是洞庭湖夜景。准确地说，是秋天月夜的洞庭湖。构成画面的主要景物是月亮、湖水、君山。写洞庭湖，将月亮入诗，刘禹锡可谓另辟蹊径。孟浩然描写的也是秋天八月的洞庭湖，但诗中并没有出现月亮的形象。

其次，刘禹锡所追求的美学效果，不同于孟浩然、李白、杜甫的场景宏大、气势磅礴，而是一派宁静清澈的情景。湖光秋月，天地空灵；潭面如镜，世界清凉；山水翠绿，如幻如梦。银盘青螺，比喻别致，把湖面比作银盘，把君山比作青螺，成套比喻，相当新颖。

再次，不同于孟浩然、李白、杜甫借自然景色寄托身世感慨，刘禹锡的《望洞庭》表现的是无我之境，纯粹的山水之景，诗意更加超凡脱俗。

身为逐臣，处江湖之远，能够不涉及身世际遇，写出这样宁静澄澈的诗歌。可见刘禹锡内心世界的从容淡定，非常人可比。

刘禹锡《浪淘沙》（其一）

给点阳光就灿烂

九曲黄河万里沙，浪淘风簸自天涯。

如今直上银河去，同到牵牛织女家。

一

浪淘沙，唐教坊曲名，由刘禹锡、白居易开始用它为七言绝句的题名，后来进一步演化为词牌名。刘禹锡的《浪淘沙》是组诗，题下共有九首作品。一般认为，九首作品的写作时间先后不一。

这是组诗中的第一首，从诗的意思看，像是作于元和九年（814）年底，从朗州任上奉召入朝之际。

唐顺宗即位后，素有改革之志的原太子侍读王叔文等人得到重用。刘禹锡因与王叔文相善，其才华受到王叔文的赏识，被任命为屯田员外郎，判度支盐铁案，参与管理国家财政。以王叔文为首的“永贞革新”，由于触犯了藩镇、宦官和官僚集团的利益，遭到联合反扑，革新才 180 多天便宣告失败。顺宗被迫让位给太子李纯，王叔文不久被赐死，王伾遭贬后病死，刘禹锡、柳宗元等人被贬，史称“八司马事件”。刘禹锡先被贬为连州刺史，不久再贬为朗州司马。

在贬所待了近十年后，元和九年十二月，刘禹锡得到回京的诏令。但不久又被贬到更加遥远的播州任刺史。因为裴度、柳宗元等人的帮助，改任连州刺史。直到元和十四年（819），因母丧离开连州，两年后出任夔州刺史。

二

刘禹锡显然不是一个有城府的政治家，他喜欢在诗歌里表现自己的喜怒哀乐之情。最有名的是“桃花公案”。元和十一年（816）三月，他写了一首有名的看花诗《元和十年自朗州承召至京戏赠看花诸君子》：

紫陌红尘拂面来，无人不道看花回。

玄都观里桃千树，尽是刘郎去后栽。

把道观里的桃花比作朝廷里的新晋官员，把敌对势力成员比作已经凋谢的桃花，把种桃道士比作他们的后台。大概跟这首诗有点关系，刘禹锡再次得罪了当政者，再一次被贬为连州刺史。

又过了十四年，唐文宗大和二年（828）三月，再一次奉召入朝的刘禹锡被任命为主客郎中，写了一首《再游玄都观》：

百亩中庭半是苔，桃花净尽菜花开。

种桃道士归何处，前度刘郎今又来。

对已经失势的政敌进行了尖锐的讽刺。在引言中，刘禹锡更是把自己仕途沉浮和作诗的来龙去脉交代得清清楚楚。

这一首《浪淘沙》跟上述两首桃花诗一样，都是刘禹锡表达喜怒之情的作品。诗的第一句“九曲黄河万里沙”，代指诗人政治仕途上遭遇的坎坷；第二句“浪淘风簸自天涯”，代指诗人得到诏令后从贬所千里迢迢返回京城；第三四句，代指诗人回到皇帝身边，重新登上朝廷这个全国权力中心的舞台。刘禹锡当时的心情，有点像在山东被妻子嫌弃要求离婚后得到玄宗召唤时的李白。李白高声喊出了“仰天大笑出门去，我辈岂是蓬蒿人”的诗句，刘禹锡则写出了这首《浪淘沙》。

三

刘禹锡还有一点跟李白的诗歌有关系。李白将高山瀑布比喻为银河落地,《望庐山瀑布》有“飞流直下三千尺，疑是银河落九天”的名句；刘禹锡则把自己从偏远的贬所返回京城、重回皇帝身边任职比喻为黄河上通银河、天庭。

这当然是有民间传说依据的,《荆楚岁时记》中就有黄河跟银河相通的记载：汉武帝派张骞出使大夏，寻找黄河源头。张骞走了一个多月，见到了织女，织女把支机石送给张骞。同书又载：织女是天帝的孙女，长年织造云锦，自从嫁了牛郎，就中断了织锦。天帝大怒，责令她与牛郎分居银河两岸。隔着天河相望，每年七月初七夜鹊桥相会一次。

四

诗歌的思想境界，其实并不高妙。难得的是，就像李白一样，刘禹锡的性格中也有着孩子般率性、乐观的一面，给点阳光就灿烂，得到点好消息便能写出欢快的诗句。这种性格的诗人，这种风格的诗歌，在中国文学史上都属于稀有品种。

刘禹锡《浪淘沙》（其六）

古代淘金女之歌

日照澄洲江雾开，淘金女伴满江隈。

美人首饰侯王印，尽是沙中浪底来。

一

《浪淘沙》本为六朝民歌的题目，唐代成为教坊乐曲。刘禹锡据此创作的《浪淘沙》组诗，每一首都是七言绝句。从风格上说，类似民歌。“浪淘沙”后来又被当作词牌名。因此，刘禹锡的《浪淘沙》组诗，也有人认为它是词，俞平伯的《唐宋词选释》就将它收入于词中。

刘禹锡的《浪淘沙》组诗，由九首作品组成，这是第六首。第一首演绎神话传说，第二首用象征手法表现爱情的磨难，第三首写世事流变，第四首写游子情怀，第五首描绘锦江风情，第六首揭示劳作与享受的不公平，第七首描绘钱塘江大潮，第八首抒发迁客情怀，第九首再说世事流变。

一般认为，这组民歌体作品写于刘禹锡的后半生，创作时间不限于一时一地。根据诗中出现的黄河、洛水、汴水、清淮、鹦鹉洲、锦江等江河名称，可以推测是刘禹锡辗转夔州、和州、洛阳等地时所作。也有学者认为，这组诗作于刘禹锡任职夔州后期，即长庆二年（822）春。

二

说起淘金，很多人马上想到的可能是美国十九世纪初开发西部时在加利福尼亚发现金矿，演绎出许多人间悲喜故事。这是拜多部好莱坞电影所赐而来的印象。实际上，黄金开采、冶炼、使用的历史比那久远得多。

历史文献记载，汉朝皇帝赏赐功臣，贿赂敌国，动辄千金万金（千两万两）。数量之巨大，十分惊人。成都金沙遗址出土的文物中，就有纯度很高、造型优美（类似凤凰卫视台标）的金箔造型饰品。

黄金不像煤炭、石油之类由地球上别的物质转化而来，黄金是宇宙中以气体等形态“飘落”到地球上的物质。因此，它的数量是有限的，不会随时生长、不断产出。可能有人担心随着不断地开采、消耗，地球上的黄金会越来越少。这种担心基本上是杞人忧天，据科学家推算，地壳中的黄金资源大约有 60 万亿吨之多。而截至 2005 年，人类采掘的黄金不过 12.5 万吨，约占总储量的六亿分之一。

金有矿金、沙金之分，河流、湖泊、溪流中淘洗沙金称为“淘金”或“淘沙”。沙金因为采集容易，自古以来就有老弱、妇女从事淘金劳作的。从文献记载看，有妇女参加的淘金活动主要分布在长江流域。刘禹锡诗中描写的夔州地区妇女淘金，就在此范围之内。

三

因为是民歌体，语言浅显，诗的内容不难理解。

一、二两句写景，太阳升起，明净江水环绕的沙洲上，雾气渐渐散开。这个时候，成群结队的淘金妇女已经布满江湾。三、四两句感慨，黄金是人间富贵的象征。美人靠它装饰，王侯用它铸印。而这种代表人间富贵的物品，却出自辛劳的妇女之手。

读这首诗，我们很容易联想起杜甫《自京赴奉先县咏怀五百字》中的“彤庭所分帛，本自寒女出”。但是，刘禹锡不同于杜甫，他的批判不像杜甫那样犀利。杜甫不但要点出女子的景况——“寒女”，而且还要加上对聚敛贡赋手段的刻画和揭露——“鞭挞其夫家，聚敛贡城阙”。汉中山靖王后裔刘禹锡只是点到为止，一派温和。

四

有人说，这首诗表面上描写淘金女的劳作情形，实际上有政治寓意和身世命运的感慨。著者认为，如此解读未免求之过深。刘禹锡的诗歌，没有那么复杂。况且，这是民歌体诗歌。倘若有寓意，有感慨，诗人一定会明白地说出来的。第八首，正是这样的作品：

> 莫道谗言如浪深，莫言迁客似沙沉。
> 千淘万漉虽辛苦，吹尽狂沙始到金。

刘禹锡以淘金作比喻，勉励自己：加诸己身的谗言终将如浪潮退去，被打压至命运谷底的人生终将有翻身的一天。

贾岛《寻隐者不遇》

令人向往的山林隐居生活

松下问童子，言师采药去。

只在此山中，云深不知处。

一

贾岛（779—843），字阆仙，范阳（治今河北涿州）人。为了生存，曾几度寄身寺庙做和尚，法名无本。因得到韩愈赏识，有机会与孟郊、张籍、姚合等人酬唱往还，声名鹊起。还俗参加进士科考试，落第后作诗讥诮，被列入举场“十恶”。五十九岁时被责授长江主簿，后迁普州司仓参军，死时六十五岁。

二

贾岛作诗以苦吟与孟郊齐名，有“郊寒岛瘦”之称。其实从内容上说，贾岛的诗歌很少涉及国家政事和民生疾苦。内容不如孟郊诗广泛，感情也没有孟郊诗深厚。但是，晚唐诗人李洞等人对贾岛其人其诗推崇备至，顶礼膜拜。贾岛对南宋后期的江湖诗派有重要影响。唐宋以降，朝代更迭之际，贾岛每每成为诗人们的精神拯救者，甚至有人修建庙宇把贾岛当佛供奉，韩愈则成了侧立配享的人物。

三

诗的妙处，前人指出了一些：

> 《唐诗正声》引吴逸一：自是妙音，所谓不用意而得者。
>
> 唐汝询《唐诗解》：设为童子之言，以状山居之幽。
>
> 徐增《而庵说唐诗》：此诗一遇一不遇，可遇而终不遇，作多少层折！

黄叔灿《唐诗笺注》：语意真率，无复人间烟火气。

归纳起来，是自然真率、意思多转、超凡脱俗三点。著者认为，此诗之所以脍炙人口，还有如下四个原因：

第一，没用一个典故，语言通俗易懂。

第二，流水对的诗句，如同讲故事，一读难忘。

第三，一问一答，口语自然，带出三个人物，童子与隐者的形象跃然纸上。

第四，语言精练，风景如画，短短二十个字，写出了隐者居所环境的幽静，表现出隐者行踪的神秘莫测，引人遐想，发人深省。

避世隐居，历代不乏其人。大隐隐于朝，中隐隐于市，小隐隐于山林。隐于山林者，或数人结伴偕隐，诗酒遣兴，琴棋娱乐；或结庐独居，销声匿迹，修身养性。这首诗表现了一老一少、主仆相依的动人画面。

李绅《悯农诗》（其一）

农夫为何饿死在丰年

春种一粒粟，秋收万颗子。

四海无闲田，农夫犹饿死。

一

这首诗又题作《古风》。李绅《悯农诗》或《古风》题下一共两首诗，这是第一首。第二首是更加有名的“锄禾日当午”。这首当然也是好诗，它没有“锄禾日当午”出名，主要是因为那首富有童趣，更适合儿童诵读。

二

春种秋收是我国多数地区的农事规律。诗的前两句，讲的是这个农事规律下丰收之年的情景。春天播种下一粒种子，秋天收获万颗种子。就粟（去壳后叫小米）这种作物而言近乎事实，据说一穗粟通常有数千籽粒，最多可达一万余籽粒。但假如这里的“粟”是泛指农作物，就不免夸张了。至少，稻麦之类常见庄稼不是这样的投入产出比例。但不管诗里的“粟”是特指还是泛指，把前两句诗理解为描写丰收之年，是没有问题的。

对农民而言，丰收原本是好事，它意味着农家可以丰衣足食。但是紧接着，诗人话锋一转：即使是丰收，即使是所有土地都种了庄稼，没有一块被抛荒，农民仍不免被饿死。

庄稼丰收了，庄稼人却没有得到好处。劳动成果被他人剥夺的现象，自古以来一直存在。唐代诗人罗隐《雪》：“尽道丰年瑞，丰年事若何。”宋代诗人梅尧臣《陶者》：“陶尽门前土，屋上无片瓦。”宋代诗人张俞《蚕妇》：“遍身罗绮者，不是养蚕人。”还有民间流传的顺口溜“泥瓦匠，住草房；纺织娘，没衣裳。卖盐的，喝淡汤；种田的，吃米糠。编席的，睡土炕；炒菜的，光闻香。当奶妈的卖儿郎，做棺材的死路上。挖煤哥家里像冰窖，淘金汉一辈穷得慌”，说的都是这种现象。

丰收不多收，甚至饿死，劳动者不得分享劳动果实，面对这种奇怪现象，任何读者都不免在心里打个问号：是什么原因造成了这种不合理的现象呢？

杜甫在诗歌中揭示了其中一些原因。《自京赴奉先县咏怀五百字》：“彤庭所分帛，本自寒女出。鞭挞其夫家，聚敛贡城阙。……朱门酒肉臭，路有冻死骨。”《昼梦》：“安得务农息战斗，普天无吏横索钱。”《又呈吴郎》：“已诉征求贫到骨，正思戎马泪盈巾。”杜甫明白地指出，进贡朝廷、官吏索取，都是造成百姓贫穷的原因。

李绅当然没有杜甫那样的批判精神。但是，他毕竟注意到了农夫的苦难。作为仕途通达、一度官至宰相的士大夫，能做到这样，已是相当不错了。

三

李绅跟元稹、白居易为同时代人，年龄相当，仕途经历也相似，且三人之间在诗歌创作上多有交流切磋。元稹曾说：“予友李公垂，贶予乐府新题二十首。雅有所谓，不虚为文。予取其病时之尤急者，列而和之，盖十二而已。”（《和李校书新题乐府十二首·并序》）元稹和了十二首，白居易又写了五十首，改名《新乐府》。“雅有所谓，不虚为文”，可见李绅作诗是讲究现实意义的。李绅的诗歌成就虽然不能跟元稹、白居易相提并论，但是他的二十首乐府新题对元白的“新乐府”诗歌创作产生了直接而重要的影响。

李绅《悯农诗》（其二）

感恩好教材

锄禾日当午，汗滴禾下土。

谁知盘中餐，粒粒皆辛苦。

一

这首诗显然属于家喻户晓、妇孺皆知级的名篇。千百年来，多少户人家的饭桌上，长辈曾意味深长地把它吟诵、讲解给年幼的子孙听！过去如此，现在如此，将来也一定如此。

一直以来，一般人都会认为这首诗的语言通俗易懂，无须解释。事实上，所有诗歌选本在选入本诗时，也都未对诗中任何词语加以注解。但是，几年前，著者偶然了解到，有人把“锄禾”理解为“收割庄稼”，而且还不是个别人的信口误解，而是某个地区（例如湖南）方言的普遍认识。这样一来，就有必要讨论一下了。

要了解“锄禾”的意思，得从“锄”字入手。唐诗中，“锄”字有名词、动词两种用法。名词的“锄”是锄头，一种除草的农具。例如，白居易《题座隅》：“手不任执殳，肩不能荷锄。”动词的“锄”有松土、铲除、掘取三个意思。下边各举一例：

韦应物《答冯鲁秀才》：薄田失锄耨，生苗安可任？

白居易《问友》：锄艾恐伤兰，溉兰恐滋艾。

徐凝《柬白丈人》：昔时丈人鬓发白，千年松下锄茯苓。

“锄禾”中的“锄”字为动词无疑。松土、铲除、掘取三个义项中，松土最合情理。

以著者少年时代农村生活的经验，“锄禾”应该是给庄稼松土的意思。当然，松土的同时，兼有除草的目的。准确地说，“锄”是就旱地庄稼而言，如果是水田庄稼（水稻），则是耘。烈日下，旱地里，给庄稼松土除草，挥汗如雨，非常辛苦。

二

两首《悯农诗》，这首“悯”的程度更高，更深刻：关心农夫的生死，涉及赋税制度是否合理的问题。一粒粟变成万颗籽，显然是大丰收；四海无闲田，说明农夫已竭尽全力；然而结果却是仍有农夫饿死。稍微追问一下，就知道问题出在赋税过于沉重上，出在社会财富分配不公上。这首诗批评的力度和深度，不亚于杜甫的“朱门酒肉臭，路有冻死骨”（《自京赴奉先县咏怀五百字》）。

三

写出《悯农诗》这样深情体恤农夫作品的诗人，到底是一个怎样的人呢？知道真相后，可能会有点失望。

首先，李绅虽是才子，但不是帅哥，他是一个身材矮小之人。白居易《代书诗一百韵寄微之》“闲吟短李诗”自注：“李二十绅，体短能诗。”《新唐书》载李绅：“为人短小精悍，于诗最有名，时号‘短李’。”

其次，李绅一生沉浮宦海，曾官至宰相。元和元年（806）登进士第，当年即被镇海军节度使李锜辟为书奏从事。元和七年（812），为校书郎。元和十四年（819），召拜右拾遗。次年正月，穆宗即位，为翰林学士，然后是右补缺、知制诰、中书舍人，不断升迁。此后又几经沉浮。长庆四年（824）由户部侍郎贬端州司马。宝历元年

（825）量移为江州长史后迁滁州、寿州刺史。大和七年（833），李德裕将其擢拔为浙东观察使。开成元年（836）拜河南尹，同年迁宣武军节度使。武宗即位，先徙淮南节度使，三年后，即武宗会昌二年（842），由淮南节度使检校吏部尚书任召为中书侍郎、同中书门下平章事。

再次，《悯农诗》写于李绅早年官位未显之时，官做大了后，李绅于六十多岁写的《追昔游诗》三卷，追述生平，记录宦海升沉。其中不乏“饰智矜能，夸荣殉势”之作（陈振孙《直斋书录解题》），境界并不高。民间传说李绅发达之后，因为他喜欢吃鸡舌头，每天要宰杀许多活鸡，还经常呼朋唤友，搞“百鸡宴”，一餐饭要花费几百贯钱，生活之奢侈，令人咋舌。早年的“悯农”情怀，随着官职升迁，逐渐丢失。

白居易《赋得古原草送别》

是赞美生命还是表达友情

离离原上草，一岁一枯荣。

野火烧不尽，春风吹又生。

远芳侵古道，晴翠接荒城。

又送王孙去，萋萋满别情。

一

白居易生前对自己的诗歌进行过多次整理、编集，分为讽喻、闲适、感伤、杂律四大类。这首诗被分在杂律类。从诗题“赋得”二字看，可知这是一首应考的习作，题目是由他人限定的，并非自选。写作时，有诸多的讲究，诗句要切题，起承转合要分明，对仗要工整，等等。

二

《赋得古原草送别》的写作时间，有说是贞元三年（787），即白居易十六岁时。

张固《幽闲鼓吹》：“白尚书应举，初至京，以诗谒顾著作。顾睹姓名，熟视白公，曰：‘米价方贵，居亦弗易。’乃披卷，首篇曰：‘离离原上草，一岁一枯荣。野火烧不尽，春风吹又生。’即嗟赏曰：‘道得个语，居即易矣。’因为之延誉，声名大振。”《唐语林·赏誉》《唐摭言》亦有类似的记载。

《旧唐书》记载白居易：“年十五六时，袖文一编，投著作郎吴人顾况。况能文，而性浮躁，后进文章无可意者。览居易文，不觉迎门礼遇曰：‘吾谓斯文遂绝，复得吾子矣。’”

也有学者根据白居易和顾况可考的行踪，认为十六岁作此诗的说法仅为传闻，不可信。白居易十一岁（建中三年）至十八岁（贞元五年）在江南，十五六岁时，随父在徐州、衢州任上；而顾况贞元五年（789）以后即遭贬官饶州，不久又转至苏州，二人不可能在长安相见。再者,《幽闲鼓吹》《唐语林》等笔记的记载，时间、地点多有明显错误，相互抵牾。有人认为，只有贞元五年，白居易去长安，两人才可能相遇。

对这个问题，著者有如下三点意见：

第一,《赋得古原草送别》一诗作于白居易十五六岁上下，这是有可能的。白居易出生于父亲以上数代“世敦儒业，皆以明经出身”（《旧唐书》）的家庭，早年的教育条件优越，早早学会诗歌写作，完全有可能。这首诗不是孤立现象，想要否定这首诗作于白居易十五六岁，至少还事关相传作于十五岁的《江南送北客因凭寄徐州兄弟书》和作于十八岁的《病中作》等。元稹《白氏长庆集·序》称白居易“五六岁识声韵，十五志诗赋”。

第二，证明白居易十五六岁没有游历过京城，不是易事。说有易，说无难。仅凭白居易十八岁前生活在徐州、衢州等地，便断言他不可能见过顾况，难免武断。年代久远，文献记载有限，白居易早年的行踪，今天所能知道的，只是一鳞半爪，远非全貌。

第三，即使白、顾贞元五年之前没有见过面，但顾况欣赏白居易的才华、因白居易之名开个玩笑，也完全可能。人没有相见，诗作可以传播，顾况读到白居易的诗后，说句俏皮话也合乎情理。

三

《赋得古原草送别》一诗所表达的是什么思想，学者间有截然不同的看法。

《唐诗三百首》的编辑者孙洙（蘅塘退士）认为：“离离原上草，

一岁一枯荣”是比喻小人，“野火烧不尽”比喻小人是铲除不尽的，“春风吹又生”比喻小人会随时出现，“远芳侵古道”指小人侵犯正道，“晴翠接荒城”指小人文饰鄙陋。

《唐诗鉴赏辞典》则评：“烈火再猛，也无奈那深藏地底的根须，一旦春风化雨，野草的生命便会复苏，以迅猛的长势，重新铺盖大地，回答火的凌虐。看那‘离离原上草’，不是绿色的胜利的旗帜么！”（周啸天撰）显然，这是把《赋得古原草送别》视为生命的赞歌。

孰是孰非？孰优孰劣？

著者认为，两种说法都违背了诗歌本意。

这是一首送别诗。诗意所在，是末联“又送王孙去，萋萋满别情”。这两句诗的意象源自《楚辞·招隐士》：“王孙游兮不归，春草生兮萋萋。”只是经过了转化，把怀归的意思转化成送别之情。说白了，就是以春草比喻友情。春草蓬勃表示对送别对象的情谊深厚。

前四句是写景，回溯动态之景，复原了春草发芽、生长的过程。五、六句相当于李叔同（弘一法师）填写的《送别》歌词“长亭外，古道边，芳草碧连天”，乃是送别时分的眼前之景。“又送王孙去，萋萋满别情”，用的是移情手法，萋萋芳草成了对远行朋友的留恋之情。艺术手法上，跟李白的“孤帆远影碧空尽，唯见长江天际流”把滔滔江水想象成对远行朋友的留恋之情，有异曲同工之妙。

可见，今把诗题《赋得古原草送别》改为《草》，并不恰当，还不如改为《送别》更切题些。

四

白居易的这首少作，既渊源有自，又源远流长。可以上溯到《楚辞·招魂》“王孙游兮不归，春草生兮萋萋”，南朝梁刘孝绰妹妹的“落花扫更合，丛兰摘复生”，还可以追溯到孟浩然的“林花扫更落，径草踏还生”、刘商（大历年间进士）的“几回离别折欲尽，一夜东风吹又长”。

有了这些渊源，也就有了臧否。宋人范晞文《对床夜语》认为刘商“几回离别折欲尽，一夜春风吹又长”，不如白居易的“野火烧不尽，春风吹又生”，“语简而思畅”。

这类臧否，见仁见智，无可厚非。但是，有一个事实谁也无法否认——白居易的“野火烧不尽，春风吹又生”最为家喻户晓。从措辞文雅蕴藉的角度讲，释惠崇的“春入烧痕青”的确有过人之处，但白诗因是少年之作，更加率真自然，别有风致。有如前人所说，“一句之意，分为两句，风致亦自不减”（田雯《古欢堂集》），“不必定有深意，一种宽然有余地气象”（屈复《唐诗成法》）。

白居易《池上二绝》（其二）

大诗人童心大发

小娃撑小艇，偷采白莲回。

不解藏踪迹，浮萍一道开。

一

这首诗，有的书上题为《池上》，是不妥的，因为白居易另有一首以“池上”二字命题的诗。

《池上二绝》作于唐文宗大和九年（835），白居易时任太子少傅分司东都洛阳。一日于某水塘边游览，见山僧下棋、小娃撑船而作此组诗。

《池上二绝》的另一首如下：

山僧对棋坐，局上竹阴清。
映竹无人见，时闻下子声。

可见，这两首诗之间并没有内容上的联系，只是一时所见的两个不相干的情景。不过，两首诗所反映的画面倒可以构成有趣的对照：一首写孩子，一首写僧人；一首是岸上情景，一首是水中故事；一首有声（棋子声），一首有色（白莲、水色）；一首写静，一首写动。

二

这首小诗写了诗人目击的一起“偷盗”事件：小孩子划着小船，偷采白莲花。

诗歌的妙处不在于写出了孩子的淘气单纯——划着小船偷摘到白莲花后不懂得把小船冲开的浮萍拨归原位，结果留下了“作案”的痕迹；而主要在于岸上的诗人在心理上加入了小孩子的偷采行动，他在替他们着急，恨不得冲着他们大喊：孩子，快把浮萍拨回原样！

这首小诗，水中岸上，小孩子与成年人的童趣彼此呼应，浑然一体，令人哑然失笑。

白居易《忆江南》

难忘江南美景

江南好，风景旧曾谙。

日出江花红胜火，

春来江水绿如蓝，

能不忆江南！

一

《忆江南》，词牌名，又名《望江南》《梦江南》《江南好》。据段安节《乐府杂录》，这一词牌为李德裕所创。李德裕镇守浙江时，为亡妓谢秋娘作歌，取名《谢秋娘》，后改为《忆江南》。温庭筠、苏轼都曾用此词牌填词，且都有佳作。

二

“江南”的概念，古代范围较广。司马迁《史记·货殖列传》中的江南指“江淮以南”，即楚越之地。那里“地广人稀，饭稻羹鱼”，“无冻饿之人，亦无千金之家”。庾信《哀江南赋》，哀悼的是南朝大梁的衰亡，梁国是以建康（今江苏南京）为首都、范围包括整个长江流域及以南地区的南朝第三个王国。杜甫《江南逢李龟年》中的“江南”指的是潭州，即今湖南长沙。白居易的“江南”，专指杭州。韦庄的“江南”，则可能指蜀地成都。大概从白居易开始，“江南”跟杭州有了特别密切的关系。很多人心目中的江南，指向江浙苏杭地区，跟白居易这两首词不无关系。

三

《望江南》词牌下，白居易有两首作品。这一首，是江南地区春季常见之景。但第二首则明白指出杭州：“江南忆，最忆是杭州。山寺月中寻桂子，郡亭枕上看潮头。何日更重游？”可以猜想，第一首所写景色应该也是杭州。

四

江浙苏杭，山水林泉，四时美景，不胜枚举。但是，白居易这首词只取春天江水两个时段（日出、日中）之景，可谓删繁就简。日出时分，江水如花，火红胜过烈焰；日中时分，江水碧绿，好似可制靛青的蓝草。

这首词的妙处，比喻新颖倒在其次，最主要的是诗人通过景物传递的好兴致、好心情。更难得的是，这首词作于白居易五十多岁。五十多岁尚有如此好心情，实属不易。

白居易五十一岁（古人以虚岁称年龄）那年七月，由中书舍人出任杭州刺史，十月一日抵达杭州。第三年（824）五月任期满，离开杭州，返回京城，被任命为太子右庶子。可见，白居易是五十一二岁时在杭州为官的。用了"忆"字，可见是离开杭州以后所作。

根据白居易的人生经历及思想观念，杭州之所以给他留下如此美好的印象，至少有三个原因：一是杭州的山水景色，比京城（长安、洛阳）优美；二是刺史这个州府长官职位薪水远较朝廷京官丰厚；三是此前因为上疏请求急捕刺杀宰相武元衡之贼以雪国耻遭贬，在江州司马任上沉郁多年后仕途出现转机。

杭州给白居易的印象实在是太好了，以至于他回到京城后不久，又主动要求出任苏州刺史。可惜的是，因为眼疾，他只做了一年多（825 年五月五日至 826 年秋）苏州刺史，任期未满，827 年春即回到洛阳，被任命为秘书监。

胡令能《小儿垂钓》

儿童钓鱼也认真

蓬头稚子学垂纶，侧坐莓苔草映身。

路人借问遥招手，怕得鱼惊不应人。

一

胡令能，唐代诗人，贞元、元和时期（785—820）人。换个大家容易记住的说法：此人晚白居易十三年出生，早白居易二十一年去世。可谓英年早逝。

唐代诗歌繁荣，于胡令能身上可见一斑。此人并非杜甫那样“奉儒守官”的仕宦人家出身，甚至连寒门、士林都称不上。而是一个如假包换的底层百姓，手工匠人，人称“胡钉铰”。钉铰有洗镜、补锅、锔碗，或以金玉等材料镶嵌器物等意思，不知道他具体从事的是哪一项工种。难能可贵的是，胡令能虽然会写诗，但并没有放弃他的钉铰营生。胡令能当然也是个有文化的人，他后来喜欢上《列子》，接受了禅学的影响。他还是个隐士，据说隐居福建莆田。虽然仅有四首作品保存在《全唐诗》中，但在诗人辈出的唐朝，一个劳动人民能有几首诗传世，实属不易。

二

胡令能的其他三首诗分别为《观郑州崔郎中诸妓绣样》《喜韩少府见访》《王昭君》。其中《喜韩少府见访》一首跟《小儿垂钓》有相似之处，都塑造了生动的乡村儿童形象。不同的是，《喜韩少府见访》中的儿童是羞怯的，而《小儿垂钓》中的儿童是相当淘气顽皮的。为便于比较，照录《喜韩少府见访》如下：

忽闻梅福来相访，笑著荷衣出草堂。

儿童不惯见车马，走入芦花深处藏。

《小儿垂钓》的诗句并不难懂。头发蓬乱，说明这是个带有一定野性、比较淘气的小孩。虽然学着成年人的样子钓鱼，但坐姿将其儿童本性暴露无遗：侧身坐在莓草苔藓上，身体半掩在草丛中。行人向他问路，他都远远地冲他们摇手，让人不要出声，担心把鱼吓跑。

第一句“学”字用得好，堪称诗眼。宋代诗人范成大《夏日田园杂兴》中“童孙未解供耕织，也傍桑阴学种瓜”二句，可能脱胎于此。胡令能用诗歌表现乡村儿童的活泼可爱，非常难得。这种题材、写法，唐代很少见，宋代才大行其道。

三

在诗人辈出、佳作如林的唐朝，胡令能这首小诗得以流传至今，被收入语文教材，表面上看是因为题材新颖，而实际上是情怀独特。中国文学史上，诗歌艺术虽博大精深，但儿童文学这一块相对薄弱。贺知章、胡令能等人能够对儿童的言行举止抱有浓厚兴趣，并热情地用诗歌加以表现，实属难得。创作的灵感，大概源自他们未泯的童心！

吕岩《牧童》

艰苦而诗意的生活

草铺横野六七里，笛弄晚风三四声。

归来饱饭黄昏后，不脱蓑衣卧月明。

一

吕岩，就是宋代以来世俗传说的八仙之一、被全真教奉为纯阳祖师吕祖的吕洞宾。但是唐代文献中并没有任何关于他的记载，所有记载均始于宋初。按照宋人的说法，他是唐末人。

宋人记载的传说里，吕岩是吕渭（做过礼部侍郎）的孙子，京兆（今陕西西安）人。至于是否中过科举，是否做过官，有不同的说法。有说他咸通（860—874）初年考中进士，两次出任县令；有说他参加过进士考试，但未及第。

从吕岩日后成为道家祖师这一情况看，当初携家栖隐的原因是唐末黄巢起义，这是可信的。换言之，他是因为躲避战乱而远离俗世的。不难想象，他有过一段栖隐乡野、潜心学道的时期。

大致可以推测，这首诗的写作时代是唐朝末年。

二

诗歌语言浅显易懂。一、二句表现牧童白天放牧的情形。草地铺展在原野上，有六七里长，可见这是一个适合放牧的地方。晚风里，随意吹几声笛子，说明牧童是个有趣之人。三、四句表现牧童夜晚的生活：黄昏饱餐，蓑衣卧月，说明牧童生活无忧且随性。

三

著者少年时代生活在农村，也曾做过牧童。中小学时代的寒暑假，须参加生产队的劳动，暑假多被指派担任牧童角色。因此，对诗歌所表现的牧童生活倒可以说一说自己的感受。

回首数十年前的往事，牧童生涯留下了许多美好的记忆。我不懂音乐，给我一支笛子也无法吹出悠扬动听的曲调。但是，如果不深究，勉强也可说是会“弄笛”的。柳叶、青蒜叶、杏核鼓（取杏核，横侧面各磨一小洞，掏空果肉，侧洞贴上竹膜，将横洞端塞进鼻孔，鼻子呼气，即能嗡嗡作声，有如BBOX）之类，儿时都曾经玩过。因为生性顽劣，也因为特殊年代的风尚，我做牧童的时候，没有牛角挂经卷、且行且读那么上进。但是偶尔带本闲书（小说），看上几页，也是有的。

当牛在溪滩草地、山麓地带安分吃草时，众牧童嬉戏打闹，下井字棋、中国象棋、打扑克，也是难得的快乐时光。

根据数年暑假牧童生活的亲身感受，我认为诗歌中的牧童生活都是被美化了的；或者说，牧童真正的生活并非诗中表现的那般轻松，惬意。

江南地区，村庄、人口都很稠密，草铺横野六七里的优良牧场难得一见。若有，那真是牧童莫大的幸福。著者的家乡没有那么大一块草地可供放牧，基本是在田头、溪边、山脚，放牧的时候，都需要时时提防，不能尽兴玩耍。否则，牛脖子一扬，吃了庄稼；牛角一挑，掀了人家长辈的棺材；小则挨家长训斥，大则引起家族纠纷。

再者，即使有那么一大块草地，你去我也去，大家天天都去那里放牧，牧草也早被啃秃了。农民视牛为宝，不舍得让它们挨饿掉膘。否则，田地抛荒，挨饿的就是自己了。反正我做牧童的时候，家长、生产队长们是不允许我们把牛赶往那种草场的。所有扎堆放牛、下棋打牌之类的乐事，都是偷偷进行的。按照家长、生产队长们的意愿，是需要化整为零打游击的，哪里草长，到哪里放牧。

诗的最后一句，写穿着蓑衣，仰面而卧，那也不是什么惬意的事情。制作蓑衣的材料有两类——棕榈和干草。著者的家乡多棕榈树，蓑衣多以棕榈制作。棕榈制成的蓑衣，结实得刀枪不入，可以当铠甲。棕榈丝扎人如刺，难以躺在上边睡觉。用蒲草之类的干草制作，会柔软一些，但是御寒、防雨的性能不佳。蓑衣当被，恐怕夜寒侵体，人为之瑟瑟，是根本无心赏月的。

当然，诗人实际上只是通过描写牧童轻松惬意的生活表现自己超脱世俗的思想，不必太较真。但在现实世界里，牧童的生活其实是非常艰苦的，谁见过富贵人家打发子弟去做牧童的呢？

杜牧《山行》

醉人的秋意

远上寒山石径斜，白云生处有人家。

停车坐爱枫林晚，霜叶红于二月花。

一

这首诗不见于《樊川集》而见于宋人编辑的《樊川外集》。因为鉴别欠精，拣选不严，《樊川外集》中阑入不少他人作品，其中有李白、张籍、王建、张祜、赵嘏、李商隐、许浑等人的诗作。但这一首《山行》似乎还没有人指出不是杜牧的作品。

二

诗中一直存有一个读音争议：用今天的普通话朗读，“斜”字跟“家”“花”两字韵母不一样，ie 和 a/ua 听起来不太和谐。因此，有教科书给“斜”字注音说，古读 xia 音。

认真计较起来，这样的注音是错误的。若论古音，比如说中古音，晚唐时期，“斜”字应该读 zia 或者 dzia。那个时代，声母应该是浊辅音，而不是清辅音。

斜、家、花三个字，按照唐代读音，韵母是可以相押的，都是麻韵，韵基部分（包括韵腹和韵尾，这几个字是开尾韵，即只有韵头和韵腹，没有韵尾）一样，都是 a。但是，斜字跟家、花两字的等第不同，斜字是三等，家花都是二等。等的次第也是个有争议的问题，十分复杂，简单地说就是从一等到四等，韵母中韵头部分发音时的开口度，一等最大，二等次之，三四等开口度都小，四等最小。因此，在演变过程中，产生了分歧。

三

“白云生处有人家”一句，有版本作“白云深处……”。之所以会有这样的版本差异，有两个原因：一是汉语方言中自古以来就有前后鼻音相混的现象，今天南方地区大多数方言和北方地区部分方言，都有程度不等的韵尾 n、ng 不分现象；二是这句诗中，“生处”“深处”都可以说得通，意思也差不多。

一般认为，“生”是动词，“深”是形容词，前者胜过后者，理由是生动有趣。其实，仔细琢磨，还可以找出一个理由：若人家藏在白云深处，那是看不见的，除非白云散去。

四

这首诗的妙处很多，我们可以列举出如下三点：

一是语言明白如话，没有使用一个典故。“停车坐爱枫林晚”中的“坐”（因为）、“爱”（喜爱），都是当时的口语词汇。

二是写景富有层次感。第一句是远眺之景，第二句是仰望之景，第三句是眼前之景，第四句是比较之景。一、二句是客观之景、动感之景，三、四句是主观之景、静态之景。

三是照应严密、语言精练。在句法和词语上，隔句对应：远上对停车，石径对枫林，白云对霜叶。此外，寒山的“寒”字呼应“霜叶”的“霜”字。

杜牧这首诗，跟刘禹锡的《秋词》有异曲同工之妙。

自古逢秋悲寂寥，我言秋日胜春朝。

晴空一鹤排云上，便引诗情到碧霄。

“霜叶红于二月花”，分明就是“我言秋日胜春朝”的另一种说法。悲秋伤情的诗读多了，突然读到这样的“翻案”之作，实在是令人耳目为之一新，心情为之一爽。

杜牧《清明》

未必跟清明节有关

清明时节雨纷纷，路上行人欲断魂。

借问酒家何处有，牧童遥指杏花村。

一

这首诗一般认为是杜牧所作，但实际上这个认识是有问题的。《樊川诗集》《樊川别集》《全唐诗》以及今人纂修的《全唐诗补编》，都没有将这首诗收录到杜牧名下。

有人说，此诗最早见于南宋谢枋得（1226—1289）所编《千家诗》，这一说法恐怕有误。据我们所知，最早将这首诗跟杜牧联系在一起的，是南宋著名诗人刘克庄（1187—1269）。他的《分门纂类唐宋时贤千家诗选》（后人称《后村千家诗》）第三卷“节候门”中的清明、寒食目十三首同类题材诗里，第一首就是杜牧的《清明》。

怀疑不是杜牧所作的说法，还有技术上的支持：诗中押韵不够精严。“纷”属文韵，“魂”“村”属魂韵，《广韵》206 韵，文是平声第二十部，魂是平声第二十三部。唐朝律诗，文部可以跟第二十一部欣部押韵，但文、魂两部一般不相押。

《清明》是否为杜牧所作，论者至今各执一端。著者的意见是，在没有确凿文献记载可以证明该诗的真正作者时，不妨先承认它是杜牧所作。杜牧生前的诗歌，编进集子的只是一小部分，大部分被他自己删汰了。删汰之作，有押韵不精严的瑕疵，情理上是讲得通的。此外，归在著名诗人杜牧名下，有利于这首诗作的传播。

二

诗中牧童所指“杏花村”到底在哪里，至少有五种说法：一、山西省汾阳市城北三十里处的杏花村；二、湖北省麻城市岐亭镇附近的杏花村；三、江苏省徐州市丰县东二十里的杏花村；四、江苏省南京市城西南凤台山一带的金陵杏花村；五、安徽省池州市贵池区西郊的杏花村。其中，相信的人较多的是一、五两种。据说，因为酒业的利益冲突，几处杏花村曾经对簿公堂。

著者认为，诗歌所言杏花村不必专指名字叫“杏花村”的某一个村子，它可以泛指任何一个村边开着杏花的村子。

从情理和句法上说，诗人既然向牧童打听“酒家何处有”，说明他对当地情况不熟悉，不知道村庄的名字；其次，牧童遥指，很大的可能是牧童当时没有开口说话，只是用手给诗人指引方向。这样一来，杏花村就可能是“那个开满了杏花的村庄”的意思。换言之，“杏花”是个描述性词语，不是村庄名。

众所周知，杏在我国有着十分悠久的栽种历史，种植地区非常广泛。也就是说，到处都有杏花村。

三

关于诗歌的内容，目前大致有两种说法：一种是泛说旅人的愁苦、悲伤，并不指出具体原因；一种是直接把“断魂”跟祭祖扫墓联系在一起，清明节诗人原本应该与家人一起上坟祭扫，而现在却在陌生的他乡做天涯孤旅。加上衣衫尽湿，道路泥泞，不禁黯然神伤。

著者认为，这两种说法既不准确，也不全面。这些说法都有一个假设的前提：它是一首唐诗。

浏览唐诗中跟清明节有关的全部作品，可以发现，清明节在唐代诗人笔下，有如下五类内容：一、朝廷分火赐宴；二、达官贵人、文人雅士聚会宴饮；三、呼朋引类结伴去郊外踏青赏花；四、伤春；五、思乡。

前三类作品都是欢快的内容，跟祭祀亡故先人的清明节无关，可以暂搁一边。唐人伤春，主要是因为清明节后，百花凋零，美景不再，引发人生老去的感慨。例如：

群心行乐未，唯恐流芳歇。（李峤《清明日龙门游泛》）

愁见清明后，纷纷盖地红。（李建勋《金谷园落花》）

还有思念家乡亲人的，例如：

每嫌儿女泪，今日自沾裳。（方干/戴叔伦《清明日送邓芮还乡》）

帝乡遥可念，肠断报亲情。（沈佺期《驩州风土不作寒食》）

自叹清明在远乡，桐花覆水葛溪长。（权德舆《清明日次弋阳》）

异国清明节，空江寂寞春。（韦庄《遣兴》）

可见，无论是感伤生命的逝去，还是佳节思亲，唐代诗人在清明这一天，是很容易动感情的。

当然，有如古人所言，“死生亦大矣，岂不痛哉！”（王羲之《兰亭集序》）最令诗人伤心的还是亲人之间的死生暌违。据文献记载，唐朝士大夫是反对清明前后祭祀亡故亲人的，直到唐玄宗李隆基才确立寒食墓祭礼俗。因此，初盛唐的诗歌中看不到清明悼念亡人的内容。到了晚唐，大概墓祭之风渐盛，悲哭之声才见诸诗篇。例如白居易的《清明日登老君阁望洛城赠韩道士》一诗，显然就是描写清明节祭扫活动中人们的悲哭场面：

风光烟火清明日，歌哭悲欢城市间。
何事不随东洛水，谁家又葬北邙山。
中桥车马长无已，下渡舟航亦不闲。
冢墓累累人扰扰，辽东怅望鹤飞还。

诗中悲哭的人，不久前刚有亲人逝去，下葬洛阳近郊北邙山。

四

杜牧《清明》一诗，用了“断魂”这样的字眼，不应理解为一般的感慨时光易逝和人生易老，而应理解为诗人心中有因看见他人上坟祭扫而想起自己逝去的亲人的沉痛与悲苦。诗歌表现的显然是某次孤独的他乡行旅，“杏花”一词，也有一般的伤春、思乡成分。从情调上说，杜牧的《清明》跟许浑的《途中寒食》比较相近。

处处哭声悲，行人马亦迟。
店闲无火日，村暖斫桑时。
泣路同杨子，烧山忆介推。
清明明日是，甘负故园期。

总之，杜牧的《清明》是一首可能因纪念介之推的寒食节而生发了包含悼念亡故亲人、思乡伤春等内容，情感复杂、深挚的好诗。

杜牧《江南春》

讽刺诗竟写出了江南绝世美景

千里莺啼绿映红，水村山郭酒旗风。

南朝四百八十寺，多少楼台烟雨中。

一

千里，杨慎《升庵诗话》提出了一种意见：“千里莺啼，谁人听得？千里绿映红，谁人见得？若作十里，则莺啼绿红之景，村郭、楼台、僧寺、酒旗，皆在其中矣。”杨慎是博学之人，会做学问，能写诗，但这意见实在是不高明。

何文焕《历代诗话考索》的一番话，足以令杨慎哑口无言：“即作十里，亦未必尽听得着，看得见。题云《江南春》，江南方广千里，千里之中，莺啼而绿映焉，水村山郭无处无酒旗，四百八十寺楼台多在烟雨中也。此诗之意既广，不得专指一处，故总而命曰《江南春》。”

其实，“千里”“万里”“百代”“千秋”之类超越耳目所及的时空语词，说夸张可以，说情理推测可以，说是想象之景也无妨，反正在历代诗歌中早已屡见不鲜。何氏一本正经跟杨氏讲道理，都显得多余。

二

这里的南朝，借指诗人生活时代的江南地区。公元五、六世纪，中国处于南北分裂状态。其中北方地区先后存在过北魏、东魏、西魏、北齐和北周五个朝代，史称北朝；南方地区先后存在过宋、齐、梁、陈四个朝代，史称南朝。

南朝皇帝与世家大族都崇信佛教，其中梁武帝尤甚。《南史·郭祖深传》：“时帝大弘释典，将以易俗。故祖深尤言其事，条以为：都下佛寺五百余所，穷极宏丽，僧尼十余万，资产丰沃。所在郡县，不可胜言。”

三

关于诗的思想内容，有人认为含有讽刺晚唐朝野尊崇佛教的意思，有人认为只是表现对江南景物的赞美与神往，并没有讽刺唐朝皇帝佞佛的意思。

著者认为，杜牧本人应该是有讽刺之意的。理由有三：一是杜牧本身有反对佛教的思想倾向，郭祖深看到的“家家斋戒，人人忏礼，不事农业，空谈彼岸”的颓靡景象以及“百姓重赋而国家财乏”的末世衰象，杜牧一定也看得到；二是拈出名声不佳的“南朝”二字代指江南；三是“四百八十寺”是有典故的，倘若单纯写景，不必用典。但是，杜牧作诗，深得讽人之旨，况且他当年也只是“微讽”，并非“切责”。时过境迁的今天，诗中是否有讽刺李唐王朝的意思在今天已然无关紧要。因此，今人读此诗，讽刺的意思很容易被忽略掉。

文学史上，向来有这样的现象：作者本意是想讽刺某人某事某现象的，但落笔之际，文思泉涌，辞藻联翩，结果写出来的便是“劝百讽一”的作品。举个例子，《汉书·扬雄传》：“往时武帝好神仙，相如上《大人赋》，欲以风，帝反缥缥有凌云之志。”

四

杜牧的《江南春》当然是一首赞美江南景物的好诗。好在它赞出了新意。

南朝梁文学家丘迟《与陈伯之书》：“暮春三月，江南草长，杂花生树，群莺乱飞”，是赞美江南春天景物的名文。

又如杜甫《壮游》：“越女天下白，鉴湖五月凉。剡溪蕴秀异，欲罢不能忘。”

再如白居易《忆江南》：“江南好，风景旧曾谙。日出江花红胜火，春来江水绿如蓝。能不忆江南。”“江南忆，最忆是杭州，山寺月中寻桂子，郡亭枕上看潮头。何日更重游？”

大致而言，前人诗文中赞美江南，无非是山水景物、美女肌肤、风物食品之类。杜牧这首诗，第一句，千里莺啼绿映红，算是传统套路；第二句出现了乡镇景物“酒旗”；后两句，寺庙楼台之景成了画面的主角。不得不承认，烟雨中的寺庙楼台是很有美感的。

五

这首诗，有两个亮点：一是折射出晚唐江南酒家遍地的景象，二是写出了晚唐江南佛寺众多的景象。形容江南地区饮酒作乐、拜佛念经风气之盛，这首诗是经典之作。饮酒作乐、拜佛念经蔚成风气的时代，能是一个有出息、有希望的时代吗？这不能不令人联想起杜牧的另一首作品《泊秦淮》：

> 烟笼寒水月笼沙，夜泊秦淮近酒家。
> 商女不知亡国恨，隔江犹唱后庭花。

百姓饮酒作乐、拜佛念经，跟歌女演唱“后庭花”，都被杜牧视为亡国之兆。

李商隐《嫦娥》

嫦娥心思谁人懂

云母屏风烛影深，长河渐落晓星沉。

嫦娥应悔偷灵药，碧海青天夜夜心。

一

嫦娥奔月的故事，众所周知：嫦娥的丈夫后羿从西王母那里得到长生不老药。嫦娥偷吃了这来之不易的药，自己一人成仙，飞升到广寒宫。这个故事在流传过程中，产生了多种版本：嫦娥系被逼无奈，抛夫独吞仙丹；后羿为表爱心，赠嫦娥仙药；嫦娥为拯救黎民，服药飞升；后羿出轨，嫦娥报复；等等。

李商隐采用的是抛夫独吞仙丹的版本。嫦娥偷吃灵丹神药后，独自成仙，住在广寒宫，寂寞难耐。

二

这一首诗，著者并不觉得有多好。论思想内容，杜甫《月》诗的“斟酌姮娥寡，天寒耐九秋”两句已经说过，因而缺少新意。黄生注云：“寡妇孤臣，情况如一，故借以自比。”仇兆鳌：“姮娥独处而耐秋，亦同于己之孤寂矣。”论语言，一、二句写景，词语生涩，三、四句议论，语意含糊。

它之所以引起读者的兴趣，原因无非两点：一是对嫦娥奔月故事做出了比较人性化的解读；二是给读者留下一道难猜的谜题。

关于李商隐这道谜题，至少有六种猜测：

一是字面所表达的意思，即嫦娥懊悔成仙后过着孤独的日子。谢枋得说：“嫦娥有长生之福，无夫妻之乐，岂不自悔？”（《唐诗绝句注解》）

二是指诗人思念的人。屈复云：“嫦娥指所思之人也。”（《玉溪生

诗意》）唐汝询说："此疑有桑中之思，借嫦娥以指其人，与《锦瑟》同意。"（《唐诗解》）

三是跟尼姑有关。程梦星认为这是影射女道士。他分析说："首句言其洞房曲室之景，次句言其夜会晓离之情。下二句言其不为女冠，尽堪求偶，无端入道，何日上升也。盖孤处既所不能，而放诞又恐获谤，然则心如悬旌，未免悔恨于天长海阔矣。"（《李义山诗集笺注》）冯浩也说："或为入道而不耐孤孑者致诮也。"（《玉谿生诗集笺注》）李商隐《和韩录事送宫人入道》中"凤女颠狂成久别，月娥孀独好同游"二句，把女冠比作"月娥孀独"。《月夜重寄宋华阳姊妹》中"偷桃窃药事难兼，十二城中锁彩蟾"二句，以"窃药"喻指女子学道求仙，彩蟾指月宫蟾蜍。这些都可以作为佐证。

四是悼念亡者。纪昀认为，"非咏嫦娥也"，"此悼亡之诗"。（《李义山诗集辑评》）

五是抒发自己登进士第后仕途不得意的郁闷之情。主张这一说法的人最多。沈德潜说："士有争先得路而自悔者，亦作如是观。"（《唐诗别裁集》）姚培谦说："此非咏嫦娥也。从来美人名士，最难持者末路，末二语警醒不少。"（《李义山诗集笺注》）姜炳璋说："此伤己之不遇也。一、二喻韶光易逝。三、四喻不如无此才华，免费夜夜心耳。"（《选玉溪生诗补说》）宋顾乐说是"借嫦娥抒孤高不遇之感"。（《唐人万首绝句选评》）胡次焱更是将这种观点加以详细说明："羿妻窃药奔月中，自视梦出尘世之表，而入海升天，夜夜奔驰，曾无片暇时，然而何取乎身居月宫哉？此所以悔也。按商隐擢进士第，又中拔萃科，亦既得灵药入宫矣。既而以忤旨罢，以牛李党斥，令狐绹以

忘恩谢不通，偃蹇蹭蹬，河落星沉，夜夜此心，宁无悔耶？此诗盖自道也。”（《唐诗选脉会通评林》引）

六是自我忏悔。张采田提出过李商隐后悔的说法，把李商隐跟王氏结婚比作嫦娥偷药。“写永夜不眠，怅望无聊之景况，亦托意遇合之作。嫦娥偷药比一婚王氏，结怨于人，空使我一生悬望，好合无期耳，所谓‘悔’也。”（《李义山诗辨正》）他更进一步认为，李商隐是在自我忏悔。“义山依违党局，放利偷合，此自忏之词，作他解者非。”（《玉谿生年谱会笺》）

那么，到底哪一种说法比较合理呢？著者的意见是，除了第四种纪昀的悼亡说稍有些费解外，其他五种都有各自的道理。既然李商隐的诗喜欢走朦胧路线，凡事不肯明白说出，那么我们姑且认为它们是兼而有之的。反正阅读文艺作品，也有“作者未必有，读者未必无”一说。

三

李商隐这首诗被选入小学语文课本，不免令人感到意外。难道是为了跟小学生讲述一下嫦娥奔月的故事？抑或是为了给小学生灌输地球比月球更美好、更宜居的道理，以使他们更加热爱地球留恋人间？

皮日休《天竺寺八月十五日夜桂子》

杭州桂花的美丽传说

玉颗珊珊下月轮，殿前拾得露华新。

至今不会天中事，应是嫦娥掷与人。

一

有人认为这首诗作于皮日休中进士次年的中秋，即唐懿宗咸通七年（866）。当时皮日休正处于春风得意的状态中。

二

皮日休（约838—约883），湖北襄阳人，字袭美。文学史界流传的皮日休出身贫苦家庭的说法，未必属实。从他先后有襄阳隐居别业、寿州（肥陵）东别业看，不像是农家出身。

咸通八年（867）进士及第，曾任著作郎、太常博士、毗陵副使等职。后参加黄巢起义军，为翰林学士。关于皮日休的晚年结局，有继续在吴越国钱镠手下做官、被唐王朝所杀、被黄巢杀害等不同说法。

皮日休跟陆龟蒙是好友，二人诗歌唱和频繁，文学名声相当，但在作品的思想内容上，皮日休胜过陆龟蒙。皮日休的诗歌创作，自觉反映社会现实，讽刺统治阶级。用他自己的话说，“故尝有可悲可惧者，时宣于咏歌”（《正乐府十篇》）。此外，皮日休、陆龟蒙均工于小品文创作，其作品心系天下，在唐末诗风衰落的背景下，鲁迅称之为“一塌糊涂的泥塘里的光彩和锋芒”（《南腔北调集》）。

三

这是一首咏物诗，咏的是桂花。天竺寺位于西湖边灵隐山飞来峰山麓，即今法镜寺。

诗的大意是：桂花从天而降，好像是月亮上掉下来的玉琢颗粒。

拾起殿前的桂花，仿佛带着仙露。我至今都不明白月宫中的故事里，吴刚为什么要跟桂花树过不去。这桂花大概是嫦娥在广寒宫中撒到人间的吧。

咏桂花，想到月宫，想到嫦娥，把人间景物跟神话传说联系在一起，把现实世界与虚幻世界联系在一起，令人遐想无穷。这样的诗歌，特别符合少年儿童的阅读趣味。

四

月夜，桂花，杭州，不能不使人想起比皮日休早半个多世纪的白居易。做过杭州刺史的白居易，写过一首《忆江南》：

> 江南忆，最忆是杭州。山寺月中寻桂子，郡亭枕上看潮头。何日更重游？

白居易以回忆的方式讲述杭州月夜寻桂花的往事，实际上是一种时空超越。皮日休这首诗在时空超越上来得更加彻底，超越了现实世界，直通神话世界。如果说白居易的词以韵胜，皮日休这首诗则以想象胜，各有千秋。

林杰《乞巧》

当神童遇到情人节

七夕今宵看碧霄，牵牛织女渡河桥。

家家乞巧望秋月，穿尽红丝几万条。

一

林杰（831—847），字智周，福建人，唐代神童诗人。六岁能赋诗，下笔成章。书法、棋艺亦颇可观。可惜享年仅十七岁。《全唐诗》存其诗两首。除了《乞巧》，另一首是《王仙坛》。《王仙坛》诗云：“羽客已登仙路去，丹炉草木尽凋残。不知千载归何日，空使时人扫旧坛。”从语言、感情上论，这首并不知名的诗，倒比《乞巧》更老练、更深沉。

二

《乞巧》的妙处主要在于生动地记载了唐时的乞巧民俗。阴历七月七日，人们仰望夜空，看见碧蓝的天空中横亘着由无数星星组成的银河，受着分离之苦的一对爱人，在银河上的鹊桥相会。人世间，家家户户的年轻女子望着秋月乞求上天赐予自己聪慧的头脑与灵巧的双手；女子们穿针引线，不知道穿了几千几万条红丝线。

七夕乞巧的习俗，大概起源于汉代。刘歆《西京杂记》记载：“汉彩女常以七月七日穿七孔针于开襟楼，俱以习之。”据《开元天宝遗事》记载，唐太宗与妃子每逢七夕在清宫夜宴，宫女们各自乞巧。一个名叫和凝的诗人有诗句云：“阑珊星斗缀珠光，七夕宫娥乞巧忙”，表现的正是宫中的这种习俗。

七夕习俗，民间也有，但不同历史时期、不同地区，习俗表现细节各有不同。林杰这首诗所记载的唐时习俗，望月、穿线是最基本的过节方式。

三

七夕因为跟爱情有关，有人称之为中国的情人节。古人云：“开卷有益。”读这首诗，大家亦可以了解唐朝情人节的过法。

这位少年诗人，在一个跟爱情有关的节日里，饶有兴致地描写民间习俗，不知他心里有没有掀起过感情的涟漪？

罗隐《蜂》

蜜蜂礼赞，诗人自怜

不论平地与山尖，无限风光尽被占。

采得百花成蜜后，为谁辛苦为谁甜。

一

罗隐（833—910），杭州新城（今杭州富阳西南）人，原名横，字昭谏。因屡试不第，愤而改名为隐。罗隐的曾祖父、祖父和父亲都做过县令、县尉之类的官职。罗隐年轻时才气横溢，人称“江东才子”，但十次应试十次落榜。此后十六七年，为寻找进身机会，他到过陕西、河南、山西、江西、湖北、湖南、四川、安徽、江苏等省。转了一大圈，失望而归。

五十岁那年，罗隐的命运出现转机：杭州刺史钱镠辟罗隐为从事，不久改任钱塘县令。从此以后，钱镠辖境的大事记、文告、奏表等，几乎都出自罗隐之手。随着钱镠官职爵位的步步高升，罗隐也由县令升为司勋郎中充镇海节度军判官，再升任为给事中。罗隐感激钱镠的知遇之恩，竭诚辅佐。

罗隐诗文俱佳，许多作品辛辣讽刺时政，真诚关心百姓疾苦，加上他是道家信徒，著作力图提出一套供天下人使用的“太平匡济术”，因而在浙江及以南地区深受百姓景仰，民间盛传他是“地仙”，是“真龙天子”。玉皇大帝怕他当了皇帝，会搅乱乾坤，调遣天兵天将把罗隐浑身的仙骨都换掉，只留下牙床骨没能换掉。因此罗隐便成了“圣贤嘴”，说什么都灵验。民间流传着多个关于他说话灵验的神奇故事。著者儿时也爱听罗隐的故事，百听不厌。

二

诗的字面意思不难理解。前两句描写蜜蜂到处采花酿蜜，平地山巅，无远弗届；后两句表达关切之情，提出劳动成果为谁所得（享用）的疑问。

因为这是一首使用了比喻或象征手法的作品，对它的思想内容，人们便有了不同理解。有人认为这是感叹世人追逐利禄；有人认为这是借蜜蜂采花酿蜜，赞美劳动者，讽刺窃取他人劳动果实的行径。两种说法，各有道理，也都能跟诗的字面意思扯上关系。

理解为赞美劳动者、讽刺不劳而获行径的，可以举张碧《农父》、秦韬玉《贫女》、梅尧臣《陶者》等诗为佐证。

运锄耕斸侵星起，陇亩丰盈满家喜。
到头禾黍属他人，不知何处抛妻子。

——张碧《农父》

蓬门未识绮罗香，拟托良媒益自伤。
谁爱风流高格调，共怜时世俭梳妆。
敢将十指夸偏巧，不把双眉斗画长。
每恨年年压金线，为他人作嫁衣裳。

——秦韬玉《贫女》

陶尽门前土，屋上无片瓦。
十指不沾泥，鳞鳞居大厦。

——梅尧臣《陶者》

仔细品味，不难发现，这三首诗有不同于《蜂》中的蜜蜂之处。农父、贫女、陶器制作者，都是底层穷苦百姓，诗人同情劳动者的态度都很鲜明，而《蜂》的情感态度和思想指向有些模糊。

感叹世人追逐利禄，可以包含两层意思：一是讽刺世人唯利是图，二是嘲笑世人不懂及时行乐。其指向是一样的，有获得利禄的运，没有享受利禄的命。这种内容的诗歌也是古已有之。

山有枢，隰有榆。
子有衣裳，弗曳弗娄。
子有车马，弗驰弗驱。
宛其死矣，他人是愉。

——《诗经·唐风·山有枢》首章

生年不满百，常怀千岁忧。
昼短苦夜长，何不秉烛游？
为乐当及时，何能待来兹？
愚者爱惜费，但为后世嗤。
仙人王子乔，难可与等期。

——《古诗十九首·生年不满百》

《山有枢》讽刺一个财主有好衣裳不舍得穿，有车马不舍得坐，等到死了，全都留给他人享用。《生年不满百》奉劝世人要及时行乐，别吝惜钱财，那只会让后人笑话。

三

其实，除了上述两种理解，也不妨这样解读：这是诗人一生的写照，或者说是诗人在自嘲生平。

诗的内容，跟罗隐的人生经历多么相似！

不论平地与山尖，无限风光尽被占：为了追求功名，罗隐十次参加科举考试；为了寻求入世一展抱负，十几年里北上南下跑了大半个中国。高山大川，平原高坡，他都经历过。

采得百花成蜜后，为谁辛苦为谁甜：得到杭州刺史钱镠的赏识和重用后，才华得以施展，人生苦尽甘来。此时回首往事，不禁感慨系之。

范仲淹《江上渔者》

吃鱼须知渔民苦

江上往来人，但爱鲈鱼美。

君看一叶舟，出没风波里。

一

范仲淹不同于文学史上的一般文人，他是宋代名臣，是一位以“先天下之忧而忧，后天下之乐而乐”自勉的政治家，黄庭坚称赞他是“当时诸公间第一品人”(《跋范文正公诗》)，朱熹也说“本朝惟范文正公振作士大夫之功为多”(《朱子语类》)。范仲淹还是天赋高、造诣深的文学家，虽然创作的诗文数量不多，但是散文、诗歌、词各有传世的名篇，堪称文体家。

可以说，范仲淹是中国历史上难得的干才、文才兼擅，道德、文章互为表里之人。

二

范仲淹作诗，不是为诗而诗。他的精力、志向和热情，主要倾注在政事方面。江少虞《宋朝事实类苑》载：“范希文为诗，不徒然而作也，有《赠钓者》云云。率以教化为主，非独风骚之将，抑又文之豪杰与！”蔡正孙《诗林广记后集》引《翰府名谈》云：“范希文《赠钓者》诗，实寓深意，不徒作也。”说白了，范仲淹写诗，有着明确的为儒家思想教化服务的目的。

三

鲈鱼，很多种鱼类都可以被称为鲈鱼，其中最常见的有四种：海鲈鱼，松江鲈鱼（也称四鳃鲈鱼）；大口黑鲈（也称加州鲈鱼）；河鲈（也称赤鲈、五道黑）。其中，松江鲈鱼被认为是最美味的。

说到鲈鱼，不能不令人想起西晋文学家张翰（字季鹰）。《世说新语·识鉴》："张季鹰辟齐王东曹掾，在洛，见秋风起，因思吴中菰菜羹、鲈鱼脍，曰：'人生贵得适意尔，何能羁宦数千里以要名爵！'遂命驾便归。俄而齐王败，时人皆谓为见机。"后来，这事被传为佳话，"莼鲈之思"也就成了身在异乡之人思念故乡的代名词。张翰思念的吴中美食——鲈鱼鲙，应该是松江鲈鱼。

四

此诗通俗易懂，无须多做解释。值得指出的是诗句语言的亲切感。前两句是客观的叙述；第三句话锋一转，转成一对一的对话，告诫的意味通过诚恳的语言传递出来。

从思想立意上看，这首诗跟李绅的《悯农诗》颇为相似。不同的是，《悯农诗》通过饭粒表达对农民的同情，《江上渔者》则通过鲈鱼表达对渔民的怜悯。

邵雍《山村咏怀》

数字谐趣诗

一去二三里，烟村四五家。

亭台六七座，八九十枝花。

一

人们把这首诗归在邵雍名下，不知道依据的是什么。“百度百科”《山村咏怀》条目言之凿凿，“《山村咏怀》是北宋哲学家邵雍所作的一首诗”，提示作品出处为《伊川击壤集》。著者很认真地翻检了三四遍手边两本《伊川击壤集》(包括郭彧整理的中华书局2013年版《伊川击壤集》和郭彧、于天宝点校的上海古籍出版社2015年版《邵雍全集》第四册《伊川击壤集》)，都没有找到这首诗。按照学界“言有易，言无难”的立论规矩，这里只能说，我在北宋哲学家邵雍的诗集《伊川击壤集》中并没有看到《山村咏怀》这首诗。同时，通读《伊川击壤集》中的诗歌，也没有发现像《山村咏怀》这样通篇以数字排列成诗、追求谐趣的作品。这让我有理由怀疑，《山村咏怀》不是邵雍的作品。

元代著名散曲作家徐再思名下有一首《无题》诗，跟这首诗高度相似：“一望二三里，烟村四五家。楼台六七座，八九十枝花。”

其实，作为文艺作品，这首诗的原创成分不是很大，甚至可以说是一首组合诗。因为，其中诗句的句式语法，都曾经在前人作品里出现过。例如：

峡内淹留客，溪边四五家。(杜甫《溪上》)

锦里烟尘外，江村八九家。(杜甫《为农》)

红鲤二三寸，白莲八九枝。(白居易《草堂前新开一池养鱼种荷日有幽趣》)

不妨说，这首诗的著作权归在谁的名下，没有那么重要。当然，这首诗的作者究竟是谁，是一个值得探究的学术问题。

二

这是一首谐趣诗，或者说童趣诗。

谐趣的主要表现有二：一是数词的顺序排列；二是不讲道理。人类幼年时期，两三岁的时候，会对数数特别感兴趣，从一数到十，是反复做的游戏。但是，这首诗中的数词并非真的都是数词，“一”就是副词；此外，数词所代表的事物数量，未必都符合实际，前两句尚能符合事实，最后一句肯定就是随口而言，当不得真。

认真说起来，这首诗虽然富有童趣，但毕竟是成年人写的。除了数词的运用可以生动表现儿童的趣味之外，列锦式的写法，烟村、亭台云云，缺少意蕴。

三

虽然此诗未必真是邵雍的作品，但也不妨趁机简单介绍一下邵雍这个人。

邵雍（1011—1077），字尧夫，自号安乐先生，北宋易学家、哲学家、思想家、教育家。出生地有范阳（今河北涿州）大邵村和林县（今河南林州）邵康村等不同说法。但其幼年随父移居共城（今河南辉县）之后的行迹，没有争议。移居共城后，一度隐居苏门山中。完成到处游历的计划后，三十七岁移居洛阳。在王宣徽、富弼、司马光等众多友人的帮助下，五十二岁定居天宫寺西天津桥南，自称“安乐窝”。邵雍在这里设馆授徒，著书立说，吟诗作赋，度过余生。

邵雍是位有个性、有品节、有学问的人。曾师从李之才（字挺之）学《河图》《洛书》与伏羲八卦，学有所成，与周敦颐、张载、程颢、程颐齐名，并称“北宋五子”。宋仁宗嘉祐、宋神宗熙宁初，两度被举荐，均借口有病拒绝赴任。死后，宋哲宗元祐中赐谥“康节”。邵雍的易学、哲学著作深受同辈学者们的推重，死后亦有广泛的影响。他的“先天学”学说被后人发展为预测学。

邵雍不像一般宋代理学家鄙视文学（尤其是诗歌），他一生吟咏不辍。《伊川击壤集》收入邵雍一生所作诗歌三千多首，数量居宋儒之首。

四

其实，《山村咏怀》除了谐趣之外，算不得好诗。邵雍《伊川击壤集》中有不少风格清新、思想豁达、情感朴实、语言晓畅的诗歌。《千家诗》选了他一首《插花吟》，便是很有情调的作品。虽歌颂太平盛世，但自然真实，并不做作。照录如下：

头上花枝照酒卮，酒卮中有好花枝。
身经两世太平日，眼见四朝全盛时。
况复筋骸粗康健，那堪时节正芳菲。
酒涵花影红光溜，争忍花前不醉归。

王安石《元日》

民俗诗背后的政治信息

爆竹声中一岁除，春风送暖入屠苏。

千门万户曈曈日，总把新桃换旧符。

一

这首诗的写作时间，题目已经明白标出：元日，即某年正月初一。年份不详，根据清人王相的说法，可以推测是熙宁二三年（1069—1070）间。

王相《增补重订千家诗》注，说王安石“此诗自况其初拜相时得行君政，除旧布新，而始行己之政令也”。

二

我们先来简单说一说王安石拜相、变法的事情。

嘉祐三年（1058），王安石被调任度支判官。进京述职时，上万言书《上仁宗皇帝言事书》，根据他多年的地方官经历，指出国家积弱积贫的现实及其根源，并系统地提出自己的变法主张。但当时并未引起宋仁宗赵祯的重视。

十年以后，神宗赵顼登基，他认识到国家形势严峻，锐意改革。登基当年，熙宁元年（1068）四月，神宗召见王安石，君臣达成一致意见。次年，神宗任命王安石为参知政事，王安石始跻身执政者行列。熙宁三年，王安石进一步受到重用，被任命为同中书门下平章事，位同宰相。王安石雷厉风行，在全国推行新法。财政方面有均输法、青苗法、市易法、免役法、方田均税法、农田水利法，军事方面有将兵法、保甲法、保马法等。

王安石的“熙宁变法”在当时取得了一定的效果，但由于保守派的竭力反对，以失败告终。他的变法手段过于偏激，也给日后留下了祸患。

作为变法的设计者与实施者，王安石始终是怀着满腔热情的。尤其是变法之初，踌躇满志，对未来充满了信心，认为富国强兵的新气象指日可待。

按照王相的说法，这首诗就写于王安石被委以重任、实施变法革新之初。

三

政治上的气象更新，对于千百年后的读者，已经没有实际意义。但是，这首诗并不因时过境迁而黯然失色。令王安石始料未及的是，当初被他用来寄托政治情感的节令更迭，反而超越政治利益的得失，作为生动的民俗描写而被人们津津乐道，广泛传播。

通过这首诗，我们了解到距今九百五十年前某些地区的过年仪式：除夕放爆竹，初一喝屠苏酒（一种用多种草药浸泡的药酒，据说有预防瘟疫的功效），更换挂在门上的桃符（画有神荼、郁垒两个神像的桃木板，民间相传挂在门上可以辟邪）。

冬去春来，除旧迎新，姑娘戴花，小子放炮，春节是中国人一年当中最为欢喜的日子。能够生动传神地反映这个节日同时又朗朗上口、容易记忆的诗歌，自然是民众所喜闻乐见的。

王安石《泊船瓜洲》

春的气息与政治情怀

京口瓜洲一水间，钟山只隔数重山。

春风又绿江南岸，明月何时照我还。

一

这首诗的写作时间，至少有三种不同说法：一是熙宁元年（1068），王安石应召自江宁（南京）入京（开封）任翰林学士，途经瓜洲；二是熙宁七年（1074），王安石第一次罢相，自京城返回江宁，途经瓜洲；三是熙宁八年（1075），王安石第二次拜相，自江宁赴京城，途经瓜洲。

著者倾向于认同第三种说法。第一次奉召入京，春风得意，不太可能生出怀乡的惆怅；京口瓜洲距离南京钟山不远，如果说“还”的目的地是南京，不该有“何时”之叹，如果说“还”的目的地是京城，“春风又绿江南岸”一句不免悬空；只有第三种说法最合乎情理。总之，这首诗应该作于熙宁八年，这一年王安石五十五岁。

需要说明的是，江宁是王安石青年时代生活的地方。王安石出生于抚州临川（今江西抚州），十七岁那年，随父亲王益定居江宁，在那里生活了三十多年，有深厚的感情。

二

京口，镇江京口，在长江南岸；瓜洲，瓜步洲的简称，所在镇名瓜州，在邗江县南部、大运河分支入长江处，与镇江市隔江斜对，一直是长江南北水运的交通要冲。钟山，即今南京紫金山。京口、钟山两地，走水路，相距约八十公里。诗中所说“钟山只隔数重山”，表示两地相距不远。

三

这首诗最令人感兴趣的问题，是第三句中“绿”字的使用。宋代洪迈《容斋续笔》卷八“诗词改字”称某吴中士人收藏王安石作《泊船瓜洲》诗的草稿，“初云‘又到江南岸’，圈去‘到’字，注曰‘不好’，改为‘过’，复圈去而改为‘入’，旋改为‘满’，凡如是十许字，始定为‘绿’。”

最终改定稿的“绿”字，被后人奉为经典，赢得一片赞扬之声。

实际上，“绿”字在诗句中的动词用法，并非王安石首创。钱锺书先生指出，唐人已经有一些这样的用法了。例如：

> 丘为《题农父庐舍》：东风何时至，已绿湖上山。
>
> 李白《侍从宜春苑奉诏赋龙池柳色初青听新莺百啭歌》：东风已绿瀛洲草。
>
> 常建《闲斋卧病行药至山馆稍次湖亭》：行药至石壁，东风变萌芽，主人门外绿，小隐湖中花。

著者再随手补几个“春风”化绿的例子：

> 白居易《挽歌》：春风草绿北邙山。
>
> 刘长卿《泛曲阿后湖简同游诸公》：春风万顷绿。
>
> 曹唐《题武陵洞五首》（其五）：石径春风长绿苔。
>
> 胡曾《汉江》：汉江一带碧流长，两岸春风起绿杨。

但是，不得不承认，王安石的“春风又绿江南岸”，画面最为阔大，语言最有动感。

钱锺书先生对王安石为何反复修改一个字，提出了几种猜测：“王安石的反复修改是忘记了唐人的诗句而白费心力呢？还是明知道这些诗句而有心立异呢？他的选定‘绿’字是跟唐人暗合呢？是最后想起了唐人诗句而欣然沿用呢？还是自觉不能出奇制胜，终于向唐人认输呢？”（《宋诗选注》）

四

既然诗题有“泊船瓜洲”字样，王安石的位置，有两种可能：一种是在船上，一种是在岸上。著者猜测大概率是在瓜洲岸上，这样才能发现“江南岸”绿了。

可以设想当时的情形：诗人站在长江北岸面南而立，眼望京口古城，觉得只是一水之隔，近在眼前；接着，目光随长江水流，转身向西远眺，想象着紫金山也并不遥远，只隔了几座山而已。

三、四句，由发现南岸已经在春风吹拂下泛出绿意，知道春天来了，顿起留恋之情。不知自己此去遥远的京城，何时得以返回金陵。因为是泊船过夜，时当傍晚，于是对月发问，即景抒怀。

有意思的是，这首诗既不同于一般诗赋的登高怀远，也不同于唐人宋之问的近乡情怯，而是对才离开不远的故园兴起思念之情，有如情侣间的难舍难分。可见，诗句背后蕴含着诗人丰富的感情，而这种感情跟他当时的处境有关。因为第一次做宰相实行改革计划时，王安石已经感受到了巨大的阻力；第二次拜相，心理上有了悲观情绪，甚至对自己的命运产生疑惧，不知道能否全身而退，回到江宁安度晚年。

王安石《书湖阴先生壁》

隐士居所的三层美好

茅檐长扫净无苔，花木成畦手自栽。

一水护田将绿绕，两山排闼送青来。

一

此诗作于宋神宗元丰年间（1078—1085）前期。神宗熙宁九年（1076），王安石第二次罢相后，直至哲宗元祐元年（1086）因病去世，十年间一直居住在金陵郊外的半山园。半山园落成于元丰二年至五年间（1079—1082）。这期间，王安石跟隐居紫金山的杨德逢关系密切，往来频繁。

据李壁注《王荆文公诗笺注》，王安石故居距城七里，距紫金山亦七里，路程恰为由城入山的一半。王安石晚年号半山老人，园亦因此得名。

《书湖阴先生壁》系由两首诗组成，从另一首看，当天王安石在杨德逢家午睡小憩。

桑条索漠楝花繁，风敛余香暗度垣。
黄鸟数声残午梦，尚疑身属半山园。

二

湖阴先生杨德逢，王安石诗集中所保存跟他有关的诗歌共十余首。根据这些诗歌，我们可以了解到他是一个躬耕田园的隐士。王安石《元丰行示德逢》诗云："湖阴先生坐草室，看踏沟车望秋实……先生在野故不穷，击壤至老歌元丰。"

在王安石眼里，杨德逢是陶渊明一流的人物。《示德逢》诗云："先生贫敝古人风，缅想柴桑在眼中。"柴桑，陶渊明的家乡，这里代指陶渊明。

三

这首诗是王安石的得意之作。《苕溪渔隐丛话》前集卷三十三引黄庭坚云："尝见荆公于金陵，因问丞相近有何诗，荆公指壁上所题两句'一水护田将绿绕，两山排闼送青来'，此近所作也。"《历代诗话》按："此两语，公尝题金陵壁上，指示山谷，盖得意之句。"

这首诗是包括《千家诗》在内历代众多诗歌选本的常客，妇孺皆知。可见，王安石的自我感觉是正确的，这也说明他对诗歌艺术有着卓越的鉴赏能力。

四

这首诗的妙处，可以分三层来说：

第一层，写出了隐士居所之美。宅院里，茅屋整洁，花木成畦；宅院外，田地肥沃，山清水秀。

第二层，塑造了一个勤劳雅致的隐士形象。整洁的茅屋，整饬的田亩，成畦的花木，都是主人勤劳的结果。

第三层，表现了一种美好的生活。比起达官贵人的深宅大院，隐士的居所是简陋的，但这种开门见青山的地方，是自由的，没有钩心斗角、争名夺利。孔子说得好："君子居之，何陋之有？"

王观《卜算子·送鲍浩然之浙东》

是思故乡还是思姑娘

水是眼波横，山是眉峰聚。欲问行人去那边？

眉眼盈盈处。

才始送春归，又送君归去。若到江南赶上春，

千万和春住。

一

词题一作《别意》。根据题目和词意，可知是王观于某年春末送友人鲍浩然回浙东家乡时所作。

送别地点有人说是越州（今浙江绍兴），但这跟词意相龃龉：首先，越州本身就是浙东（宋代把浙江分为东路、西路，今衢江、富春江、钱塘江以东为东路，以西为西路）；其次，越州地处江南，在浙东说送友人去浙东，在江南说友人若到江南，都不合情理。

送别地点应该在江北，比如当时的京城汴梁（今河南开封）。

二

王观（1035—1100），字通叟，高邮（今江苏高邮）人，一说如皋（今江苏如皋）人。进士出身，做过大理寺丞、江都知县。相传曾奉旨作《清平乐》词一首，描写宫廷生活。高太后对王安石变法不满，因为王观是王安石的门生，便以其《清平乐》词亵渎宋神宗为名，将其革职。王观从此自号“逐客”，寄情山水，混迹市井。王观比较为人所知的作品，除了这首《送鲍浩然之浙东》，还有《临江仙·离怀》《高阳台》《红芍药》等。

三

词的字面意思是：涟漪之水仿佛眼眶里的粼粼波光，起伏的山峦仿佛双眉皱起。想要探问即将登程的人去向何方？他要去的是山水相互映照之地。刚刚送走了春天，此刻又要送走你。你回到浙东江南，倘若春天还没有过去，千万要分秒珍惜，跟春天缠绵在一起！

按字面读这首词，不妨认为它是一首劝人珍惜时光、珍惜青春年华的作品。这大概正是它被收入小学语文课本的原因吧。

但是，细究起来，不免令人生疑：江北地区都已经送走了春天，以古人的旅行速度（无论是骑驴、骑马还是乘船，路途耗费十天半个月是正常现象），怎么可能到了江南还能赶得上春天呢？

四

对这首词的理解，前人有分歧，概而言之就是思故乡还是思姑娘的分歧。

唐圭璋先生在《唐宋词选注》中说“以眉眼盈盈之处来显示浙东山水的清秀”，这是思故乡的说法，意思是鲍浩然回到他山清水秀的家乡。

有人说眉眼盈盈处指的是鲍浩然回到家乡跟爱人（究竟是情人还是妻妾不得而知）相会。

当然也有人认为是思乡与思姑娘兼而有之。上海辞书出版社版《宋词鉴赏辞典》：“‘眉眼盈盈’四字有两层意思。一层意思是：江南的山水，清丽明秀，有如女子的秀眉和媚眼。又一层意思是：有着盈盈眉眼的那个人……因此‘眉眼盈盈处’，既写了江南山水，也同时写了他要见到的人物。”（刘逸生撰）

说“眉眼盈盈”是写人、写女子，应该没有问题。汉乐府诗“盈盈楼上女，皎皎当窗牖”；刘歆《西京杂记》“文君姣好，眉色如望远山”；李贺《唐儿歌》“一双瞳仁剪秋水”；韦庄《古别离》“更把玉鞭云外指，断肠春色在江南”等前代诗文，都可能是王观词意的来源。

宋代王灼《碧鸡漫志》说王观“新丽处与轻狂处皆足惊人”，更提示我们，王观不太可能一本正经写友人鲍浩然的家乡山水清秀。词中语言的浅俗（去那边、赶上春、千万、和春住），也分明在告诉我们，这是一首调笑风格的词。

山水、女子兼而有之的说法，当然很有道理。但如果认为这是一首朋友之间的调笑之作，那么，两者之间是有主次之分的。即山水只是幌子，女子才是词意所在。换言之，这是一首嘲谑朋友思姑娘的词。

道学兴起的时代，词的世界春光明媚。

苏轼《题西林壁》

讲道理的写景诗

横看成岭侧成峰，远近高低各不同。

不识庐山真面目，只缘身在此山中。

一

诗作于宋神宗元丰七年（1084）四月。苏轼奉召离开黄州（今属湖北黄冈），赴汝州任知州，路过庐山，在那里逗留十多天，游览庐山时所作。

黄州四年，是苏轼人生命运的一个低谷时期。元丰二年（1079），在湖州知州任上的苏轼，给宋神宗赵顼写了一篇奏章，《湖州上表》。政治上的反对派新党，从中找出“愚不适时，难以追陪新进”“老不生事，或能牧养小民”等语句，给他罗织了“愚弄朝廷，妄自尊大”“衔怨怀怒”“指斥乘舆”“包藏祸心”等罪名，又从苏轼的诗作中挑出他们认为隐含讥讽皇帝意思的句子，指控苏轼对皇帝不忠，图谋不轨。结果，苏轼到湖州知州任上才三个月，便被御史台的吏卒解往京师，数十人受到牵连。当时御史台松柏林常年栖息着许多乌鸦，因此，御史台又被称为“乌台”，苏轼诗案也被称为“乌台诗案”。苏轼在狱中关押了一百零三天后，因为朝野人士尤其是政敌王安石的上书求情，再加上宋太祖留有不得杀害士大夫的遗诏等，苏轼获得释放，被贬为黄州团练副使。团练副使不仅职位低下，还需要接受当地官员的监督。

元丰三年（1080），高太后临朝听政。司马光被重新启用为宰相，苏轼也一路升迁，一直升到翰林学士、兵部尚书、吏部尚书。

二

钱锺书《宋诗选注》选了这首诗，但只注释了“西林”，就六个字:“乾明寺，在庐山。”钱先生大概认为这首诗浅显易懂，无须多言。但实际上这是一首有故事的诗。了解故事，不仅可以增加阅读的趣味，还能加深对这首诗的理解。

《东坡志林》一书中有一篇《记游庐山》，完整地讲述了关于苏轼写作《题西林壁》诗的故事。现转述如下:

苏轼一进入庐山，就被奇秀的山峦沟谷所吸引，叹为平生观止。由于美景已经令他目不暇接，苏轼暗下决心不再写诗。但是不久，看见山里的僧人、俗众在那里奔走相告:“苏子瞻来了！”不知不觉间，就来了诗兴，作了一首绝句:

芒鞋青竹杖，自挂百钱游。
可怪深山里，人人识故侯。

因为觉得自己此前的想法可笑，接着又作了两首绝句:

青山若无素，偃蹇不相亲。
要识庐山面，他年是故人。

自昔怀清赏，初游杳霭间。
如今不是梦，真个是庐山。

当天，有人寄给苏轼一本陈舜俞（字令举）的《庐山记》，苏轼边走边翻看，看到书中说徐凝、李白的诗，不觉笑了起来。很快，进了开元寺，寺中主僧向他求诗，苏轼便就徐凝、李白写庐山瀑布的诗（徐凝诗有“今古长如白练飞，一条界破青山色”两句，李白诗有“飞流直下三千尺，疑是银河落九天”两句，都被称为佳句，唐代以降有不少人议论过徐凝、李白二人诗句的优劣），写了一首绝句：

帝遣银河一派垂，古来惟有谪仙词。
飞流溅沫知多少，不与徐凝洗恶诗。

苏轼这一次在庐山游览，前后十多天，美景数不胜数。于是，选了他认为最好的两处，漱玉亭和三峡桥，分别作诗一首。

离开庐山之前，苏轼跟东林寺总长老同游西林（乾明寺），又作了一首绝句，就是这首《题西林壁》。

三

苏轼游庐山，先作的三首五言绝句，被冠以《初入庐山三首》的题目，收入《苏轼诗集》；咏漱玉亭、三峡桥两处景点的诗，被冠以《庐山二胜》的题目，收入《苏轼诗集》。这里据《苏轼诗集》，将《庐山二胜》照录如下：

高岩下赤日，深谷来悲风。擘开青玉峡，飞出两白龙。乱沫散霜雪，古潭摇清空。余流滑无声，快泻双石硔。我来不忍去，月出飞桥东。荡荡白银阙，沉沉水精宫。愿随琴高生，脚踏赤鲜公。手持白芙蕖，跳下清泠中。

吾闻太山石，积日穿线溜。况此百雷霆，万世与石斗。深行九地底，险出三峡右。长输不尽溪，欲满无底窦。跳波翻潜鱼，震响落飞狖。清寒入山骨，草木尽坚瘦。空蒙烟霭间，澒洞金石奏。弯弯飞桥出，潋潋半月彀。玉渊神龙近，雨雹乱晴昼。垂瓶得清甘，可咽不可漱。

说实话，这两首诗并不好。苏轼是善于用比喻的，但这两首诗比喻用得太多太密，用力过猛。

四

苏轼游庐山以及作《题西林壁》诗的故事，再一次印证了一句老话：踏破铁鞋无觅处，得来全不费工夫。

即使是苏东坡这样的大诗人，在诗歌创作上，也有一定的偶然性。作品的好坏，跟他的努力程度不一定成正比。漱玉亭、三峡桥是苏轼最喜欢的两处景点，他有意好好地写两首诗加以刻画、宣扬；而西林寺只是一座寺庙，并非胜景，苏轼作诗也只是出于礼节性的应酬。

不过，从《初入庐山三首》中已有的“要识庐山面，他年是故人”两句看，“识庐山面”的念头，显然已经在苏轼心中盘桓良久。“不识庐山真面目，只缘身在此山中”，应该是脱口而出的。

五

《题西林壁》如果以咏庐山的要求看，算不得好诗，因为它没有写出任何庐山独特的风景，把诗中的“庐山”换成黄山、华山、峨眉山、三清山等名山，均无不可。这首诗的好处在于有趣。趣分两层，表层是景趣，“横看成岭侧成峰，远近高低各不同”，富有动感；深层是理趣，“不识庐山真面目，只缘身在此山中”，道出了人与山的关系。这种关系还可以延伸到人类社会中，将“山”字替换为“事”字，便是“当事者迷，旁观者清”的意思了。

诗歌中讲理趣，是宋代诗人普遍的爱好。苏轼跟僧人在一起作了这首诗，大概也有些参禅的意思。

苏轼《六月二十七日望湖楼醉书五绝》

两种截然不同的西湖

黑云翻墨未遮山，白雨跳珠乱入船。
卷地风来忽吹散，望湖楼下水如天。

放生鱼鳖逐人来，无主荷花到处开。
水枕能令山俯仰，风船解与月徘徊。

一

诗作于宋神宗熙宁五年（1072），这一年苏轼三十六岁。上一年，苏轼因为上书议论新法弊病，触怒执政的王安石，王安石让御史谢景在神宗面前列数苏轼过失。苏轼主动要求出京任职，于是被授杭州通判一职。当年冬天即抵达杭州就任。作这首诗时，苏轼已经在杭州任上半年时间了。

望湖楼，又名看经楼、先德楼，位于断桥东，昭庆寺（现少年宫）前，五代吴越王钱氏所建。望湖楼大概类似今天的酒店，苏轼曾在此宴饮、住宿，有《宿望湖楼再和》等诗为证。

二

黑云翻墨，杜甫《茅屋为秋风所破歌》："俄顷风定云墨色，秋天漠漠向昏黑。"

白雨跳珠，白居易《游悟真寺》："赤日间白雨，阴晴同一川。"又《三游洞序》："水石相薄，跳珠溅玉。"

卷地风，韩愈《双鸟》："春风卷地起，百鸟皆飘浮。"

水如天，柳宗元《别宗一》："桂岭瘴来云似墨，洞庭春尽水如天。"

放生鱼鳖，宋真宗天禧四年（1020），太子太保、杭州通判王钦若上书以西湖为放生池，禁捕鱼鸟，为皇帝祈福。

逐人来，苏味道《上元》："明月逐人来。"

无主荷花，杜甫《江畔独步寻花七绝句》："桃花一簇开无主。"

月徘徊，李白《月下独酌》：“我歌月徘徊，我舞影零乱。”

上述列举，足以说明苏轼作诗喜借前人词语，亦可见苏轼对前人诗歌之熟悉。

水枕句，同样的感受，苏轼几次在诗里表达过。如《出颍口初见淮山是日至寿州》“青山久与船低昂”，《李思训画长江绝岛图》“孤山久与船低昂”。

三

第一首是纯粹的写景诗，但不同于一般的写景，它写的是变化迅猛的动态之景：天空的黑云，远处的山，湖面的雨水与游船，卷地而来的风，楼下的波浪高如天。简直令人目不暇接。

跟第一首的快节奏不同，第二首则舒缓从容。风平浪静的月夜，荡舟西湖，清澈的水里有鱼鳖追随小船，湖面上有朵朵荷花在远近处隐现。人躺在船上，远处的山丘仿佛随水波起伏。风中行驶的小船，让月亮也徘徊不定起来。

四

这两首诗有没有寓意呢？比如说，是否影射当时朝廷政治斗争的风云骤变？是否表达了诗人亲历风雨的内心感受？见仁见智，说有说无，都可以。

苏轼《饮湖上初晴后雨》

西湖第一名诗是怎样炼成的

水光潋滟晴方好，山色空濛雨亦奇。

欲把西湖比西子，淡妆浓抹总相宜。

一

熙宁四年至熙宁七年（1071—1074），苏轼任杭州通判。

诗作于苏轼任职杭州的第三个年头，即熙宁六年（1073）夏天。这一年苏轼三十七岁，正当青壮之年。在此之前，王安石开始变法，苏轼的许多师友包括恩师欧阳修都遭到排挤，被迫离开京城到地方任职，他在朝廷上几乎举目无亲。这种情况下，苏轼仍上书议论新法弊端，自然惹怒王安石。御史谢景上书神宗，指摘苏轼过失。苏轼于是主动要求外放，结果被任命为杭州通判。

在杭州期间，苏轼虽然初遭宦海挫折，但是处境并不恶劣。杭州山水佳胜，“我本无家更安往，故乡无此好湖山”（《六月二十七日望湖楼醉书五绝》其五），可见苏轼心情不错，甚至可以说相当惬意。因此，留下了不少描写杭州湖山景色的诗篇。例如，《夜泛西湖五绝》《望海楼晚景五绝》都是组诗，一开口就是五首。

《饮湖上初晴后雨》是其中最为家喻户晓的一首。同时，也可以说是古往今来表现西湖美景最著名的诗歌，堪称西湖第一名诗。

二

离开杭州后，苏轼仍念念不忘那里的景色。在《怀西湖寄晁美叔同年》诗中，他津津乐道西湖美景：

西湖天下景，游者无愚贤。
深浅随所得，谁能识其全。

嗟我本狂直，早为世所捐。
独专山水乐，付与宁非天。
三百六十寺，幽寻遂穷年。
所至得其妙，心知口难传。
至今清夜梦，耳目余芳鲜。
…………

显然，苏轼爱上了杭州，爱上了西湖，有如风流名士爱上美人。

诗的妙处，可以一口气列出很多，但归根结底，最重要的是蕴含其中的爱。因为这种爱，诗中的西湖不但美丽悦目，而且能拨动读者的心弦，如沐春风。

三

《饮湖上初晴后雨》题下共有两首诗歌，另一首如下：

朝曦迎客艳重冈，晚雨留人入醉乡。
此意自佳君不会，一杯当属水仙王。

“艳重冈”一作“宴重冈”。水仙王，苏轼自注云：“湖上有水仙王庙。”前两句大意是：朝阳迎来宾客，苏轼在西湖边的山冈上宴请宾客；下午天气由晴转雨，仿佛有意挽留客人，宾主尽欢，都有了醉意。后两句是苏轼开客人的玩笑，大概是客人不愿意干杯，或者留不住客人，便说不如分一杯请水仙王共饮。

这两首诗，说的应是同一回饮酒。所谓初晴后雨，是早上晴天，下午转雨。这是江南地区夏季常有之事。从不点出客人姓名这一点看，对方应该不是风雅人士。但是，自早至晚陪饮，又足以说明客人不是寻常之辈。他让一向不善饮酒的苏东坡都醉了，东坡心情大好，把西湖恍惚成西施，写出了“欲把西湖比西子，淡妆浓抹总相宜”这样的千古佳句。

四

苏轼本人对这首诗显然是相当得意的。钱锺书先生注意到（见《宋诗选注》），这首诗中的一些词语，苏轼在后来的诗歌中反复使用。例如：

《次韵仲殊雪中游西湖二首》：水光潋滟犹浮碧，山色空蒙已敛昏。

《次韵刘景文登介亭》：西湖真西子，烟树点眉目。

《次前韵答马忠玉》：只有西湖似西子，故应宛转为君容。

《再次韵德麟新开西湖》：西湖虽小亦西子，萦流作态清而丰。

苏东坡醉中所作这首《饮湖上初晴后雨》诗，有如王羲之《兰亭集序》，酒醒之后是写不出来的。

苏轼《惠崇春江晓景》

绘画·景物·美食

竹外桃花三两枝，春江水暖鸭先知。

蒌蒿满地芦芽短，正是河豚欲上时。

一

这是一首题画诗。惠崇，宋初九僧之一，能诗善画。诗题又作《惠崇春江晚景》。

这是组诗，由两首组成，这是第一首。第二首如下：

两两归鸿欲破群，依依还似北归人。
遥知朔漠多风雪，更待江南半月春。

这像是一幅画分两首诗描写：第一首写画作的地面、水面之景，第二首写画作的天空之景，空中画了一群归鸿大雁。

二

蒌蒿，菊科蒿属，根茎肥大，富含淀粉，可作蔬菜、酿酒原料、饲料、香料，野生于山坡、草地、路边、荒滩。《诗经》《尔雅》及北魏贾思勰编的《齐民要术》中，对蒌蒿的生长习性及利用都有记载。

芦芽，有人说是芦苇的芽，即芦笋。这是不对的。芦苇，多年水生或湿生的高大禾草，生长在灌溉沟渠旁、河堤沼泽地等，芦苇的芽可以入药，但不能作为食材。能作蔬菜食用的芦笋，是天门冬科天门冬属多年生草本植物石刁柏的幼苗。苏轼诗中的芦芽，应该是指石刁柏的幼苗。

河豚，正统的写法是河鲀。自古以来中国食用的河豚皆生息于淡水河流中，因捕获离水时会发出类似猪叫的叫声而得名河“豚”。河豚味极鲜，肝脏鱼卵等有毒性，严重者可致人死亡，民间历来有“冒死吃河豚”的说法。

宋代烹饪，有以蒌蒿、芦芽、河豚同煮的做法。胡仔《苕溪渔隐丛话》后集卷二十四论梅尧臣诗：“按《倦游杂录》云：‘河豚鱼，有大毒，肝与卵，人食之必死。暮春柳花飞，此鱼大肥，江淮人以为时珍，更相赠遗。脔其肉，杂蒌蒿、荻芽，瀹而为羹，或不甚熟，亦能害人，岁有被毒而死者。’然南人嗜之不已，故圣俞诗：‘春洲生荻芽，春岸飞杨花，河豚当此时，贵不数鱼虾。’而其后又云：‘炮煎苟失所，转喉为莫邪。’”

三

“春江水暖鸭先知”是名句，但同样的意思，苏轼以前有诗人已经说过。例如，孟郊《春雨后》：“何物最先知，虚庭草争出。”杜牧《初春舟次》：“蒲根水暖雁初浴，梅径香寒蜂未知。”苏轼本人在别的诗里也表达过，例如《游桓山会者十人得泽字》：“春风在流水，凫雁先拍拍。”

此诗的妙处有二：

一是加入诗人的想象，使诗意顿时丰富起来。春江水暖，鸭子不会说人话，是诗人的合理想象。蒌蒿、芦芽是画中已有之物，河豚却是诗人根据当时的烹饪情况联想出来的。

二是将美景引向美食，立刻活色生香，活泼有谐趣。

想象、谈美食，都是苏轼的强项，这首诗是典型的苏式写景诗。

苏轼《赠刘景文》

身处逆境，初心不变

荷尽已无擎雨盖，菊残犹有傲霜枝。

一年好景君须记，最是橙黄橘绿时。

一

此诗作于宋哲宗元祐五年（1090），苏轼时年五十四岁，任杭州知州第二年。这是苏轼第二次到杭州任职，第一次是在熙宁四年（1071），时隔十八年。

苏轼两度到杭州任职的原因颇具戏剧性。第一次是因为苏轼站在旧党的立场上书议论王安石新法弊病，王安石恼怒之下命令御史谢景向神宗陈说苏轼过失。为暂避政敌锋芒，苏轼主动要求外放，于是被任命为杭州通判。第二次是因为已经得到高太后信任和重用（任翰林学士）的苏轼，看不惯旧党执政后打击王安石改革派、尽废新法等行为，对旧党的腐败现象进行抨击。得罪了新旧两党的苏轼，在朝廷里的尴尬处境可想而知，于是再一次主动请求外放，被任命为杭州知州。

二

刘景文，即刘孙季，比苏轼年长四岁。苏轼到杭州任知州时，他以左藏库副使为两浙兵马都监。因为苏轼的举荐，不久升为隰州（今属山西临汾）知州。两人交往密切，诗歌唱和频繁。显然，苏轼相当欣赏将门之后刘景文，称其为“慷慨奇士”。

三

从《赠刘景文》诗的内容看，应该作于元祐五年秋。同年秋天，苏轼还写了多首因秋起兴的诗。这些诗对于理解《赠刘景文》有所帮助。

草满池塘霜送梅，疏林野色近楼台。
天围故越侵云尽，潮上孤城带月回。
客梦冷随枫叶断，愁心低逐雁行来。
流年又喜经重九，可意黄花是处开。

——《秋晚客兴》

野鸟游鱼信往还，此身同寄水云间。
谁家晚吹残红叶，一夜归心满旧山。
可慰摧颓仍健食，此生通脱屡酡颜。
年华岂是催人老，双鬓无端只自斑。

——《秋兴三首》之一

故里依然一梦前，相携重上钓鱼船。
尝陪大幕今陈迹，谬添承明愧昔年。
报国无成空白首，退耕何处有名田。
黄鸡白酒云山约，此计当时已浩然。

——《秋兴三首》之二

浴凤池边星斗光，宴余香满上书囊。
楼前夜月低韦曲，云里车声出未央。
去国何年双鬓雪，黄花重见一枝霜。

伤心无限厌厌梦，长似秋宵一倍长。

——《秋兴三首》之三

看得出来，这一次任职杭州期间，面对秋天景色，苏轼的内心是复杂的：除旅思乡愁、政治挫折、生命老去等落寞伤感的情绪外，也有终生不渝的随遇而安和乐观旷达本性的流露。

四

读苏轼这首诗，不能不令人想起晚唐诗人李商隐的《宿骆氏亭寄怀崔雍崔衮》。

竹坞无尘水槛清，相思迢递隔重城。

秋阴不散霜飞晚，留得枯荷听雨声。

因为林黛玉说她“独爱”李商隐的“留得残荷听雨声”（《红楼梦》的作者把李商隐笔下的“枯荷”错记成了“残荷”），使得这首诗更加广为人知。

苏轼的《赠刘景文》跟李商隐这首诗有不少相似之处：都是赠友人；都是秋景；都以枯荷为重要意象。可以想象，苏轼作这首诗可能是受到了李商隐的影响。

但是也有不同之处：李商隐诗只有黑白两色，而苏轼诗中除了黑白，还有橙黄橘绿。橙黄指菊花，诗中明言是“傲霜残枝”。橘绿没有交代，但是众所周知，屈原《九章・橘颂》以降，橘有用于比喻君子忠贞美德的传统。如张九龄《感遇》组诗有专咏丹橘一首："江南有丹橘，经冬犹绿林。岂伊地气暖，自有岁寒心。可以荐嘉客，奈何阻重深。运命唯所遇，循环不可寻。徒言树桃李，此木岂无阴。"可见，苏轼的"橘绿"，跟孔子的"岁寒，然后知松柏之后凋也"的信念一脉相承。

显然，苏轼《赠刘景文》诗是以身处逆境而初心不变的君子品格勉励友人，同时也勉励自己。

苏轼《浣溪沙》

一首治愈抑郁的词

山下兰芽短浸溪，松间沙路净无泥，
萧萧暮雨子规啼。
谁道人生无再少？门前流水尚能西。
休将白发唱黄鸡。

一

这首词作于宋神宗元丰五年（1082）三月，地点是黄州（在今湖北黄冈）。

词前有小序："游蕲水清泉寺。寺临兰溪，溪水西流。"《东坡志林》卷九有更加详细的描述："黄州东南三十里为沙湖，亦曰螺师店，予买田其间。因往相田得疾，闻麻桥人庞安常善医而聋，遂往求疗。安常虽聋，而颖悟绝人，以指画字，不书数字，辄深了人意……疾愈，与之同游清泉寺。寺在蕲水郭门外二里许，有王逸少洗笔泉，水极甘，下临兰溪，溪水西流。予作歌云……是日剧饮而归。"

几句淡淡的话，却道出了东坡悲喜交加的人生遭遇：非常落魄的黄州时期，竟然有钱买田；看田的时候，得了病；为治病，认识了奇人——一个耳聋的医生；病好后，同游寺庙，喝了很多酒，写了一首词。

二

沙路净无泥，沙子路面雨天不会泥泞，既是生活常识，也是化用的前人诗句。杜甫《到村》诗有"碧涧虽多雨，秋沙先少泥"，白居易《三月三日祓禊洛滨》有"沙路润无泥"。以苏轼对杜甫、白居易诗歌的喜爱和熟悉，他不可能不知道这些诗句。

潇潇暮雨，白居易《寄殷协律诗》自注："江南吴二娘曲词云，暮雨潇潇郎不归。"

再少，再少年。古诗有"花有重开日，人无再少年"的句子。

黄鸡，白居易《醉歌》:“罢胡琴，掩秦瑟，玲珑再拜歌初毕。谁道使君不解歌，听唱黄鸡与白日。黄鸡催晓丑时鸣，白日催年酉前没。腰间红绶系未稳，镜里朱颜看已失。玲珑玲珑奈老何，使君歌了汝更歌。”苏轼反用其意，意思是不要因为年龄老去而感到悲伤。

苏轼一反悲观情绪，说出人生可以“再少年”，规劝友人“休将白发唱黄鸡”。苏轼有这份乐观旷达，并不令人意外。将释道儒三家处世思想融会贯通的苏东坡，随遇而安是他的贴身本领。但有一个情况必须指出，苏轼这些宽慰他人（同时也有自我安慰的成分）的话，是在饮酒时说出来的。“是日剧饮而归”，可见没少喝。

三

在苏轼众多脍炙人口的词作中，这一首的语言朴实无华，没有令人醒目的句子。那么，它究竟好在哪里呢？

> 先著、程洪《词洁》卷一：坡公韵高，故浅浅语亦觉不凡。
>
> 陈廷焯《白雨斋词话》卷二：愈悲郁，愈豪放，愈忠厚，令我神往。

是的，这首词的妙处，正在于苏轼的豪放之情。豪放源自旷达，旷达源自对生命的尊重。

这首词的上片写春天之景，下片是告诫友人兼自我宽慰。上下两片，都是积极乐观的基调，景语、情语互为表里。用今天的话说，这是一首治愈系作品。消极、抑郁的人读了，心情会由阴转晴，振作起来。

李清照《夏日绝句》

女儿身，男儿志

生当作人杰，死亦为鬼雄。

至今思项羽，不肯过江东。

一

诗题一作《乌江》，作于建炎三年（1129）四五月间。李清照《金石录后序》载，赵明诚这年三月罢江宁（治所建康，今南京）知府，乘船上溯至芜湖，抵姑孰（今安徽当涂），准备前往赣江边定居。夏五月，到达池阳（今安徽池州）。乌江在今安徽和县东北，位于建康与姑孰之间的长江北岸，为李清照行舟必经之地。

唐代乌江边修建有项王祠，由著名书法家李阳冰书写匾额“西楚霸王祠”。宋朝熙宁（1068—1077）年间，秦观曾拜谒过“西楚霸王祠”。爱好收藏古董的赵明诚李清照夫妇，路过此处，一定也拜谒过。这首诗，应该就是李清照谒祠时有感而发。

二

有人说，李清照之所以写这首诗，跟赵明诚的下述表现有关：建炎三年二月，御营统治官王亦叛乱，身为江宁知府的赵明诚事发前不当回事，事发时不但没有指挥平叛，反而乘着夜色缒城（由城上缘索而下）逃跑。倒是他的下属有所准备，击败了王亦之徒。因为失职，赵明诚被革去职务。

赵明诚在江宁知府任上的表现，令李清照深感失望，夫妻间开个玩笑，作诗加以嘲谑，按照李清照的性格，不无可能。但是，说这首诗是因赵明诚的失职表现愤然而作，一定不符合事实。从赵明诚去世三年后李清照所写《金石录后序》看，夫妇二人生前情趣相投，至死相爱。

三

鬼雄，鬼魂中的豪杰。《楚辞·九歌·国殇》:“身既死兮神以灵，魂魄毅兮为鬼雄。”

《史记·项羽本纪》：项羽兵败，退至乌江，乌江亭长劝他渡江称王，他说：“天之亡我，我何渡为！且籍与江东子弟八千人渡江而西，今无一人还，纵江东父兄怜而王我，我何面目见之？纵彼不言，籍独不愧于心乎？”于是自刎而死。

项羽是个悲剧英雄，诗里的“思”是什么意思呢？

诗的前两句，有两层意思：一是抒发自己的志向情怀，二是赞美项羽的生死抉择。可见，项羽的人生，是李清照在那个特殊时期心仪的对象。所以，“思项羽”的“思”就是“慕”，李清照敬慕项羽的为人与抉择。从这一点上说，对赵明诚在江宁知府任上的表现，李清照应该是不满意的。

四

今天我们读这首诗，不必斤斤计较李清照对赵明诚行为的内心纠葛，只把它当作李清照谒项羽祠时的感慨言志即可。其实，著名婉约词人李清照的内心世界，也有慷慨悲歌的一面，也有巾帼英雄的情怀与气质。

李清照身上慷慨悲歌、巾帼英雄一面，这首诗不是唯一的展现。赵明诚死后的再嫁张汝舟、不堪忍受张汝舟家暴举报其官场舞弊、研究赌博技艺著有《打马图经》等行为，都可以佐证。另一首七言绝句

《题八咏楼》，也可以证明。

缠绵婉约，是李清照恪守词艺规矩的表现；而写诗的她，可以豪放不让须眉。

李清照乃千古奇才，非等闲闺阁女子！

曾几《三衢道中》

体验晚春时节的美好

梅子黄时日日晴，小溪泛尽却山行。

绿荫不减来时路，添得黄鹂四五声。

一

三衢，指衢州，在浙江省。衢州境内有三衢山，位于常山县城北约 10 公里的宋畈乡与辉埠镇，面积 11.8 平方公里。衢州因此山而得名，被称为衢州的母亲山。

二

曾几（1084—1166），字吉甫，赣州人。徽宗朝（1100—1125），以兄弼恤恩授将仕郎。历任辟雍博士、校书郎、应天少尹。钦宗靖康元年（1126），提举淮东茶盐。高宗建炎三年（1129），提举湖北茶盐，徙广西运判，历江西、浙西提刑。绍兴八年（1138），因其兄曾开反对秦桧和议，兄弟同时遭罢官。一个多月后，任广西转运副使。侨居上饶七年，自号茶山居士。秦桧死后，被起用为浙东提刑。第二年改任台州知州。绍光二十七年（1157）授秘书少监，擢权礼部侍郎。孝宗隆兴二年（1164）以左通议大夫致仕。乾道二年（1166）卒，享年八十三岁。

曾几学识渊博，勤于政事。他的学生陆游替他作墓志铭，称他“治经学道之余，发于文章，雅正纯粹，而诗尤工”（《曾文清公墓志铭》）。后人将他列入江西诗派。诗歌闲雅清淡，气韵疏畅。

三

每年六七月份，东南季风带来的太平洋暖湿气流，经过长江中下游地区时，该地区会出现持续的阴雨天气。由于正是江南梅子的成熟期，故被称为“梅雨”季节。诗人在这个季节行旅，却逢难得的连续晴朗天气，因此心情不错。

四

这是一首山行即景诗。前两句交代时间、天气与行程，后两句描写山行所见景色。

山行即景，见山见水，因人而异。同样是在浙江境内，东晋名士走在绍兴一带山道上，眼见的景色是这样的：“峰崿隆峻，吐纳云雾，松栝枫柏，擢干竦条，潭壑镜澈，清流泻注。千岩竞秀，万壑争流。草木蒙笼其上，若云兴霞蔚。从山阴道上行，山川自相映发，使人应接不暇。”（见《世说新语·言语》《会稽郡记》）

曾几一定看见过同样的山川景色，也一定熟知这段话。但是，他并没有迷失在这一番辞藻绚烂的话语中，而是从容不迫，另辟蹊径。随手拈来两样东西，绿荫与黄鹂声，顿令山川妩媚有情。

绿荫不少，黄鹂声不多，四五声足矣。诗人给我们描绘的衢州山行图，是一幅速写画，有声有色有人物。读起来简洁而生动，轻松而愉快。

杨万里《小池》

细小景物见佳趣

泉眼无声惜细流，树荫照水爱晴柔。

小荷才露尖尖角，早有蜻蜓立上头。

一

这首诗，作于何时何地，读诗的人都不必关心，只需了解它是一首以细致和情趣见长的小诗便可以了。

四句诗，分别写了四样东西：泉水、树荫、荷叶、蜻蜓。泉是小泉，小到细流无声；树荫是薄荫，并非浓荫，因而能给人温和（晴柔）的感觉；荷叶是幼小的，刚刚露出一个小尖角；蜻蜓是轻盈的，不然也不会选择荷叶尖角站立。四样东西，与其说是构成了一幅生动的画面，不如说是组成了一个美丽的舞台：泉水、树荫是舞台背景，小荷、蜻蜓是舞台剧的两个角色。舞台背景，清澈淡雅；戏剧角色，一动一静。相映成趣，配合默契。

说来惭愧，因为少年时代无书可读，著者最初接触这首诗，迟至大学二年级。同年级一位女生，平时一般不跟本班同学来往。原来她一入学便跟高两级的一个学长谈上了恋爱。说起这事，一位比我高一年级的学长当年就引用了这首诗的后两句，给我留下深刻印象，觉得很贴切。不是吗？小荷如低眉含羞的女生，而蜻蜓则是多情主动的男生。

二

当然也可以说这是一台儿童剧：文静的荷叶，淘气的蜻蜓，两小无猜，在一起快乐地玩耍。

显然，这首诗使用了拟人的修辞手法，赋予了自然景物以人的趣味。

这是一台缩微的戏剧，观看者需要用一双如放大镜般的眼睛，注目观看，用心体会其中的趣味。

三

杨万里是南宋“中兴四大诗人”之一，其他三位是尤袤、范成大和陆游。这四人是相互敬重的朋友，诗歌风格各有优长。

杨万里的优点，周必大在给杨万里诗集的题跋中有过中肯的评价：“状物姿态，写人情意，则铺叙纤悉，曲尽其妙，笔端有口，句句有眼。”

但是，客观评价杨万里的诗歌，也应该看到其局限性。正如钱锺书先生所指出的：“杨万里的主要兴趣是天然景物，关心国事的作品远不及陆游的多而且好，同情民生疾苦的作品也不及范成大的多而且好；相形之下，内容上见得琐屑。他的诗很聪明、很省力、很有风趣，可是不能沁入心灵。”（《宋诗选注》）

杨万里在《江湖集》《荆溪集》的自序里说，他最初是学江西派，后来学王安石的绝句，又转而学晚唐的绝句，最后“忽若有悟”，谁也不学，“步后园，登古城，采撷杞菊，攀翻花竹，万象毕来，献予诗材”，从此诗兴大发，诗思泉涌。这一点倒是很值得今天喜欢学作古体诗的朋友们参考。笔者身边就有这样的朋友：作诗以用典故为能事，自己的头脑完全成了古人的跑马场，作出来的所谓“诗歌”，语言晦涩难懂，基本没有生命、生活的气息，全然不见自己生命、生活的印记。

生命因各不相同而精彩，艺术因个性鲜明而存世。著者喜欢杨万里的诗，主要原因在此。

杨万里《晓出净慈寺送林子方》

西湖荷花大景致

毕竟西湖六月中，风光不与四时同。

接天莲叶无穷碧，映日荷花别样红。

一

诗作于宋孝宗淳熙十四年（1187），当时杨万里在杭州秘书少监任上。林子方中进士后，曾任直阁秘书，杨万里是他的上级兼好友。此时林子方将赴福州任职，清晨时分，杨万里在西湖附近的净慈寺送别林子方，经过西湖边时写下这组诗。

二

林枅，字子方，生卒年不详。宋高宗绍兴二十一年（1151）进士，曾任直阁秘书、福州知州等官职。除杨万里外，陈俊卿（1113—1186）、林亦之、楼钥等人与其也有唱和。杨万里除了这首诗外，还有《送林子方直阁秘书将漕闽部三首》。

三

《晓出净慈寺送林子方》是组诗，共两首。第一首如下：

出得西湖月尚残，荷花荡里柳行间。
红香世界清凉国，行了南山却北山。

第一首主要交代送行情况：大清早从西湖出发，在荷花与柳树之间穿行，闻着花香，感受着清凉的晨风，走在南山路上，跟北山告别。

净慈寺，全名净慈报恩光孝禅寺，在西湖南岸的南屏山慧日峰下。净慈寺跟位于北山的灵隐寺齐名，隔湖遥对，为西湖两大著名佛寺。南宋周密《武林旧事》曰："其宏壮自昔已然，今益侈大矣。"

杨万里之前，写西湖美景的诗歌已经有很多了，其中最有名的莫过于白居易的《钱塘湖春行》和苏轼的《饮湖上初晴后雨》。杨万里显然是对前人的诗歌采取了回避的写法，他既没有写全景，也没有写堤岸之景，而独写水中荷花之景。

诗的结构与众不同，一反绝句前两句写景、后两句抒情的惯例。一开篇，"毕竟"一词，便大有撇开前人所有套路另辟蹊径的架势。前两句是不容商榷的立论，后两句是立论的依据，也是写景。

杨万里笔下的景不同于一般文人士大夫疏朗、淡雅、清冷之类的审美趣味，而是稠密、浓艳、热烈、明丽之景。"接天莲叶无穷碧，映日荷花别样红"，这样的画面在传统诗歌、绘画中都是难得一见的。杨万里笔下的西湖荷花，美得有规模，美得有气势。

四

有人说，这两首诗通过描写六月西湖的美丽景色，曲折地表达了对友人林子方的眷恋之情。可能是著者眼拙，实在看不出来眷恋之情，倒觉得更像是诗人在宽慰林子方，勉励他放眼远望，看到美好前景。杨万里有意回避了临别之际情调伤感的旧套路。

还有人从"映日荷花别样红"一句解读出诗人是用比喻手法委婉告诫曾经的下属兼好友林子方，要想办法尽快回到当时朝廷的所在地杭州，这样才有利于仕途腾达。这种猜测式解读，无异于佛头着粪，是将诗歌艺术庸俗化，是对作诗追求趣味的杨万里的极大曲解，很煞风景，不足为训。

杨万里《舟过安仁》

江船上的童趣

一叶渔船两小童，收篙停棹坐船中。

怪生无雨都张伞，不是遮头是使风。

一

诗作于宋光宗绍熙三年（1192），杨万里六十六岁。此前一年，朝廷下令在江南诸郡行使铁钱会子（铁钱，南宋时期发行的铁质钱币；会子，一种汇兑的凭据。铁钱会子，相当于后世的纸币，是朝廷为了搜刮民间财富、聚敛财政而采取的一种措施），杨万里上书反对。结果，得罪宰臣，由江东转运副使改任赣州知州。但杨万里并未赴任，而是请求担任祠禄官。宋朝宰相、执政、翰林学士等高级别大臣，因年老等原因不再担任实职，往往就会挂个庙宇管理名义的闲职，继续享受官员待遇。杨万里这是主动要求退居二线。结果，被授予秘阁修撰，提举万寿宫。这首诗就作于杨万里退居二线期间。

安仁，今江西鹰潭市下辖一旧县名。民国三年（1914），因与湖南省安仁县同名，以境内有余水（信江）而改名余江。

这首诗描写的应是花甲诗人杨万里坐船在余江上航行时所见的情景。

二

《舟过安仁》题下一共五首，这是其中之一。其他数首都是描写船上所见之自然景物，只有这一首是以两个儿童为主角。

江上停泊着一只小船，船上坐着两个儿童。他们既不是在模仿成年人的样子划船，也不是在江中游泳戏水，而是收起竹篙、停了船桨，安静地坐在船中。当然，真正令人奇怪的并非两个儿童安静地坐在船中，而是无雨的天气里他们却打开了雨伞。不难想象，诗人看到这情景，有过短时间的纳闷，但是他很快便有了答案：儿童打开雨伞是为了阻风，他们是把雨伞当作风帆了！

怪生，周汝昌先生注释为“怪不得”和“怪道呢”（《杨万里选集》，上海古籍出版社 2012 年版），著者认为不如解释为“生怪”，心生奇怪。先是感到奇怪，稍加观察后明白缘由，很合乎情理。

淘气的儿童，聪明的儿童，他们的玩法挺有创意。

三

皇权专制时代，尤其是讲“存天理，灭人欲”的理学家辈出的宋代，留给后人的印象大概可以概括为纲常、规矩、束缚之类的关键词。但是，杨万里的诗却让我们看到了不一样的世界，在这个世界里，儿童天真活泼、淘气聪敏。

显然，这样的世界令杨万里着迷，这样的儿童被杨万里欣赏。

读杨万里表现儿童的诗，不能只陶醉于其中的童趣；还应该想到，那是诗人对自然、天性、纯真、自由的赞美。杨万里的审美，相当超前，颇具现代性。

杨万里《宿新市徐公店》

春天里的乡村童趣

篱落疏疏一径深，树头新绿未成阴。

儿童急走追黄蝶，飞入菜花无处寻。

一

新市，有人说指湖北省京山市新市县，但著者认为应该是浙江省湖州市德清县新市镇。理由有二：一是南宋首都临安，是杨万里一生活动的中心，他频繁往来于今天江苏、安徽、浙江、江西四省接壤、邻近地区；二是杨万里诗集中这首诗前后诗篇中的地点，都比较接近湖州地区。

徐公店好理解，用今天的话说就是徐老板开的旅店。

二

整首诗，简而言之就是春天。一条长长的乡村道路，两旁是疏朗参差的篱笆；树梢枝头，还是嫩绿的芽叶，尚未形成遮天蔽日的繁枝茂叶。原来，这是春天，还没到绿色深似海的夏天。一条长长的乡间小道上，有个儿童在飞奔着追逐一只黄色的蝴蝶；蝴蝶飞进了油菜花丛，不见踪影，儿童眼前一片茫然。

这是一幅美好的乡村画面：有动（飞舞的蝴蝶，奔跑的儿童），有静（篱落，道旁树），有生机（新绿），有童趣（追蝶）。

三

杨万里以《宿新市徐公店》为题的诗共两首，这是第一首。第二首纯粹写景，有自然景物，也有民俗风情；没有出现人物，没有表现童趣。但是明确交代了时间，即寒食节前后。

春光都在柳梢头，拣折长条插酒楼。

便作在家寒食看，村歌社舞更风流。

两首诗参照着看，画面更加完整、丰满。

四

杨万里诗集中，有不少以“宿某处”为题的诗篇，例如《宿龙回》《宿潭石步》《宿灵鹫禅寺》《宿峨桥化城寺》《宿牧牛亭秦太师坟庵》等。这反映出他作诗的一个特点：喜欢将旅途见闻写进诗歌。不过，杨万里捕捉的并非浮光掠影、到此一游的山水见闻，而是需要细心观察方能发现的生活情趣（包括童趣）。这大概就是他用“宿”字入题的用意所在。

杨万里一生作诗两万多首，流传至今的有四千余首，大多描写自然景物。他创造了清新自然、富有情趣的“诚斋体”。品读这首小诗，好比管中窥豹，可见一斑。

陆游《秋夜将晓出篱门迎凉有感》

沦陷区的泪水

三万里河东入海，五千仞岳上摩天。

遗民泪尽胡尘里，南望王师又一年。

一

诗作于绍熙三年（1192），当时中原地区沦陷金人之手已经六十多年，陆游六十八岁，住在家乡山阴（今浙江绍兴）。

二

诗的题目，含义丰富：秋夜迎凉，说明当时天气燠热，属于秋老虎气候；将晓，说明诗人内心煎熬，彻夜未眠；秋天是肃杀悲伤的季节，诗人很容易联想到战斗，联想到沦陷区，联想到收复失地，联想到骨肉分离……

三

这是组诗，由两首诗组成。第一首如下：

> 迢迢天汉西南落，喔喔邻鸡一再鸣。
>
> 壮志病来销欲尽，出门搔首怆平生。

这一首交代诗人当时的情况：天上银河向西南坠落，邻居家的鸡一再啼鸣。因为疾病，壮志消磨殆尽的诗人难以入眠。起身出门，为平生遭际感慨悲伤。这首诗的主要作用是为下一首的抒情做铺垫。

三万里河、五千仞岳，分别指黄河、华山。三万里、五千仞都有夸张的成分。

黄河，中国第二长河，全长约 5687 公里。黄河有几个源头：北源发源于青藏高原巴颜喀拉山脉支脉查哈西拉山南麓的扎曲，南源发源于巴颜喀拉山支脉各姿各雅山北麓的卡日曲，西源发源于星宿海西的约古宗列曲。黄河呈“几”字形，自西向东分别流经青海、四川、甘肃、宁夏、内蒙古、山西、陕西、河南、山东等九省（自治区），最后流入渤海。

华山，古称西岳，又称太华山，五岳之一，是中华文明的发祥地。“中华”和“华夏”的“华”字，就来自“华山”。华山南接秦岭，北瞰黄渭，自古以来就有“奇险天下第一山”的美誉。华山分东、西、南、北、中五大主峰，其中南主峰海拔 2160.5 米，是华山最高峰，也是五岳最高峰。

三万里河、五千仞岳，既是诗人脑海中浮现的山川景象，也是心中梦寐收复的沦陷区的象征。山河越是壮丽，诗人的恢复之心便越迫切。

三、四两句，也是想象中的情况：沦陷在金人统治下的百姓，时刻盼望着宋朝军队能够打回中原，拯救他们于水火之中。但是，一年年的期盼，换来的是一年年的失望，眼泪流了干、干了流，仿佛泪腺都要干枯。年近古稀，身在山阴的陆游，在彻夜未眠的秋天早晨，想到这些，忧心如捣。陆游《关山月》诗云：“遗民忍死望恢复，几处今宵垂泪痕。”诗人的眼泪，早已跟沦陷区百姓的眼泪流在一处了。

四

这首诗有两点写法值得注意：第一，一、二句的山河景象和三、四句的百姓境况，都是诗人想象出来的；第二，一般七言诗句的停顿是“二二三”，而一、二句的停顿是“四一二”，“三万里河 / 东 / 入海，五千仞岳 / 上 / 摩天”。想象之景，是为了对应第一首的眼前之景，也是为了表现感受之真切；不寻常的停顿，也许是为了表达心中长久郁积的悲愤之情。

陆游《示儿》

统一大志，至死不渝

死去元知万事空，但悲不见九州同。

王师北定中原日，家祭无忘告乃翁。

一

这是陆游的绝笔诗。

示儿，即写给儿子看。陆游共有七个儿子：长子陆子虡，淳熙十五年（1188）出仕，官至淮西濠州通判；次子陆子龙，庆元三年（1197）出仕，官至东阳丞；三子陆子修，嘉泰四年（1204），出仕闽县；四子陆子坦，嘉泰四年，出仕临安；五子陆子约；六子陆子布，生于淳熙元年（1174），生前未曾做官；七子陆子遹，生于淳熙六年（1179），生前未曾做官。

据说陆游还有两个女儿，名字不详。

嘉定二年（1209）秋，陆游忧愤成疾。入冬后，病情日重，卧床不起。十二月二十九日（1210 年 1 月 26 日），陆游与世长辞，享年八十五岁。

二

宋朝从来就没有真正统一过中国。北宋时期，北边与辽、西夏为邻，如今天津、太原、兰州是宋朝边城；西边的兰州、成都一线以西就是吐蕃诸部。宋太祖赵匡胤的名言“卧榻之侧，岂容他人鼾睡”，指的不是北边和西边，而是南边李后主的南唐。陆游收复中原的梦想，所指疆域，也不过是淮河以北、黄河流域的部分地区，版图面积相当于北宋。

陆游做了一辈子收复中原的梦。有诗为证：

《感兴》（其一）：常恐先狗马，不见清中原。

《太息》（其二）：砥柱河流仙掌日，死前恨不见中原。

《北望》：宁知墓木拱，不见塞尘清。

《夜闻落叶》：至死人所同，此理何待评？但有一可恨，不见复两京。

《示儿》诗不过是把这种说了很多遍的梦话又说了一遍。遗憾的是，梦话终究是梦话，永无实现的一天。

三

陆游死后二十四年（1234），宋和蒙古联合灭金。刘克庄《端嘉杂诗二十首》（其四）："不及生前见虏亡，放翁易箦愤堂堂。遥知小陆羞时荐，定告王师入洛阳。"

陆游死后六十九年（1279），元军灭宋。林景熙《书陆放翁诗卷后》诗云："青山一发愁蒙蒙，干戈况满天南东。来孙却见九州同，家祭如何告乃翁？"

四

诗的妙处，胡应麟《诗薮》说："忠愤之气，落落二十八字间。"《唐宋诗醇》引褚人获曰："《示儿》一绝，有三呼渡河之意。"贺贻孙《诗筏》："率意直书，悲壮沉痛，孤忠至性，可泣鬼神。"说的都是一个意思：一是忠，二是愤。所谓忠，即忠于王事，至死不忘恢复中原大业；所谓愤，其实是痛，为山河破碎、百姓遭异族统治者欺凌而悲痛。概括起来，就是忠君爱民。临终之际作此诗，既令人钦佩，又令人痛惜。

林升《题临安邸》

亡国之痛化为忧国之情

山外青山楼外楼，西湖歌舞几时休。

暖风熏得游人醉，直把杭州作汴州。

一

林升，字梦屏，平阳（今属浙江温州）人。生卒年不详，大约生活在宋孝宗朝（1162—1189）。明代田汝成《西湖游览志余》云："绍兴、淳熙之间，颇称康裕。君相纵逸，耽乐湖山，无复新亭之泪。士人林升者，题一绝于旅邸云云。"

二

宋钦宗靖康二年（1127），金朝军队南下侵占北宋首都开封，掳走徽、钦二帝，北宋灭亡，史称靖康之乱。宋高宗赵构在今浙江杭州建立南宋朝廷，称临安。这首诗便写于南宋朝廷偏安江南时期。

诗歌描写了当时南宋君臣"耽乐湖山"的情况，讽刺他们忘记靖康之耻，不思收复中原失地。

三

这首诗讽刺的对象包括帝王将相，可谓胆大包天。某种意义上可以反映出当时的舆论尺度。这就不能不说一说当时的皇帝孝宗赵昚。

赵昚（1127—1194），宋太祖赵匡胤七世孙，宋高宗赵构养子。南宋第二位皇帝，宋朝第十一位皇帝，1162年至1189年在位。后世史家普遍认为，赵昚是南宋最有作为的皇帝，"卓然为南渡诸帝之称首"（《宋史》本纪卷第三十九）。他在位期间，平反岳飞冤案，起用主战派人士，锐意收复中原。内政方面，积极整顿吏治，裁撤冗官，惩治贪污，重视农业生产。他执政时期共用过三个年号，隆兴、乾道、淳熙，史称“乾淳之治”。

不难想象，这位积极有为的孝宗皇帝，有足够的自信，能对文士的言论采取较为宽容的态度。

四

诗中有两个关键词——汴州和杭州，有必要略作介绍。

北宋时期，杭州为“两浙路”的路治，大观元年（1107）升为帅府，下辖钱塘、仁和、余杭、临安、于潜、昌化、富阳、新登、盐官等九县。当时杭州居民已达二十万户，人口数量为江南诸州之冠。

建炎三年（1129）七月，杭州升为临安府，作为“行在”。当年闰八月，宋高宗至杭州，以其为行宫。绍兴八年（1138），临安定都，增建礼制坛庙。从此开始，杭州正式成为南宋朝廷的首都。

汴州，今河南开封。隋唐时称汴州，北宋建都于此，称汴京或东京。

北宋时期，辽、金相继在北部兴起。北宋王朝虽然实际控制疆域有限，却创造了商业快速发展的奇迹。

北宋都城汴京当时已经是人口超过百万的大都市，城中店铺达六千余家。汴京中心街道御街，宽达两百步。北宋政府改变了以往各朝代居民不得向大街开门、不得在指定的市坊以外从事买卖活动的规矩，允许市民在御街两侧开设店铺做买卖。为了刺激经济发展，朝廷还下令放宽了宵禁规定。与此同时，乡镇经济也得到迅速发展。《东京梦华录》记载：“东华门外，市井最盛，盖禁中买卖在此。凡饮食，时新花果，鱼虾鳖蟹，鹑兔脯腊，金玉珍玩，衣着，无非天下之奇。

其品味若数十分，客要一二十味下酒，随索，目下便有之。其岁时果瓜蔬茹新上市，并茄瓠之类新出，每对可直三五十千，诸合纷争以贵价取之。”如此繁荣景象，张择端在《清明上河图》中亦有生动描绘。

五

直把杭州作汴州，这一句有两层意思：一是当时杭州已经成为可以跟汴京媲美的繁华都市；二是南宋君臣和百姓忘记了大宋只剩半壁山河的严峻现实，没有了恢复中原的志向，生活在醉生梦死之中。

诗歌主要表现了忧国之思。这种思想并非只林升一人有，当时士林不少人都有。李弥逊有“自怜头白江山里，回首中原正鼓鼙”（《东岗晚步》），杨万里有“何必桑乾方是远，中流以北即天涯”（《初入淮河四绝句》），范成大有“州桥南北是天街，父老年年等驾回”（《州桥》），王迈有“中原岂天上，尺土不能归”（《读渡江诸将传》），刘克庄有“凄凉旧京女，妆髻尚宣和”（《北来人二首》）等等，表达的都是收复中原的志向和愿望。

朱熹《春日》

理学家的春情

胜日寻芳泗水滨，无边光景一时新。

等闲识得东风面，万紫千红总是春。

一

朱熹有许多光亮的头衔，理学家、思想家、哲学家、教育家、诗人。计较起来，最名副其实的，显然是理学家一项。朱熹著作甚多，有《四书章句集注》《太极图说解》《通书解》《周易本义》《楚辞集注》等，后人辑有《朱子语类》。其中《四书章句集注》被认为是对儒家经典的准确阐释，是钦定的教科书和科举考试标准答案的依据。朱熹本人是唯一非孔子亲炙弟子而配享孔庙者，位列大成殿（孔门）十二哲行列，千百年来受着儒教信徒们的顶礼膜拜。

最不能名副其实的，要算诗人一项。朱熹保留至今的诗词作品，总数不到四十首，其中流传较广的是《春日》和《观书有感》两首小诗，其他数十首均不足观。不过，这两首小诗，《春日》表现春天的光景和心情，《观书有感》用池塘、活水比喻学习，都颇新鲜有趣，并非宋人刘克庄所讽刺的"语录讲义之押韵者"（《后村大全集·吴恕斋诗稿跋》），甚至可以说是脍炙人口。因此，钱锺书先生称他为"道学家中间的大诗人"（《宋诗选注》）。

大诗人，朱熹受之有愧；好作品，这两首完全当得起。

二

从字面看，此诗是表现朱熹在孔孟故乡泗水河边游春的情景，但实际上这是朱熹想象中的游春。当时泗水河所在的山东中部地区处于金人统治之下，朱熹不可能到那里游玩，但他虚构的泗水滨景色，看起来挺美。

这是一首隐喻诗，理学家朱熹用春游泗水滨指探究孔孟之道，表达了学习也可以是一件非常快乐之事的思想。

这首诗之所以广泛传播，有两个主要原因：首先，这是一首令人感到美好的诗；其次，惯于正襟危坐的理学家竟然也有如此轻松活泼的一面，令人感到新奇。

历代咏春日的诗歌作品不少，单是宋朝，苏轼、秦观就都曾以《春日》为题作诗。朱熹这首《春日》，即使跟那些以诗名世的文学家的同题诗篇相比，也毫不逊色。

三

道学或者说理学，一般而言和包括诗歌在内的文学是矛盾乃至对立的。换言之，道学家、理学家通常会对文学采取排斥、敌视的态度。朱熹的师祖、理学家程颐说过“作文害道”“学诗用功甚妨事”，认为文章是“俳优”，说杜甫的写景名句都是“闲言语”，没有必要说出来。(《二程遗书》)朱熹本人也曾发过“顷以多言害道，绝不作诗”的毒誓。(《晦庵先生朱文公文集》)

可是，仍然有道学家、理学家在作诗，有的还作了不少，作得不错。这是为什么呢?

最重要的原因，当然是人的性情。情动于中而形于言，想要压抑，不太容易。道学家要存天理、灭人欲，而灭人欲决不是一件容易的事。

朱熹作诗，可能跟他的老师刘子翚有一定关系。刘子翚虽然是道学家，但是他写诗的兴趣很大，跟曾几、吕本中、韩驹等人都有唱和，且水平不低，成绩不俗。钱锺书称他为“诗人里的一位道学家”，比起朱熹的“道学家中间的诗人”，水平、境界要高出一个档次。

朱熹《观书有感》

关于读书求知的生动比喻

半亩方塘一鉴开，天光云影共徘徊。

问渠那得清如许，为有源头活水来。

一

这首诗作于宋宁宗庆元二年（1196）。此前两年，朱熹被任命为焕章阁侍制兼侍讲。朱熹利用给皇帝讲解《大学》的机会，宣扬格物、致知、诚意、正心、修身、齐家、治国、平天下等理学主张，希望通过匡正君德来限制君权的滥用，招致宋宁宗和执政韩侂胄的不满。朱熹在朝仅46日，便被罢免了职务。为避宰相韩侂胄的排挤与迫害，朱熹带着门人黄干、蔡沈、黄钟等人到新城福山（今江西省黎川县社苹乡竹山村）双林寺旁的武夷堂讲学。在此期间，他往来于南城、南丰之间。应南城县上塘蛤蟆窝村吴伦、吴常兄弟邀请，朱熹到该村讲学，为吴氏厅堂书写“荣木轩”，为读书亭书写“书楼”，并为吴氏兄弟创办的社仓撰写《社仓记》。正是在此期间，朱熹写下了《观书有感二首》。

二

《观书有感》即读书时产生的感想、感悟。当然，这个感想、感悟跟读书治学有关。从今天的立场看，朱熹发表读书感想，简直是不二人选。

盖棺论定，朱熹头上桂冠不少。理学家、思想家、哲学家、教育家、诗人、闽学派代表人物、儒学集大成者。朱熹不是浪得虚名，他是真的有学问、有思想。不去说他当时到处开书院，收徒讲学，慕名听讲者有时多达千人。单是列一下他的平生著作目录（存世的著作共25种，600余卷，总字数在2000万字左右），便足以令人肃然起敬。

朱熹不是一个迂腐的学究，作为教育家，他关于读书有一套行之有效的方法，弟子们将其归纳为“朱子读书法”六条，即循序渐进、熟读精思、虚心涵泳、切己体察、着紧用力、居敬持志。

三

方塘，又称半亩塘，在福建尤溪县城南郑义斋（今南溪书院）的别墅内。朱熹父亲朱松任尤溪县尉期间跟郑义斋交好，去官后即居住于此。朱熹也出生在这里。朱松《蝶恋花·醉宿郑氏别墅》词云：“清晓方塘开一镜。落絮如飞，肯向春风定。”可见，朱熹这首诗的第一句，跟他父亲的词句有直接关系。

鉴，有两种说法，一说是古代用来储存冰块的青铜器皿，一说是镜子。著者赞成后者，理由是，冰鉴乃封闭性容器，看不到天光云影的水中倒影。

源头活水，有两层含义：一是知识的源头必须是清澈洁净的；一是为了保持储存知识的活力，必须有源源不断的活水注入。

四

《观书有感》题下共有两首诗，“半亩方塘”是第一首。第二首如下：

昨夜江边春水生，艨艟巨舰一毛轻。
向来枉费推移力，此日中流自在行。

这一首的知名度较低，因为它没有“问渠那得清如许，为有源头活水来”那样的佳句。但同样是讲跟读书、学习有关的道理，并且道理讲得也不错。

朱熹毕竟是理学家，擅长哲学思考，再加上一点诗人的才华，有理趣，有文采，通俗易懂，便于传播。

五

有人认为，朱熹的两首《观书有感》，跟王国维《人间词话》借三首宋词比喻治学三境界说“颇多可通之处”（谷一然《千家诗评注》，人民文学出版社 1999 年版）。著者不太认同这种观点。王国维讲的是治学的境界，即读书、学习不同阶段所呈现出来的状态，而朱熹两首诗讲的是读书、学习的方法和重要性。具体来说，第一首讲的是要读好书、常读书，所谓活到老学到老；第二首讲的是人只有积累了足够多的知识，优异的禀赋才干（艨艟巨舰）才能发挥作用，应用裕如。

朱熹跟王国维，说的完全不是一码事。

范成大《四时田园杂兴》

宋代文人的田园情结

梅子金黄杏子肥，麦花雪白菜花稀。

日长篱落无人过，唯有蜻蜓蛱蝶飞。

一

《四时田园杂兴》由六十首诗组成，分春日、晚春、夏日、秋日、冬日五个部分，每个部分十二首诗。这一首是“夏日田园杂兴”部分的第一首。

《四时田园杂兴》是范成大晚年的作品。遭弹劾后，退居石湖，时间为淳熙十三年（1186）。

二

诗的前两句既是写景，又是交代时间。梅子、杏、麦花、油菜花，四样植物，两果两花。诗的后两句，描写的是日中篱笆旁的景趣。

日长，因为是夏季；无人过，可能是因为农事繁忙，也可能是因为地处偏僻；蜻蜓、蛱蝶飞舞，篱笆一带幽静无人。既然诗人注意到蜻蜓、蛱蝶在篱笆边飞舞，说明他喜欢这种乡村野趣，还可能羡慕自由自在飞舞的蜻蜓与蛱蝶。不知道诗人当时有没有想起庄周梦蝶的故事。

三

宋人认为范成大的《四时田园杂兴》可以与《诗经·豳风·七月》相提并论。吴沆《环溪诗话》说：“且如农桑樵牧之诗，当以《毛诗·豳风》及石湖《田园杂兴》比熟看。”

范成大写的田园景致，明显有别于陶渊明、孟浩然、王维、韦应物等前代诗人，他的诗“验物切近”（方岳《深雪偶谈》），“纤悉毕登，鄙俚尽录，曲尽田家况味”（宋长白《柳亭诗话》引王载南语）。换句话说，范成大笔下的田园生活更加细致逼真。打个比方，陶孟王韦的田园诗好比写意的国画，范成大的则好比工笔与写实。或者说，范成大的诗歌具有自然主义的特点，不像陶孟王韦那样充满文人士大夫气息。

范成大《四时田园杂兴》

农家生活的诗意

昼出耘田夜绩麻，村庄儿女各当家。

童孙未解供耕织，也傍桑阴学种瓜。

一

范成大《四时田园杂兴》共五组六十首，这是《夏日田园杂兴》中的第七首。

《四时田园杂兴》总标题下有诗人自己写的引言："淳熙丙午，沉疴少纾，复至石湖旧隐。野外即事，辄书一绝。终岁得六十篇，号《四时田园杂兴》。"可见，这首诗作于宋孝宗淳熙十三年（1186）。

这一年，范成大六十一岁。四年前，范成大因身患疾病，五次上书请求放还，终于获准。也就是说，范成大作这首诗的时候，身份是衣锦还乡、落叶归根的朝廷高级官员（做过吏部尚书、参知政事，相当于今天的中央组织部部长、国务院副总理）。七年后，范成大去世，享年六十八岁。

二

诗中描写的是江南地区初夏时节农家的劳动情形。人们早上出去给稻田除草，夜晚在家里纺麻织布。农家孩子，无论男孩还是女孩，都有各自的事情可做。年龄特别小的幼童，还不会耕种纺织，也蹲在桑树荫下学着成年人的模样，栽种瓜果秧苗。

诗很写实，这种情形在江南地区随处可见。之所以成就了一首脍炙人口的诗歌，主要原因在于诗人能以欣赏的态度加以再现。古语道："一夫不耕，或受之饥；一女不织，或受之寒。"（贾谊《论积贮疏》引）但凡有感恩之心者，看到他人在辛勤劳作，是会被感动的。劳作者态度认真，技术娴熟，本身就具有审美价值，足以让人驻足观赏。

乡村成年人的劳作令人感动，而他们尚未学会耕种纺织的子孙，蹲在田头地边学着成年人的样子栽种瓜果秧苗，憨态可掬，令人忍俊不禁。有了“未解供耕织”的童孙，乡村劳作的画面更加生动有趣。

比范成大稍晚的辛弃疾，有一首《清平乐·村居》词“大儿锄豆溪东，中儿正织鸡笼，最喜小儿无赖，溪头卧剥莲蓬”，跟这首诗有异曲同工之妙。

三

读其诗，可想见其为人。范成大之所以能写出这样的诗，跟他的人生阅历和人格魅力分不开。

范成大是平江（今苏州）人，晚年卜居苏州石湖别墅，号石湖居士，人称石湖先生。他出生于宋钦宗靖康元年（1126），可谓生于忧患。母亲是蔡襄孙女，家学渊源深厚。父亲范雩，宣和六年（1124）进士，官至秘书郎。范成大自幼聪慧，十二岁已遍读经史，十四岁能作文词。不幸的是，十四五岁时，父母相继去世。此后十年，范成大撑起家门，料理两个妹妹的婚嫁事宜。自号“此山居士”，无意仕进。后因父亲朋友王葆的劝说，才开始准备参加科举考试，并于绍兴二十四年（1154）中进士，时年二十九岁。

入仕后，开头六年任徽州司户参军，沉滞不前。后因知州洪适举荐，方得离开徽州，到杭州做京官。由圣殿所检讨官而历枢密院编修、秘书省正字、校书郎、著作佐郎、吏部员外郎、处州知州。乾道六年（1170），范成大在多位身居要职的官员怕死不敢领命的情况下，以起居郎假资政殿大学士身份为“祈请国信使”出使金国，交涉索回河南“陵寝”和改变皇帝“受书礼仪”事宜。

范成大临危不惧，不辱使命。归来后，升中书舍人。但因拂逆宋孝宗意愿，触犯权臣，乾道八年（1172）至淳熙九年（1182）十年间，基本上在静江（桂林）、成都、明州（宁波）、建康（南京）等地为官。每任一地，皆有善政。淳熙五年（1178），范成大以中大夫领参知政事，才两月，即遭免职。淳熙九年（1182），五次上书请求去职，终于获准，从此还乡。

四

周密《齐东野语》对范成大晚年退归家乡的生活环境有如下记载：

> 文穆范公成大，晚岁卜筑于吴江盘门外十里，盖因阖闾所筑越来溪故城之基，随地势高下而为亭榭。所植多名花，而梅尤多。别筑农圃堂，对楞伽山，临石湖，盖太湖之一派，范蠡所从入五湖者也。……寿皇尝御书“石湖”二大字以赐之。……又有北山堂、千岩观、镜阁、寿乐堂，他亭宇尤多。一时名人胜士，篇章赋咏，莫不极铺张之美。

一位德高望重、养尊处优的朝廷高级退休官员，能够满腔热情地作诗描写农家劳动情景，那种亲切感，难能可贵。

五

杨万里给范成大的诗集作序，有这样几句评语："大篇决流，短章敛芒；缛而不酿，缩而不僒。清新妩丽，奄有鲍谢；奔逸隽伟，穷追太白。"这首诗显然属于"短章敛芒""清新妩丽"的类型。

辛弃疾《清平乐·村居》

宋朝三孩家庭的乡村生活

茅檐低小，溪上青青草。

醉里吴音相媚好，白发谁家翁媪。

大儿锄豆溪东，中儿正织鸡笼。

最喜小儿亡赖，溪头卧剥莲蓬。

一

这首词一般认为作于辛弃疾闲居带湖（今江西上饶城外）期间，邓广铭先生认为不晚于淳熙十四年（1187）。那一年，辛弃疾四十八岁。

带湖是辛弃疾一生中最重要的居住地。淳熙七年（1180），辛弃疾再度任隆兴知府兼江西安抚使时，便决定在上饶带湖湖畔修筑庄园，做长久定居打算。淳熙八年（1181）春开始动工，辛弃疾根据带湖四周的地形地势，亲自设计，"高处建舍，低处辟田"。他认为："人生在勤，当以力田为先。"因此，他为带湖庄园取名"稼轩"，并因此自号"稼轩居士"。

辛弃疾自知"刚拙自信，年来不为众人所容"（《论盗贼札子》），所以早就做好了归隐的打算。果然，淳熙八年十一月即遭弹劾罢官。带湖新居此时恰好竣工，辛弃疾回到上饶，开始了闲居生活。此后二十年间，除了出任福建提点刑狱和福建安抚使的两年，大部分时间他都在带湖庄园赋闲。

可见，作这首词的时候，辛弃疾过的是失意官员兼乡村士绅的生活。应该说，他对乡村是有感情的。但是，如此长时间居住在乡村，也不可能不对农民生活的艰辛一面有所了解。他作这样一首赞美乡村农民生活的词，明显是另有寄托。

二

茅檐低小，虽是浅白易懂之语，但有可能借用了杜甫的诗句。杜甫《绝句漫兴》(其三):“熟知茅斋绝低小，江上燕子故来频。”茅屋虽然矮小，但江燕频繁光顾，表现的是人燕和谐相处的美好画面。

醉里，谁醉？俞平伯先生《唐宋词选释》注:“老人们有点醉了”，指翁媪。夏承焘先生《唐宋词欣赏》则说:“醉里不是说作者自己喝醉了，而是听到有人带着醉意用吴音交谈。醉里交谈，正是写农民们过着安宁的生活。”吴小如先生《说辛弃疾的〈清平乐〉》又说:“此‘醉里’乃作者自醉，犹之‘醉里挑灯看剑’之‘醉里’，皆作者自醉也。”著者赞同翁媪醉里的解读，理由有二：其一，翁媪醉酒，可以表现村居百姓生活之从容；其二，醉里与相媚，有因果关系，合乎情理。

相媚好，谁相媚好？俞平伯认为，指翁媪对话而言，以吴语柔软，“媚好”亦双关。吴小如认为，“吴音使作者生媚好之感觉，非翁媪自相媚好也”。著者赞同俞氏说法。理由有三：其一，词人以旁观者的视角所见村居人家从容安宁的生活情景——老人在家歇息饮酒，三个儿子各尽其能，各得其所；其二，“相”字在语法上呼应的是“翁媪”，翁媪之间，“相”字没有“生”的用法；其三，辛弃疾虽是北方人，但自从南渡后，基本上都活动在江苏、浙江、江西等吴语地区，作这首词时，他至少已经听了二十多年的“吴音”，应该是习以为常了，强调“吴音使作者生媚好之感觉”，不合情理。俞氏指出“媚好”乃双关，即吴音媚好 + 翁媪媚好，很有见地。

最喜，谁最喜？是翁媪还是作者？吴小如先生认为“该指作者，总不会是指白发翁媪”。这个说法，也值得商榷。著者认为，最喜的主语，既不是作者，也不是翁媪，而是泛指、虚指。整句的意思是：

最惹人喜爱的是小儿……

还有个问题似乎被大家忽略了：翁媪跟三儿是什么关系。是父子，还是祖孙？“白发”翁媪，大白天饮酒不需要下地干活；小儿子尚在无赖年纪，最多四五岁吧；合理推算，三个男孩的父母也就四十来岁的样子。这样的年纪称翁媪，即使在“人生七十古来稀”的宋代，也未免有些超前。如果说翁媪跟三儿之间是祖孙关系，三代同堂的农家，更显天伦之乐，更能对应词牌中的“乐”字。

大儿、中儿、小儿，句法模仿汉乐府《相逢行》：“大妇织绮罗，中妇织流黄，小妇无所为，挟琴上高堂。”劳动表现，自小而大看，是一个比一个强；自大而小看，是一个不如一个，这合乎事实，也合乎人性。

三

这首词还有两个版本问题：一是吴音一作蛮音，二是卧剥一作看剥。

著者的意见是：吴音比蛮音好，因为蛮字有不友好的意味，既不符合词意，也不符合辛弃疾的思想；卧剥比看剥好，卧剥是指小儿自己边剥边吃莲子，卧比看更“亡赖（无赖）”（淘气）。此外，看谁剥莲蓬，词中没有交代谁在剥莲蓬。这是语法纰漏，辛弃疾不应该有这样的疏忽。“卧”字实，“看”字虚，后者不如前者。

四

这首词有个亮点，曾经驰骋疆场的豪杰辛弃疾，也有柔情细腻的一面：对小孩子感兴趣。写农家三个孩子，最出彩的是写小儿：溪头卧剥莲蓬。选取一个场景、一个动作，便把小孩子的天真烂漫表现得活灵活现。

这一点，在另外两首《清平乐》词中也有所表现。一首是《清平乐·检校山园书所见》，该词下片云："西风梨枣山园，儿童偷把长竿。莫遣旁人惊去，老夫静处闲看。"另一首是《清平乐·为儿铁柱作》，该词下片作："从今日日聪明，更宜潭妹嵩兄。看取辛家铁柱，无灾无难公卿。"

五

辛弃疾为什么要写这样一首表现乡村百姓美好生活的词呢？夏承焘说："他之所以把农村描写得这样美好，正是表现他对当时官场恶劣空气的不满。辛弃疾自号'稼轩'，又把自己的几个儿子都取了'禾'旁的名字。他还有好几首怀念陶渊明的词……他把不肯为五斗米折腰而归田亩的陶渊明引为异代知己，这都说明辛弃疾在被迫罢官以后表示出来的对官场的厌恶。"(《唐宋词欣赏》)

著者以为，"厌恶"一词，并不准确。如果他真的厌恶官场，不该一有机会就出去任职，而应该安心居住在带湖庄园甚至亲身从事农业劳动。像陶渊明那样，才真叫厌恶官场。辛弃疾之所以用赞美的口吻表现乡村百姓的生活，除了有讽刺官场钩心斗角的意思外，恐怕是因为他确实喜欢乡村那种简单的生活。

辛弃疾《西江月·夜行黄沙道中》

走在乡间的小路上

明月别枝惊鹊，清风半夜鸣蝉。

稻花香里说丰年，听取蛙声一片。

七八个星天外，两三点雨山前。

旧时茅店社林边，路转溪桥忽见。

一

这首词作于何时，没有明确的记载。只是从词题中的“黄沙”看，应该是辛弃疾闲居带湖时期。黄沙，即黄沙岭，在江西上饶城西四十里处。

二

古人作词，常用檃栝手法，即剪裁、化用前人诗文语句为己所用。辛弃疾也喜欢使用这种手法。

明月别枝，曹操《短歌行》：“月明星稀，乌鹊南飞。绕树三匝，何枝可依？”苏轼《次韵蒋颖叔》：“月明惊鹊未安枝，一棹飘然影自随。”又《杭州牡丹开时仆犹在常润，周令作诗见寄次其韵复次一首送赴阙》：“天静伤鸿犹戢翼，月明惊鹊未安枝。”方干《旅次洋州寓居郝氏林亭》：“鹤盘远势投孤屿，蝉曳残声过别枝。”

有两点值得注意：一是苏轼似乎对“月明惊鹊未安枝”一句特别得意，竟然在两首诗里重复使用；二是“别枝”有离开枝头和另一枝条的歧义。俞平伯先生认为“别枝”是“另一枝”，认为“别”是形容词，不作动词讲（见《唐宋词选释》）；夏承焘先生《唐宋词欣赏》则认为：“首先以惊鹊写明月，因为明月出来了，枝上的鹊儿见光惊飞，离开枝头。‘别枝’在这里作离开枝头解，与苏轼诗‘月明惊鹊未安枝’同义，不是‘蝉曳残声过别枝’作另外一枝解的‘别枝’。”著者认为，将上述两种意思结合理解或许更为有趣：明月惊起乌鹊，乌鹊飞离原本栖息的枝头，绕飞一会儿，又停栖在另一枝头。按照夏承焘先生的说法，乌鹊应该是飞离整个树林不知去向了，或者在乌鹊再次停栖前，辛弃疾已经匆忙离去。这样理解，词意未免过于急促。

七八个星天外，卢延逊《松寺》：“两三条电欲为雨，七八个星犹在天。”

旧时茅店，温庭筠《商山早行》：“鸡声茅店月，人迹板桥霜。”茅店，茅草盖顶的小客店。社林，土地庙旁的树林。

三

稻花香，古代诗词中，屡见“稻花香”词语，仿佛稻花开放时芬芳四溢。其实，以著者农村十余年生活的经历所知，情况并非如此。事实上，稻花并没有特别明显的香味，这是有科学根据的。稻花每天开花的时间，因品种和气候会有所不同。正常情况一般在上午 9 时开始绽放，中午最盛，下午 4 时以后开花较少。一朵稻花，从稃片张开到闭合，大约只能持续 2 小时。也就是说，夜间是难以闻见稻花香的。

实际上，夜间能清晰闻到的是水稻的另一种香味——水稻花期过后谷粒灌浆时米浆的香味。夜深人静时分，置身稻田阡陌间，仿佛附近支着一口硕大无朋的蒸锅，蒸煮着喷香的米饭，令人陶醉。

诗人、词家大概是误把谷粒灌浆时米浆的香气当作稻花的香气了。

四

稻花香里说丰年，是谁在说？

俞平伯先生、夏承焘先生都认为是蛙在说。俞平伯《唐宋词选释》说：“蛙的声音仿佛有意，亦在那边预报丰年。”夏承焘《唐宋词欣赏》:“在稻花香里说好年成的却不是人而是一片蛙声。因为在人们内心异常高兴时，往往会觉得周围的一切事物也都沾染上人们的喜悦心情，涂上愉快的色彩。”

著者认为，不如直接说是词人在说。这首词是“有我”之境，并非“无我”之境。明月别枝惊鹊，是“我”察觉到；清风半夜鸣蝉、蛙声，是“我”听到；稻花香，是“我”闻到；天外七八个星，是“我”望到；山前两三点雨，是“我”淋到；旧时茅店，是“我”曾经到过；溪桥，是“我”曾经走过。

说是蛙在“说丰年”，那么是谁在“听取蛙声一片”就不免令人费解。

有人可能会质疑：这次夜行，辛弃疾可能是独行，没有同行者，他跟谁说？这种质疑不难解释，可以说是词人“心里说”，也可以说是词人因为闻到“稻花香”而情不自禁地脱口而出，自言自语。

实际上，这个“说”字不必非坐实了理解为有个人或昆虫在“讲话”，而可以理解为“预示”，稻花香预示着丰收。

五

这首词的写法有点特别，故事性很强。它不是常见的上片写景叙事、下片抒情或发表感慨的写法，而是通篇叙事。始于天上明月，结于人间溪桥，写的是乡村夜景，丰收的喜悦洋溢在字里行间。

词的妙处，清人陈廷焯《词则》中说得不错:“写的是夜景，所闻所见，信手拈来，都成异彩，总由笔力胜故也。”辛弃疾手中的笔，可以宏大，可以细腻，收放自如。

叶绍翁《游园不值》

红杏出墙原本是春天美景

应怜屐齿印苍苔，小扣柴扉久不开。

春色满园关不住，一枝红杏出墙来。

一

这是一次“未遂”的游园经历。

中国的民宅、园林有修筑围墙的传统，因而游园须入门，院内花木亦有逸出围墙的情况。古人表现这种情况的诗句还不少。例如：

杜甫《严郑公宅同咏竹》：绿竹半含箨，新梢才出墙。

白居易《过裴令公宅二绝句》(其二)：风吹杨柳出墙枝，忆得同欢共醉时。

聂夷中《公子行二首》(其二)：花树出墙头，花里谁家楼。

温庭筠《杏花》：杳杳艳歌春日午，出墙何处隔朱门。

吴融《途中见杏花》：一枝红艳出墙头，墙外行人正独愁。

陆游《马上作》：杨柳不遮春色断，一枝红杏出墙头。

跟叶绍翁同为江湖诗派的诗人张良臣也有类似的诗篇——《偶题》：“谁家池馆静萧萧，斜倚朱门不敢敲；一段好春藏不尽，粉墙斜露杏花梢。”

二

红杏出墙，后来被用于比喻女性出轨，美景变成了坏名声。这是为什么？

杏，花朵悦目，果实甜美，是一种广受人民大众喜爱的树种。但是，正因为杏具有花朵好看、花色明艳两个特性，一些不怀好意的诗人便往品行不端的方向描述。首先是唐代诗人薛能："活色生香第一流，手中移得近青楼。谁知艳性终相负，乱向春风笑不休。"（《杏花》）接着，吴融又火上浇油："粉薄红轻掩敛羞，花中占断得风流……独照影时临水畔，最含情处出墙头。"（《杏花》）

三

诗题中的"游园"二字，所指不明，历来存有多种疑问：

园是私家园林，还是官家园林或寺观园林？

诗人游园，是应园主人邀请，还是不请自来？

诗人游园是按计划往游，还是临时起意？

园主人是人在园内不肯开门，还是人不在园内？

园主人是个什么样的人？是名士、隐士，还是僧道？

…………

诗人自己当然清楚是何种情况，但他偏不说破。可能是故意制造一点神秘感、波折感。

四

正如前人所指出的，诗的妙处主要在于曲折有层次。

兴匆匆去游园，却久叩柴扉而不开，这是一折；不得进园，但园内春色借着一枝逸出墙外的红杏，令诗人眼前一亮、心中惊喜，这又是一折。

跟诗歌内容的曲折相对应，诗歌语言也有意使用了强烈的对比：前两句叙事的冷静，与后两句写景的热烈，构成情调上的对比；第三句的满园春色，与第四句的一枝红杏，构成数量多寡的对比。诗歌所写游园之事，既可以作景色描写看，也可以作悲喜交加的人生哲理看。这是一首寓情于景、寓理于事的好诗。

叶绍翁《夜书所见》

怜子与思家

萧萧梧叶送寒声，江上秋风动客情。

知有儿童挑促织，夜深篱落一灯明。

一

叶绍翁（1194—？），本姓李，字嗣宗，号靖逸，福建浦城人，江湖诗派诗人。有《游园不值》《田家三咏》《夜书所见》等作品脍炙人口，广为传播。

江湖诗派是南宋后期的一个诗派。诗派得名，缘由有二：一是一位名叫陈起的书商，给一伙气味相投的诗人朋友出版了一本诗歌合集《江湖集》（后又相继出版《续集》《后集》）；二是这伙诗人或为布衣，或为下层官吏，身份卑微。他们经常抒发向往隐逸、鄙弃仕途的情绪，也经常指斥时弊，讥讽朝政，表达不屑与当朝者为伍的意愿。总之，以江湖习气自我标榜。江湖诗派的代表人物有戴复古、刘克庄、姜夔等。叶绍翁算不上江湖派的重要诗人，但他的《夜书所见》却称得上江湖派诗歌中的名作。

二

四句诗，内容明显分为两个部分：一、二句写诗人眼前的异乡之景，三、四句写诗人想象中的家园之景。眼前之景是萧瑟凄清之景：秋风吹动梧桐树叶，充满寒意，行旅中的诗人，在江上客船中闻之陡起思归之情。想象之景是有趣温馨之景：儿童拿着草叶之类的纤细之物，撩拨促织（学名蟋蟀，俗名蛐蛐儿，又叫秋虫、将军虫等）玩儿，深夜时分，映入眼帘的是篱笆围绕的院子，黑暗里一灯独明。女人和儿女们正围桌而坐，也许她正在思念羁旅他乡的丈夫。

三、四两句，跟姜夔《齐天乐》词中的“笑篱落呼灯，世间儿女”

两句十分相似，不知道写作时间谁先谁后。

三、四两句也有点像杜甫《月夜》诗中的“遥怜小儿女，未解忆长安”两句。儿女年幼，不懂得思念身在异乡的父亲，而父亲却正深情地思念着远在家乡尚不解事的儿女。

三

这首诗的写法有两点值得注意：其一，前两句和后两句似乎是各写各景，中间并无思念字样，但两处场景放在一起，不难读出思念的意思。其二，前两句和后两句写景，都是前句为近景特写，后句为中远景，像是电影拍摄中镜头推拉的手法，镜头由近而远，景象由浅而深，情感亦由具体清晰而深远广大。不知不觉间，情为之移。

翁卷《乡村四月》

四月的情调

绿遍山原白满川，子规声里雨如烟。

乡村四月闲人少，才了蚕桑又插田。

一

翁卷，南宋时永嘉（今浙江温州）人，生卒年不详。与赵师秀、徐照、徐玑一起被称为“永嘉四灵”。四人中，翁卷最年长。他一生中只参加过一次科举考试。落第后，布衣终生。

“永嘉四灵”是江西诗派趋于衰落后崛起于诗坛的一个小群体，他们反对“掉书袋”的作诗方法，追慕晚唐的贾岛、姚合，苦吟求新，“以狭出奇”。

翁卷在当时的诗坛不乏追捧者，日后成为“江湖诗派”代表人物的台州黄岩县人戴复古，对他仰慕之至。翁卷迫于生计，居无定所，到处游走，戴复古就苦苦追寻，浙江、江西、福建、湖南、江淮地区等都留下了他追寻的足迹。终于，二人在湖南相逢。戴复古作诗记录这次来之不易的他乡相遇：“天台山与雁山邻，只隔中间一片云。一片云边不相识，三千里外却逢君。”（《湘中遇翁灵舒》）

刘克庄对“永嘉四灵”的诗歌成就评价不高，认为他们努力的结果不过是望见了贾岛、姚合的藩篱，尚未登堂入室。但他对翁卷有不错的评价，在《赠翁卷》中说：“非止擅唐风，尤于选体工。有时千载事，只在一联中。”

二

“乡间四月”，很容易令人联想起一古一今两首诗。古的是白居易的《大林寺桃花》，其中有“人间四月芳菲尽，山寺桃花始盛开”两句，说的是山中寺庙季候晚于城镇，四月桃花才盛开。今的是近代才女林徽因的《你是人间的四月天》，“我说你是人间的四月天；笑响点亮了四面风；轻灵在春的光艳中交舞着变”，接着便用许多美好的景物和词语，云烟、晚风、星子、细雨点、花冠、圆月、新芽的绿、白莲、娉婷、鲜妍、庄严、天真、暖、爱、希望，比喻心中的爱人（有人说是因飞机失事死亡的诗人徐志摩，有人说是诗人初生的儿子梁从诫）。无论古今，都是美的颂歌。

翁卷这首《乡间四月》，其实也是美的颂歌。不过，它歌颂的是乡村农民的辛苦和勤劳，不是士大夫和名门淑女抒发的风月闲情。一、二句写景，是有声有色的乡村美景；三、四句写农事，刚刚完成蚕桑之事，水稻插秧的农活便接踵而至。

三

翁卷是浙江温州人，著者是浙江台州人，地缘相接，诗中所写景物和农事，著者都曾经亲见亲历。我们那个只有六七百人口的小村庄，溪滩沙地上栽种了近百亩桑树，每到晚春初夏养蚕季节，采桑、喂蚕、收茧，简直是全村总动员，所有成年人都需要奔跑着忙活。两三岁的孩子无人照管，常被带到蚕场（一幢有十三间房屋的二层楼，专供养蚕之用，被村民称为蚕场），往边上一丢，自己玩去。因此，蚕场的忙碌景象，蚕食桑叶的沙沙声，蚕室独有的气味，著者至今记忆犹新。蚕宝宝一眠，二眠，三眠，四眠，上蔟（上山），收茧卖茧；紧接着就是割麦，插秧（种早稻）；然后就进入一年中最紧张、最辛苦的夏收夏种时节。那可是抢收抢种啊。抢片刻的晴天，为了晾晒稻谷。江南半山区夏季多雷阵雨，收割的稻谷必须趁着出太阳的片刻曝晒，不然潮湿的稻谷很快会发芽霉变。抢季节，晚稻必须在立秋前几天完成插秧，不然到了立秋再插，水稻未长植株先拔节，将颗粒无收！

宋人有诗曰“长江无六月”，意思是长江地区夏季天气清凉没有酷暑，在著者的家乡却要另做解释：不管夏季多么炎热，农民都必须一天到晚在田里劳作，当它没有酷暑六月一样。

佚名《画》

这不是真的山水花鸟世界

远看山有色，近听水无声。

春去花还在，人来鸟不惊。

一

这首诗的作者，有多种说法，唐代诗人王维、南宋僧人道川禅师、元代画家王冕、明代才子唐寅（伯虎）、清代诗人高鼎，等等。

王维的说法不可信。理由有三：一是《王右丞集》和《全唐诗》中王维名下都没有收这首诗；二是相传这是题在王维画作上的诗，但除了《题辋川图》，王维并没有其他自题画作的诗，可知王维没有在自己绘画作品上题诗的习惯。而且，《题辋川图》诗跟《辋川图》画内容无关，只是借题发挥："老来懒赋诗，惟有老相随。宿世谬词客，前生应画师。不能舍余习，偶被世人知。名字本皆是，此心还不知。"三是语言浅俗，跟王维诗歌的风格相去甚远。这里举两首王维的诗，以供比较："人闲桂花落，夜静春山空。月出惊山鸟，时鸣春涧中。"（《鸟鸣涧》）"楚塞三湘接，荆门九派通。江流天地外，山色有无中。郡邑浮前浦，波澜动远空。襄阳好风日，留醉与山翁。"（《汉江临泛》）

这首诗应该是出自南宋僧人道川禅师之手。道川禅师曾于注释《金刚经》时作了一首偈颂诗。

远观山有色，近听水无声。
春去花犹在，人来鸟不惊。
头头皆显露，物物体元平。
如何言不会，只为太分明。

诗见于道川禅师著《金刚般若波罗蜜经颂》(又称《川老金刚经注》)。可见，所谓古诗《画》系截取道川偈颂诗前四句、文字上略加修改而成。

二

这首诗乍一看浅俗，细琢磨有味。

第一句，远看山有色，系化用韩愈《早春呈水部张十八员外》诗中的名句“草色遥看近却无”而来。言外之意，可以有近看山无色或山本无色。这符合佛家的色空说教,《般若波罗蜜多心经》曰:“色即是空，空即是色。”

第二句，近听水无声，也是讲佛家“无”的概念。《般若波罗蜜多心经》:“是故空中无色，无受想行识，无眼耳鼻舌身意，无色声香味触法，无眼界，乃至无意识界。”

一、二两句是对句，应该合起来理解，意思是：山水的色彩、声音都是假象，它们其实是没有色彩和声音的。

第三句，春去花还在，讲的是山寺独特的错时景物。

第四句，人来鸟不惊，折射的是佛家慈悲为怀，不杀生，因而鸟兽都不惧怕人们靠近自己。

三、四两句合起来，表现的是山寺美好祥和的景象。

三

著者不禁有点奇怪：这样一首宣扬佛教意识的作品，为什么会被选入小学语文课本。或许是有关专家望文生义，以为这是一首表现山水花鸟的诗歌吧。

著者的这个意见，一定会引出质疑的声音：佛教是优秀文化遗产，为什么不可以教给学生？

回应质疑前，著者先补充一点关于诗偈宣扬佛教道理的证据。《金刚经》："若以色见我，以音声求我，是人行邪道，不能见如来。"道川诗偈的前两句即《画》诗的前两句"远看山有色，近听水无声"，显然由此而来。

著者之所以不太赞成把这首诗收入小学语文课本，有如下两点考量：

一是教学时如何讲解是个难题。估计大部分小学教师是把它当作一首题画诗讲的，告诉学生，画是一幅山水画，诗中表现了美好的山水风景，人鸟和谐相处，等等。据说也有不少教师把它讲成谜语诗，说四句诗是谜面，谜底是《画》。谜语诗的讲法可能是为了迎合儿童心理，窃认为并不可取。诗题目已经标明是"画"了，还需要学生开动脑筋去猜吗？此外，把它讲成题画诗、风景诗，弊病有三：一是假如教师也只把它理解为题画诗、风景诗，说明没有读透诗的意思。以此教学生，等于以其昏昏使人昭昭，不符合科学探索刨根究底的精神；二是假如教师了解它原本是偈语，上课时却只把它当题画诗、风景诗讲，这是揣着明白装糊涂，有糊弄小学生之嫌，不符合科学研究求真务实的精神；三是假如有特别好学的学生，打破砂锅问到底，多问几个为什么：为什么山远看有色近看就无色呢？为什么水近听无声远听反而有声呢？教师该如何回答呢？给他们讲来自欧洲的哲学吗？这可是中国的古诗啊。

二是过早给孩子们讲佛教理论并不合适。具体地说，可以分为两点：其一，佛教道理对小学生而言过于深奥，不符合循序渐进的教学规律；其二，声色皆空的观念，不利于培养孩子积极进取的思想和乐观开朗的性格。也许有人自己信仰佛教，也愿意自家孩子学习一点儿佛教知识，甚至不反对自家孩子成年后出家为僧尼；但我敢肯定，这是极少数人的想法，大多数人是不愿意自家孩子过早接触佛教道理的。有人说，学一首讲佛理的诗，不至于就看破红尘、遁入空门。但须知，少年时代，一寸光阴一寸金，有更值得学习的科学常识、文化知识要学，佛法道理可以且应当缓行；想学，在家自学，或去佛学院，都可以。普通学校，义务教育，还是以尊重多数人的意愿，先修入世学问为宜。

白朴《天净沙·秋》

马致远《秋思》的师傅

孤村落日残霞，轻烟老树寒鸦，

一点飞鸿影下。

青山绿水，白草红叶黄花。

一

白朴的这支散曲（小令）是元散曲中的佳作，马致远的《天净沙·秋思》系模仿白朴的这支《天净沙·秋》而来。著者这样说，主要有三个理由：一、曲牌相同，都是“越调天净沙”，曲题相似，一首是《秋》，一首是《秋思》；二、散曲句法相同，一、二、四、五句都是名词性词语排列，其中第二句白朴是“老树”“寒鸦”，马致远是“老树”“昏鸦”，词语相似；三、白朴出生时间早于马致远二十多年，又是杂剧名家，马致远不可能不知道白朴的作品。说是巧合，恐怕难以令人信服。

二

白朴（1226—1306以后），初名恒，字仁甫、太素，号兰谷。隩州（今山西河曲）人。饱读诗书，拒绝出仕，常在各地漫游，江州、建康、扬州、杭州等地都留下过他的足迹。白朴多才多艺，诗词曲俱工，曲尤其有名，名列“元曲四大家”（其他三位是关汉卿、马致远、郑光祖）。所作杂剧十六种，今存《梧桐雨》《墙头马上》《东墙记》三种。散曲小令三十七首，套数四套。

三

白朴跟马致远名声相当，马致远的《天净沙·秋思》又系模仿或者说学习白朴的《天净沙·秋》而来。那么，为什么在后世的传播和影响，马致远超过了白朴呢？

这是由于马致远的作品在艺术上有超越白朴之处。具体说，有三点超越：一是形象对比更鲜明，二是有了人物形象，三是故事性。

形象对比更鲜明主要是指第一二句，“孤村落日残霞，轻烟老树寒鸦”，不如“小桥流水人家，枯藤老树昏鸦”。人物形象指的是马致远散曲中有“古道西风瘦马”，马背上的男主人，跟“断肠人在天涯”的女主人，是相互思念的一对儿。瘦马背上人与天涯断肠人之间，一般读者的想象中都会有引人入胜的故事，而“青山绿水，白草红叶黄花”却看不出有任何故事。

四

马致远的《天净沙·秋思》，因为“小桥流水人家”一句，给人的印象是写江南风景，但实际上它是表现北方坝上风光的作品；而白朴的《天净沙·秋》实际上是写江南风景的，却反而给读者一种写北方风景的印象。这一点颇耐人寻味。

五

马致远（约 1251—1321 后），字千里，号东篱，大都（今北京）人。今天北京市门头沟区王平镇韭园村有号称马致远故居的旧宅。宅前有一条宽两米左右的水沟，沟上有小桥，可呼应“小桥流水人家”一句。韭园村还有一处叫“大寨”的遗址，本村老人说，曾经是囚禁宋朝徽钦二帝之地。

王冕《墨梅》

乱世隐士，志趣高洁

我家洗砚池头树，朵朵花开淡墨痕。

不要人夸颜色好，只留清气满乾坤。

一

王冕是元末明初的一位著名文人。跟他同时代的宋濂曾为其作传，后来吴敬梓的《儒林外史》更是把他塑造成皇权专制时代文人的完美形象。

王冕的生卒时间，有如下多种说法：元至元二十四年到至正十九年（1278—1359），元至大三年到至正十九年（1310—1359），元至正元年到明永乐五年（1335—1407）。

王冕出生于今浙江绍兴诸暨枫桥。祖上曾是官宦人家，但到他这一代早已沦为贫寒的农家。聪颖好学的王冕，幼年时一边替人放牛，一边刻苦自学。

王冕曾有过走科举功名道路的想法，也有过入世的抱负。但是，几次参加考试均不得意，加上看到元末社会矛盾重重，认识到天下将乱，于是萌生退意。他自比诸葛亮，隐居于九里山的水南村，自号“老九”，把草堂取名“耕读堂”，过起了半耕半读的生活。

王冕性格孤傲耿直，蔑视权贵，同情百姓。王冕多才多艺，是元朝著名的画家、诗人、篆刻家。他一生钟爱梅花，不但种植梅树，做诗赞咏梅花，还屡屡将梅花入画。他画的梅花，花枝繁密，刚劲有力，生意盎然，开一代风气。

二

从诗题看，这应该是一首题画诗。

墨梅，以墨色画梅花。王冕以前，已经有人以画墨梅著称于世。

宋周密《志雅堂杂抄》:“衡州有花光山，长老仲仁能作墨梅，所谓花光梅是也。”元汤垕《画鉴》:“杨补之墨梅甚清绝，水仙亦奇，自号逃禅老人。”

不用说，王冕的墨梅在当时名声很大。元夏文彦《图绘宝鉴》卷五:“王冕字元章，会稽人，能诗，善画墨梅，万蕊千花，自成一家。”

三

这一首七言绝句，前两句写景，后两句抒情。景是画中之景，“洗砚池头”，巧妙点出是自家的画作，给人一种恍如园林真景的感觉。淡墨痕，指画中梅花的情状。梅花本是有鲜艳颜色的，但是墨画中的梅花，只有黑色。诗人利用这一特点，赞颂梅花的另一种品性：傲霜斗雪的清冽之气。

诗歌表面上赞颂梅花，实际是托物言志，抒发诗人内心世界的志趣：虽然没有光鲜亮丽的功名爵位，但有超尘拔俗的清高品性。这是一种生逢乱世的文人洁身自好、不随波逐流的品性。

于谦《石灰吟》

是言志，也是说命

千锤万凿出深山，烈火焚烧若等闲。

粉骨碎身浑不怕，要留清白在人间。

一

这是一首内容和诗人的品格关系特别密切的诗。一方面，可以读其诗，想见其为人；或者反之，知其人，论其诗。

于谦（1398—1457），字廷益，号节庵，钱塘（今浙江杭州）人。明永乐十九年（1421）中进士。五年后，以御史身份跟随明宣宗平定汉王朱高煦之乱，因严词斥责朱高煦而受到宣宗朱瞻基的赏识，升任江西巡按。又过四年，以兵部侍郎巡抚河南、山西等地。于谦曾因入京觐见英宗时未向权臣王振行贿，遭诬陷下狱。“土木堡之变”（1449）后，于谦力排南迁都城之众议，主张固守，因此升任兵部尚书。代宗即位后，于谦亲自督战，率军二十余万，于北京九门外列阵，抵挡瓦剌大军，并以“社稷为重，君为轻”的说法拒绝瓦剌太师也先挟英宗逼迫议和，也先不得已将英宗释放。议和开始后，于谦仍积极备战，以保边境安宁。

于谦为官清廉，全身心为国事、军务操劳，旰食宵衣，运筹帷幄。但因个性刚正，蔑视那些无能的王公大臣而招致众人嫉恨。天顺元年（1457），英宗复辟，大将石亨等诬陷于谦谋立襄王之子，使其蒙冤受害，在他拼死守卫才得以保全的北京城崇文门外惨遭处决！

二

诗言志，于谦是一个言行一致的历史人物。

不难看出，于谦是在经历了诸多艰难坎坷之后写下这首诗的。千锤万凿，烈火焚烧，说的既是石灰烧制的过程，也是诗人亲身经历的写照；粉骨碎身与留下清白，既是对石灰品德的赞美，也是诗人的人生宣言。

诗的前两句，第一句说的是石灰石等材料的采集过程；第二句说的是煅烧过程。诗的后两句，说的是煅烧完成后的情况和用途。“要留清白在人间”，指的是石灰的众多用途之一：土木工程中的粉刷墙壁之类。

三

不幸的是，于谦真的如石灰石一样，在遭受“千锤万凿”“烈火焚烧”之后，终于“粉骨碎身”了；幸运的是，于谦后来也真的是“留清白于人间”了。

宪宗朱见深（1464 年至 1487 年在位）时期，于谦被追复官职并赐祭。孝宗弘治二年（1489），追赠为特进光禄大夫、柱国、太傅，追谥“肃愍”；神宗万历十八年（1590），改谥“忠肃”。《明史》称赞于谦“忠心义烈，与日月争光”。

于谦跟岳飞、张煌言并称“西湖三杰”。在民间，杭州、河南、山西都是历代奉拜祭祀不止，数百年来受到百姓的广泛敬仰。

钱福《明日歌》

治疗拖延症的汤头诀

明日复明日，明日何其多。

我生待明日，万事成蹉跎。

世人若被明日累，春去秋来老将至。

朝看水东流，暮看日西坠。

百年明日能几何？请君听我《明日歌》。

一

这首诗的作者，有两种说法：一说是状元出身的钱福，一说是著名才子文徵明的次子文嘉。二人的诗文集里都收录了《明日歌》。但钱福出生时间比文嘉早四十一年，钱福死的那年文嘉才四岁，因此不妨假定这首诗是钱福所作。

钱福（1461—1504），松江华亭（今属上海）人，字与谦，因家在放鹤滩附近，所以取号鹤滩。弘治三年（1490）状元及第，官翰林修撰，弘治六年（1493）任会试同考官。为人性情坦率，爱饮酒，每饮酒必至醉，往往出语伤人，得罪同列，招致谤议。不久即托病告归。弘治十七年（1504）去世，终年四十四岁。

文嘉（1501—1583），长洲（今江苏苏州）人，字休承，号文水。会写诗，擅书法，小楷清劲，亦善行书。字画鉴定、石刻艺术方面的行家，名冠当时。

二

虽然我们把《明日歌》的著作权暂时归到了钱福名下，但有一件事不能不提：文嘉也写过一首立意相同、风格相近的诗，题为《今日歌》。

今日复今日，今日何其少！
今日又不为，此事何时了？
人生百年几今日，今日不为真可惜！
若言姑待明朝至，明朝又有明朝事。
为君聊赋《今日诗》，努力请从今日始！

《明日歌》《今日歌》两首诗，究竟是两位诗人英雄所见，不谋而合，还是见贤思齐，照猫画虎，一时难以论定。但是把这两首诗放在一起来阅读，也不失为一件有趣的事。

三

《明日歌》文字有不同版本，《鹤滩稿》中所收《明日歌》如下：

明日复明日，明日何其多。
日日待明日，万事成蹉跎。
世人苦被明日累，明日无穷老将至。
朝昏滚滚水流东，今古悠悠日西坠。
百年明日能几何？请君听我《明日歌》。

这一版本的《明日歌》措辞比较文雅，读起来难免有生涩之感，不如流行版本通俗。

四

明人钱福、文嘉以前，古人已有不少劝人珍惜时光的诗歌。例如：

少壮不努力，老大徒伤悲！（汉乐府《长歌行》）
读书不觉已春深，一寸光阴一寸金。（王贞白《白鹿洞》）
劝君莫惜金缕衣，劝君惜取少年时！（杜秋娘《金缕衣》）

少年易学老难成，一寸光阴不可轻。(朱熹《偶成》)

不难想象，民间在教育子弟的时候，此类告诫自古就有，从来不曾断绝。但是，写成诗歌并得到广泛传播的，《明日歌》算得上是屈指可数的佳作。

这首《明日歌》有两个明显的优点：一是内容有新意。它不是空泛的关于珍惜时光的教诲，而是针对人们的懒惰和拖延症，围绕“明日”二字展开说理。二是语言生动。杂言歌谣的形式，口语化、形象化的词语，读起来朗朗上口，听起来顺耳好记。其中“朝看水东流，暮看日西坠”两个写景的句子，穿插在议论当中，使全诗活泼不少。

五

《明日歌》的作者钱福，自幼天资聪颖。据说七岁就会作诗，少年时代便在家乡的读书人间享有盛名。参加科举考试，又连登会元、状元。按理说，他的人生当能取得较大的成就。但是，很遗憾，除了这首《明日歌》，在诗歌创作或学术研究上，他并未取得骄人的成绩。

读其诗，想见其为人。著者有两点感慨与感悟：一是钱福的英年早逝令人唏嘘，假如他不是只活到四十四岁，而能像文嘉那样活到耄耋之年，按照他诗中劝人的说法——凡事不待明日，日积月累，他应该能在诗歌创作和学术研究上做出更多的成绩。身体是革命的本钱啊！二是思想观念正确只是人生有所成就的必要条件，不是充要条件，更重要的是持之以恒的行动，百折不挠的毅力，虽千万人吾往矣的勇敢。仅仅会说漂亮话，能写鸡汤文，是远远不够的。

唐寅《画鸡》

分明是画人

头上红冠不用裁，满身雪白走将来。

平生不敢轻言语，一叫千门万户开。

一

唐寅（1470—1524），字伯虎，一字子畏，自号六如居士，吴县（今苏州）人。他是一个有着许多民间传说、堪称家喻户晓的人物，也是一位名副其实的风流才子。

先说才子。十六岁开始，唐寅在县试、州试中均取得第一名的成绩，二十九岁应天府乡试又是第一名。要不是卷入科场舞弊案（涉嫌从考官处提前获知考试题目，此案有争议），被罚充吏役，高中进士应是指日可待的事情。唐寅平生用力最多、最有成就的技艺是绘画，可以说他是以卖画为生的。唐寅不但擅长人物画、花鸟画，在山水画方面也有一定的成就，恽寿平评价他“以超逸之笔作南宋人画法，李唐刻画之迹为之一变”（《南田画跋七则》其五）。唐寅在当时画坛，跟沈周、文徵明、仇英合称“明四家”。绘画之外，唐寅在诗文、书法上也有不俗的成绩，在苏州一带士林中享有盛名。所交往的多是一时才俊，与文徵明、祝枝山、徐祯卿并称“吴中四才子”。

再说风流。唐寅大概属于生性风流之人，科举之路被科场舞弊案断送后，他就更加不拘礼法，放浪不羁，漫游湖南、江西、福建等地。唐寅嗜好声色，流连诗酒，给自己刻了一方“江南第一风流才子”的印章。民间流传的“唐伯虎点秋香”的故事，大概也是有现实基础的。

二

唐寅的诗歌虽然没有悲天悯人的情怀，却具有任意挥洒的艺术特色。感慨仕途失意，他情真意切；感悟人生世态，他飘逸洒脱；观赏风景物态，他情趣盎然。明代著名诗人王世贞评价其诗歌："少时亦复玉楼金埒。"（《弇州山人四部稿》）徐𤊹称其诗"虽不甚雅驯，而一段天然之趣，自不可及。……自写胸次，非若组织套语者也"（《徐氏笔精》卷四）。因为一生遨游市井民间，唐寅非常熟悉苏州一带的民间语言，喜欢以俚语、俗语入诗，收到了清新隽永的艺术效果。

三

这首诗是题画之作，须符合绘画对象——公鸡。画中公鸡有这样几个特点：红色鸡冠形状美观，恰到好处，无须剪裁；身上鸡毛，颜色雪白。鲜红、雪白，两种颜色都很醒目且对比强烈。此外，公鸡的步伐也是矫健有力的。除了颜色、步伐，更重要的是它的啼鸣声，只要它开口，就会唤醒天下人，开始新的一天的生活与劳作。这首诗歌表现的画面，有声有色，充满了自信与力量，读者很容易受其感染，精神为之一振。

这当然不是一首简单的咏鸡诗，而有诗人寄托的寓意。像画中的公鸡那样，不会轻易发出声音，而一旦发出，就要开生面、启新风，令天下人耳目一新。诗人画鸡、咏鸡，其实是借鸡言志，用的是拟人的修辞手法。

从这首诗歌看，风流才子唐伯虎的内心世界，并非只有放浪不羁、纵情声色，也有着孤傲、自信的另一面。

纳兰性德《长相思》

顽艳公子的思乡之情

山一程，水一程，身向榆关那畔行，

夜深千帐灯。

风一更，雪一更，聒碎乡心梦不成，

故园无此声。

一

榆关，即山海关。据《清实录》记载，纳兰公子曾两次出山海关。第一次是康熙二十一年（1682）三月，作为康熙皇帝出巡时的侍卫；第二次是同年八月至十二月，随副都统郎谈、彭春赴梭龙（即索伦部，分布在石勒克河外兴安岭、东至黑龙江支流精奇里江一带，包括当时达斡尔、鄂温克和鄂伦春等部族）侦察敌情。从词中“夜深千帐灯”看，当指第二次出山海关。这一次以猎鹿为名的军事侦察，取得了胜利，“梭龙诸羌降”（徐乾学《通议大夫一等侍卫进士纳兰君神道碑》）。

二

这首作品，充分体现了词这种文体的特性，也充分表现了纳兰公子的性情。尽管是一次成功的军事行动，但参与者纳兰公子并没有去表现朝廷的威武、军队的雄壮以及自己的英雄气概。相反，他表现的是儿女情长：在山水逶迤的行军队伍中，在风雪交加的深夜，他难以入眠，因为他在想念家乡、思念爱人。

不得不说，在有些人看来，这首词有点不合时宜。须知，这次行动是纳兰公子作为朝廷官员一生中参加的唯一一次有实际意义的行动。换言之，这是一次于皇家有功的行动。但在他笔下，呈现的却是跟行动主题毫无关系的思念和愁绪，等于思想开了小差。

三

读纳兰词，不能不对其生平有所了解。因为他的人生故事、人生经历，比他的词还要多情，还要多彩。

纳兰性德（1655—1685），原名成德，因避皇太子保成讳改名，字容若。祖父倪迓韩是海西女真首领金台什的儿子，金台什战死后，他归顺了建州女真首领努尔哈赤，并在与明朝的战争中屡立战功，叶赫那拉家族在爱新觉罗王朝重新占有重要地位。纳兰性德的父亲明珠娶努尔哈赤小儿子阿济格之女和舍里氏（康熙皇帝的堂姑母）为妻，官至大学士、宰相。

纳兰性德从小聪敏好学，文武兼习。背诵汉文经史，练习骑射。十七岁入国子监为太学生，结识大儒顾炎武的外甥、著名学者徐乾学、徐元文兄弟，次年参加顺天府乡试成为举人。因为患寒疾（感冒发烧）耽误一次殿试机会，二十二岁时中进士。

初入仕途，被授予三等侍卫，先后升迁为二等侍卫、一等侍卫。康熙多次到京畿、塞外、辽东、山西、江南巡游，纳兰性德均随从护卫，可见康熙对他的信任。

纳兰性德其人，不同于其兄弟——仗着父亲权势，结交奸佞，为非作歹。纳兰性德性情忧郁，爱结交汉族文士，朱彝尊、陈维崧、严绳孙、梁佩兰、姜宸英、顾贞观等人都是他的忘年交。这些人都比纳兰性德年长二三十岁，其中不乏落魄文人。清代词人杨芳灿说他“骚情古调，侠肠俊骨……貂耳朱轮，生长华腴，其词则哀怨骚屑，类憔悴失职者之所为”（《纳兰词序》）。

才华横溢的纳兰公子为人多情风流，先后纳娶颜氏、卢氏（两广总督、兵部尚书卢兴祖之女）、官氏为妻妾。卢氏病逝后，他写过许多深情的悼亡诗，凄婉欲绝。因为父亲的压力，他不得不跟只相处了三四个月的江南名妓沈婉分手。分开后，又写了多首思念沈婉的词作。

多愁善感的纳兰公子，于康熙二十四年（1685）五月三十日，因患寒疾去世，享年三十一岁。

四

有人说，纳兰性德是《红楼梦》中贾宝玉的原型。著者以为，这种说法不为无据。出身、思想之类不用说，单是词句语言，便有许多相似之处。请看《纳兰词》中的如下句子：

花骨冷宜香，小立樱桃下。（《生查子》）

还留取，冷香半缕，第一湘江雨。（《点绛唇·咏风兰》）

半世浮萍随逝水，一宵冷雨葬名花。（《摊破浣溪沙》）

菰米漂残，沉云乍黑，同梦寄潇湘。（《一丛花·咏并蒂莲》）

闲阶小立倍荒凉，还剩旧时月色在潇湘。薄情转是多情累，曲曲柔肠碎。（《虞美人·秋夕信步》）

梦冷蘅芜，却望姗姗，是耶非耶？（《沁园春》）

其中的冷香、葬花、潇湘、蘅芜，读过《红楼梦》的人，都太熟悉了。有可能，《红楼梦》在创作时，无论是贾宝玉的人生故事还是事物的命名，都从纳兰公子那里借了不少。

五

纳兰词名很大，有人称其为清初第一词人，有人称其可与朱彝尊、陈维崧“鼎足词坛”，有人称他与项莲生、蒋春霖“二百年中分鼎三足”。王国维更是称赞他是“北宋以来，一人而已”。著者认为，纳兰词的成就与地位，可以媲美李商隐的无题诗。爱情的缠绵悱恻，被他们写成了绝唱。

六

纳兰词的风格，前人已有很好的归纳：

> 顾贞观：容若词，一种凄婉处，令人不能卒读。
>
> 陈维崧：《饮水词》哀感顽艳，得南唐二主之遗。
>
> 吴梅：容若小令，凄婉不可卒读。

所谓哀感顽艳，指的是纳兰词中的悲情已经达到了足以感动所有读者（包括聪明人、愚笨者）的境界。用这四个字评价纳兰词，不算夸张。

郑燮《竹石》

名为画竹，实为画人

咬定青山不放松，立根原在破岩中。

千磨万击还坚劲，任尔东西南北风。

一

这是一首题画诗，写在郑板桥自己画的《竹石图》上。

郑板桥一生多画兰、竹、石，自称“四时不谢之兰，百节长青之竹，万古不败之石，千秋不变之人”。可以肯定，他画过的《竹石图》不止一幅。他的文集中，以“竹石”为题的题画诗共有两首。传世的画作中，有一幅他自己注明作于乾隆二十七年（1762）的《竹石图》，一块巨石顶天立地，数竿瘦竹占满画面。右上角空白处题诗一首：“七十老人写竹石，石更崚嶒竹更直。乃知此老笔非凡，挺挺千寻之壁立。”

二

诗的语言通俗易懂，但遣词、造句、章法实在是不同寻常。

诗是咏竹石的，竹子是一号主角，但诗中并没有出现一个竹字。细品之下，却不难发现句句有竹。郑板桥先生用两个动词去表现竹子的品性，动词是咬（定）和立（根），品性是坚韧挺拔，风吹不倒。

一上来就是一个极具动感的通俗的日常词汇，这等于把赏画者的目光一下子引向竹子的根部。因此，所谓咬定青山不放松，是指竹子长在岩壁的缝隙（破岩）间。

一、二两句描写竹子生长环境的恶劣：本该生长在泥土中的竹子，现在却生长在岩缝中。

三、四两句赞颂竹子的品性。尽管生长在十分恶劣的环境中，却能经受住狂风暴雨的打击，挺立不倒。

苏轼评论王维有两句名言：画中有诗，诗中有画。读郑板桥这首诗，不是诗中有画，而是诗中有影（像）。闭上双眼，简直像是看电影：生长在悬崖岩壁上的几枝竹子，正经历着风雨雷电的考验，却依然昂首挺立。

三

关于竹子的品性，即诗中三、四两句的意思，郑板桥在另一首题画诗中有更加清楚的阐述。

一阵狂风倒卷来，竹枝翻回向天开。
扫云扫雾真吾事，岂屑区区扫地埃。

由此可知，竹子之所以“千磨万击还坚劲，任尔东西南北风”，原来是因为有着高远的理想和伟大的使命，它不屑于俯首帖耳，做些微不足道的小事。

四

显然，郑板桥画竹、写竹，在某种意义上，其实是写自己。据说，世界上的竹子有一千来种，郑板桥笔下的竹子，以瘦竹为多。这种审美取向大概跟他的人生命运有关系。

郑板桥的一生，充满了坎坷愁苦。他于清康熙三十二年（1693）出生于江苏兴化，出生时家道中落，生活拮据。三岁上生身母亲汪氏去世，十四岁时继母郑氏去世，他在乳母费氏的照顾下长大成人。

科举仕途也很不顺利。二十岁成为秀才，直到四十岁才考中举人，四十四岁中进士。“康熙秀才，雍正举人，乾隆进士”，是科举场上的三朝元老。好不容易进入官场，前后十年，做了七年七品芝麻官。尽管政绩卓著，深受百姓爱戴，但最终还是由于为民请赈忤逆大官，不得不辞官还乡，晚年靠售卖字画养家糊口。

五

想要深入理解这首诗，有必要对郑板桥的画竹情况做些了解。

郑板桥爱竹，他向往的生活离不开竹子。在一篇题画竹的文字中他写道：

> 茅屋一间，新篁数干，雪白纸窗，微浸绿色。此时独坐其中，一盏雨前茶，一方端砚石，一张宣州纸，几笔折枝花。朋友来至，风声竹响，愈喧愈静。家僮扫地，侍女焚香，往来竹阴中，清光映于画上，绝可怜爱。何必十二金钗，梨园百辈，须置身于清风静响中也。

郑板桥画竹，不同于前代名家。比如，宋代画竹名家文与可主张胸有成竹；而郑板桥相反，主张胸无成竹，“浓淡疏密，短长肥瘦，随手写去，自尔成局，其神理具足也”（《题画竹》）。在郑板桥看来，胸中之竹、眼中之竹、手中之竹，都是不一样的竹子。

既然诗是题《竹石图》的，那么郑板桥为什么画竹石图呢？因为竹、石在郑板桥心中有着特殊的地位。他有如下题画竹的话语：

非惟我爱竹石，即竹石亦爱我也。(《十笏茅斋竹石图》)

竹称为君，石呼为丈。锡以嘉名，千秋无让。(《题画竹》)

竹君子，石大人。千岁友，四时春。(《题画竹》)

石依于竹，竹依于石；弱草靡花，夹杂不得。(《题画竹》)

六

郑板桥爱竹，不是一空依傍的发明。追溯起来，跟竹子这种植物的特点有关，历史相当久远。

中华文化向来有君子比德的传统。关于“岁寒三友”之一的竹子〔其他两种是松（柏）树、梅花〕，有人归纳出七种品性：身形挺直，宁折不弯，这是正直；虽然有节，但不止步，这是奋进；外直中空，襟怀若谷，这是虚怀；有花不开，素面朝天，这是质朴；超然独立，顶天立地，这是卓尔；虽说卓尔，却不像松，这是善群；载文传世，任劳任怨，这是担当。

袁枚《所见》

乡村儿童的动感雕像

牧童骑黄牛，歌声振林樾。

意欲捕鸣蝉，忽然闭口立。

一

诗作于乾隆四十一年（1776）袁枚六十一岁时。要读懂这首诗，得从了解袁枚这个人开始。

袁枚，清康熙五十五年（1716）出生于钱塘东园大树巷（今属浙江杭州下城区）。乾隆四年（1739）中进士，授翰林院庶吉士。调外任，先后做过溧水、江宁、江浦、沭阳县令。为官勤勉，颇有政声。因不愿“为大官作奴”，于乾隆十四年（1749）辞去官职，隐居在南京小仓山随园。隐居后的袁枚，广收学诗弟子，女弟子尤众。嘉庆二年十一月十七日（1798 年 1 月 3 日）去世，享年八十二岁。

清代统治者为了巩固政权，推行程朱理学，思想文化界形成了“非朱子之传义不敢学，非朱子之家理不敢行”的沉闷局面。

袁枚的思想，追溯源头，跟南北朝钟嵘《诗品序》“陶性灵，发幽思”“吟咏性情”等主张有关，晚明李贽“童心说”、公安派“独抒性灵，不拘格套”说更是对其有着直接影响。袁枚提倡性灵说，也是为了抗衡当时诗坛流行的拟古格调说、以考据为诗等形式主义诗风（参见王英志《袁枚诗选·前言》）。

袁枚的思想，符合当时的社会经济发展形势。随着商品经济的发展，资本主义萌芽对人们的思想形成冲击，导致人们对皇权专制那一套感到不满。因此，袁枚的性灵说在当时有着明显的进步色彩。

袁枚有着杰出的诗歌才华，在乾隆时期的文坛享有“奇才”“豪才”的美称，与赵翼、蒋士铨并称“三大家”，为当时的诗坛盟主、性灵派主将。

六十一岁的袁枚，已处于隐居状态十余年。一个崇尚自然、童心、性灵的诗人，写出这样一首富有乡村气息和儿童趣味的小诗，有其必然性。

二

诗的内容，大概是诗人的一次亲历。

一位牧童，骑在黄牛背上，悠然走在乡间道路上。显然，牧童当时心情很好，情不自禁地唱起歌来。歌声高亢激越，以至于道旁的树林都被震动了。

原本，牧童这种骑牛唱歌走在乡间小路上的快乐，可以继续下去，直到歌曲终了。但这时，牧童的歌声戛然而止，他闭嘴停唱，并勒住了行进中的坐骑。不难想象，呈现在诗人眼前的，是雕塑般的画面：黄牛背上静静地坐着一位牧童，这牧童在侧耳倾听，他被某种声音深深吸引。

一个活泼的乡村儿童，从且歌且行的动感状态，瞬间变成谛听凝视的静止状态。一旁行路的诗人，被这富有戏剧性的一幕吸引，顿起好奇之心。

经过短暂的观察，诗人弄明白了事情的原委：骑牛唱歌的儿童，对一只鸣蝉产生了莫大的兴趣，他想要捉住那鸣蝉。

这首诗至少可以分析出四种趣味：其一，牧童、黄牛、歌声、树林、鸣蝉，是有声有色的夏季乡村景趣；其二，骑牛，唱歌、捕蝉，是乡村儿童玩闹之趣；其三，骑牛唱歌，“忽然闭口立”，动态突然转为静态，是戏剧变化之趣；除了这三种诗内趣味，还有一种诗外的趣味：一个年过花甲的著名诗人的童心童趣。

三

自古以来，中华文化中，骑牛都是一件风雅之事：哲学家老聃骑牛出函谷关时著《道德经》五千言名垂千古，晋代名士们以牛为日常交通工具清谈不已，《诗经》中“羊牛下来”的生活画面虽远隔两千余年仍令人倍感亲切，宋代诗人喜欢将耕牛入诗赞扬有加，古今画家都喜欢表现牧童吹短笛的逍遥自在。

但是，以著者近二十年农村生活的经验，诗中牧童骑黄牛的情景是不常见的。一般而言，黄牛性情暴躁，不愿任人骑乘；再者，黄牛动作灵活，能上下坡，人骑在上面容易摔下来，不稳妥。跟黄牛不同，水牛性情温和，背宽步稳，可以任由人骑在上面。老子出函谷关时骑的是青牛，也就是水牛。

不过，有一般就有特殊。黄牛不让人骑乘，是被惯出来的脾性。经过调教驯化，黄牛也有可以骑乘的。著者儿时曾经有一次试图骑到黄牛背上，结果被狠狠地摔了下来，从那以后，不敢再尝试。水牛倒是偷骑过几次，相当安全。

在著者的家乡，常言道：“打人莫打头，做贼莫偷牛。”偷牛是不可饶恕的重罪。因为耕牛是农家的命根子。因此，无论是黄牛还是水牛，在著者的台州老家，都是不允许儿童随便骑乘的。

袁枚所见的乡村儿童骑黄牛唱歌的场景，可能就在今天的南京附近，跟著者家乡的情况应该是差不多的。由此可见，诗中骑黄牛的儿童有两个特点：一是够淘气，二是身手敏捷。

四

诗中儿童的"意欲捕鸣蝉"，使著者想起儿时捕捉鸣蝉（家乡方言管它叫桑羊）的情形。当然也可以徒手捉到鸣蝉，但有两个条件：一是鸣蝉得停在人伸手可及的地方；二是鸣蝉或因有病或因年老或到了暮秋时节，总之是反应迟钝了，人才有可乘之机。

想要捉住那些停在高处树枝、反应敏捷、鸣声嘹亮的蝉，得有工具。最好的工具，就是在长长的竹杆上装上网子。当年著者家乡的少年们都是自制工具，用一根竹片，窝成圆圈，装在竹杆上，将那圆圈裹上几层蜘蛛网。然后利用蜘蛛网的黏性，粘住受惊欲遁的鸣蝉。

后来发现，这种捕蝉方法古已有之。《庄子》记载的佝偻承蜩，用的就是类似的方法。这位驼背的古人，可算是捉蝉界的鼻祖。

龚自珍《己亥杂诗》

双负箫心与剑名

九州生气恃风雷，万马齐喑究可哀。

我劝天公重抖擞，不拘一格降人才。

一

《己亥杂诗》，是龚自珍的一部大型组诗，由 315 首七言绝句组成。组诗取名，是因为全部作品均创作于己亥年，即清道光十九年（1839）。这首诗是组诗中的第 125 首。

这一年，四十八岁的龚自珍辞去官职，返回家乡。为了迎接家眷，又在京杭道上往返一次。两次往返京杭的具体时间和大致行程如下：四月二十三日离开北京，五月十二日抵达江苏清江浦，南行至扬州，渡江至镇江，经江阴、秀水、嘉兴，于七月九日抵达杭州。在杭州稍作逗留，探亲会友，八月底回到昆山县的自家别墅。九月十五日再出发北上，九月二十五日重到清江浦，北上途中在山东曲阜稍作停留，然后在河北固安等候妻儿出京。十一月二十二日，与妻子何颉云、两个儿子一个女儿一同南归，十二月二十六日回到自家别墅。这 315 首七言绝句，是龚自珍历时八个月、“往返九千里”（龚自珍写给吴虹生信中语）的创作结晶。

二

诗的内容，诗人表达得很清楚。他对清廷在人才任用上的循规蹈矩深感不满，希望最高统治者能打破这种局面，不拘一格任用人才。

清廷用人的循规蹈矩，龚自珍在文章《明良论三》中有过详细分析，可作为本诗的注解：

> 今之士进身之日，或年二十至四十不等，依中计之，以三十

为断。翰林至荣之选也，然自庶吉士至尚书，大抵须三十年或三十五年，至大学士又十年而弱。非翰林出身，例不得至大学士。而凡满洲、汉人之仕宦者，大抵由其始宦之日，凡三十五年而至一品，极速亦三十年。贤智者终不得越，而愚不肖者亦得以驯而到。此今日用人论资格之大略也。……一限以资格，此士大夫所以尽奄然而无有生气者也。

龚自珍于四十八岁上辞官还乡，大概正是因为这种循规蹈矩的官场让他位登要路的政治理想彻底破灭。

三

诗后有诗人自注："过镇江，见赛玉皇及风神、雷神者，祷祠万数，道士乞撰青词。"由此可知诗歌创作的缘起和词语的来历。

赛玉皇，道教祀神活动。道教最高天神玉皇大帝诞辰日，为祈福消灾举行迎神赛会。

祷祠万数，参加求神活动的人数以万计。这是说民众普遍迷信，把人生希望寄托在神灵的护佑和恩赐上。

青词，道士祭祀时献给天神的祝文。因用青藤纸写朱色字，故称青词。

龚自珍当然不相信风神、雷神会给予人间以护佑和恩赐。他认为，朝廷改变人才任用制度才是更加切实有效的办法。

诗中的"万马齐喑"，来自苏轼《三马图赞序》："振鬣长鸣，万马皆喑。"

诗的妙处主要有两点：第一，表面上顺着所见情景，以嘲讽口吻奉劝玉帝、风雷等神灵做点好事，实际是讽喻最高统治者；第二，“我劝天公重抖擞，不拘一格降人才”两句直抒胸臆，气概非凡，足以拨动所有怀才不遇者的心弦。

四

了解龚自珍的出身和人生遭际，更有助于理解此诗。

龚自珍（1792—1841），浙江仁和（今杭州）人。出身于书香门第，祖父和父亲都在做官的同时有著作问世，外祖父更是著名的文字学家段玉裁。龚自珍自幼便养成了考据的爱好，倘若不是世变剧烈，他很可能成为一位出色的考据学者。

龚自珍科举不顺，十九岁中了个副榜贡生。二十二岁、二十五岁两次应乡试都落第。二十七岁第四次参加恩科乡试，才成为举人。接着考进士，又是屡次落第。直到道光九年，三十八岁时第六次参加会试，才勉强中了个三甲进士。

因为科举未能高中，仕途蹭蹬，一直在中书、主事等冷清的官署间消磨时光，无所作为。失望之余，龚自珍于为官十年后，黯然辞官。

龚自珍的仕途坎坷，跟他早年放言高论、享有盛名有一定关系。获得社会知名度的同时，那些思想保守的权贵们对他有所忌惮，想方设法对他加以阻挠，使他不得升迁。

五

鸦片战争前后，大清帝国无论在军事上还是政治制度、文化观念上都已经大大落后于西方国家，危机四伏，败局已定。龚自珍在这种情况下谈人才任用问题，其实没有多大现实意义。著者认为，此诗之所以感动人，主要在于字里行间流露出来的怀才不遇情绪。他的一首《丑奴儿》词云："沉思十五年中事，才也纵横，泪也纵横，双负箫心与剑名。"

高鼎《村居》

放学儿童乐事多

草长莺飞二月天，拂堤杨柳醉春烟。

儿童散学归来早，忙趁东风放纸鸢。

一

江南地区，早春二月，植物萌芽生长，大地回黄转绿；身形娇小的黄鹂鸟在空中飞来飞去，鸣叫声清脆悦耳；如万条丝绦的垂柳，在春天的氤氲雾气（“烟”字不妨理解为乡村炊烟）里飘拂摇曳，醉态可掬；放学回家的儿童，因为天色尚早，趁着和煦的东风，在开阔地带放起了风筝，笑语声喧。

毫无疑问，这是一幅无比美好的乡村风情画面。自然界的绿草、杨柳（其实就是柳树）、黄鹂，人世间的儿童、纸鸢，共同编织成一幅有声有色、充满生机的乡村儿童嬉戏图。谁读谁开心，谁读谁神往。

二

诗的第一句，显然源自南朝梁文学家丘迟《与陈伯之书》中描写江南春景的名言：“暮春三月，江南草长，杂花生树，群莺乱飞。”但诗人在借用的同时又不乏新意：时间从暮春三月提前到早春二月，景物增加了拂堤杨柳、春烟，画面更加灵动有趣，多了安宁祥和的气氛。

在重视青少年素质教育的时代，这样一首诗被选入小学语文课本，是顺理成章的事，它必然会受到少年儿童的欢迎。著者长女四岁时，对贺知章的《咏柳》诗兴趣不大，对“碧玉妆成一树高，万条垂下绿丝绦”完全没有感觉，念了好几遍都记不住，但是一听“儿童散学归来早，忙趁东风放纸鸢”，立刻就来了兴致，很快便会背诵。

当然，以正统文学史的艺术标准衡量，这样的小诗是无足轻重的，这首诗的作者也是不入流的民间诗人。关于高鼎，我们所知不多，大概情况如下：高鼎，字象一，又字拙吾，仁和（今浙江杭州）人，生活时代大约在咸丰年间（1851—1861），著有《拙吾诗稿》等。高鼎一生没有什么值得骄傲的事迹，一般人提到他，也只是因为他写了这首《村居》小诗。著者手边有一本厚厚的《清诗选》，高鼎不在其中。

三

这不能不令人感慨系之。中国是诗歌的国度，两千年的诗歌史，历代知识精英都希望在这个舞台上一显身手，流芳后世，许多才华超拔的精英也的确谋得了一席之地。但是，他们的诗歌作品却未能真正得到广泛传播，大众并不熟悉。相反，像高鼎这样没能入得文学史教科书编撰者法眼的文人，却因为一首童趣诗而进入了基础教育阶段的语文课本，受到孩子们的喜爱。须知，这样的诗歌是可以让人记一辈子的。

著者认为，论陶冶情操的意义，《村居》这样的小诗，不在许多鸿篇巨制之下。我们这个泱泱诗歌的国度，适合孩子阅读的作品，其实少得可怜！

后记

一个民族，一个国家，犹如一个人，必得有灵魂才能成为鲜活、顽强的生命。我们这个东方文明古国的灵魂是什么呢？我认为是诗歌，而且只能是诗歌。

华夏文明，诗歌的历史源远流长。甲骨卜辞中的“今日雨，其自西来雨，其自东来雨，其自北来雨，其自南来雨”，《越绝书》中的“断竹，续竹，飞土，逐肉”，前者创作时间久远，后者反映生活原始，二者足以证明我国的诗歌创作与文明的历史同样古老。《诗经》中一些作品作者可考，屈原遭流放时披发行吟，留下《离骚》等不朽篇章；汉高祖与武帝，以九五至尊之躯，不时寄情歌唱；曹氏父子则是言传身教，指出诗歌自带无上荣耀……两千余年间，上自帝王将相，下至贩夫走卒，无论贵贱贤愚，无不殚精竭虑，苦心吟咏，希冀留下一两首诗歌，实现身死名传、流芳后世的梦想。试问，论规模之巨大（包括参与人员之众多、绵延时间之长久），古今中外可有一桩事情能与我国的古体诗词创作相提并论吗？与巨大规模相应，数千年来，山水田园的四时景致，行旅家居的动静见闻，家国王朝的存亡变迁，悲欢离合的细腻情思……中国文化的方方面面、形形色色，我们的诗词里哪一样没有描写记录？哪一样不是被诗人们用最优美的词语、最动听的韵律加以刻画表现？纵观我国诗歌史，脍炙人口的作品，琳琅满目，不胜枚举。

早在两千五百多年前，孔子就已经明确地提出了一个命题：不学《诗》，无以言。孔子所说的“诗”，限于《诗经》，数量有限；而今天我们所面对的诗歌，除了《诗经》中的三百多首作品，还有汉代古诗、唐诗、宋词、元曲（散曲、小令）等，论数量，是《诗经》的千万倍。倘若孔子生于今世，他的感慨就不会限于“不学《诗》，无以言”了。

生活在这样的国度，不熟读百十首诗词，或对它们的来龙去脉、情思韵致所知甚少，对它们的良莠高下没有起码的鉴赏能力，都是说不过去的。

因此，撰写一两本阐释诗词作品的普及读物，就成了著者的一个心愿，历久终成夙愿。

写作本书的直接动机源自研究与教学。许多关于古代诗词的著作，包括若干享有盛誉的注释读本和鉴赏辞典，或语焉不详，或让人难以信服，总之都有不少遗憾。我在教学中发现，大学中文系学生由于对许多著名诗词的基本信息缺少必要的了解，往往很难有准确的理解，鉴赏能力亦有待提高。多年来，我一直有在这方面做点事情的想法。八九年前，跟陈卓先生在北京西郊阳台山南麓登山途中的一番交谈，我进一步明确了目标：以中小学语文课本中收录的全部古代诗词为范围，做一次全面、扼要、创新的诠释与讲解。

预设的成书目标，既可以作为中小学生扩展古代诗词知识、提高古代诗词鉴赏能力的课外读物，也可以供社会上爱好古代诗词和传统文化的普通读者阅读。但实际写作时，我没能很好地把握分寸，不少地方有学术讨论的色彩，提出了一些自己不成熟的看法。不经意间，有了把古代文学研究者也当成目标读者的意思。事后想想，这样也不错，正如苏轼咏西湖诗句所言："西湖天下景，游者无愚贤。深浅随所得，谁能识其全？"拙著当然不敢自比美丽的西湖，只是取其"人皆可读"之意。初学者读之，可增益知识，拓宽视野；同行专家阅之，不妨赐我以切磋，惠我以教正。

写作方法大致是：讲解每一首作品时，首先介绍诗人及作品的相关知识，列举前人的精彩点评，以保证有较多的知识点和较大的信息量，让读者开卷有益；然后提出著者本人某些不同于前人的观点，目的在于激发读者思考与探索的兴趣。

令我欣慰的是，一些篇什在网络上发表后，受到了读者的欢迎，若干面向社会或中小学生的报刊选载了数十篇。面向青少年的知名杂志《中国儿童画报》资深编辑闻讯而来，约我写了一年给小学生看的古代诗词阅读专栏。一位在北京一所知名国际学校教语文的学生告诉我，这类古代诗词解读的文章，由于信息量大、观点新颖、语言生动，很适合作美式教学专题讨论的素材，学生们普遍爱读。

这些解读文字，初稿完成于 2019 年春夏之交。跨越五年之久，终于以图书的形式分初阶、进阶两册呈现在大家面前。我希望它们能继续受到老师和同学们的欢迎与认可，得到广大读者朋友的批评与指正。

2024 年 8 月 25 日